CHAPITRE 1

Bienvenue
dans votre e-boutique

À DÉCOUVRIR DANS CES PAGES

Bienvenue dans votre boutique en ligne

Prêt à poser la première pierre, ou plutôt le premier clic, de votre petit business en ligne ? Alors, c'est parti ! D'abord, nous allons déblayer un peu le terrain en étudiant les différentes options qui s'offrent à vous, car il existe plusieurs manières de vendre sur Internet, pas forcément incompatibles entre elles d'ailleurs. Pour construire votre boutique, nous nous pencherons ensuite sur les solutions payantes, qui sont, au final, très abordables ; puis nous traiterons les coûts induits par l'adoption d'une solution gratuite. À l'issue de ce chapitre, vous disposerez d'une véritable boutique installée sur votre PC ou votre Mac.

CRÉER SON BUSINESS EN LIGNE EST PRESQUE À LA PORTÉE DE TOUS. MAIS IL Y A QUELQUES CLÉS À CONNAÎTRE AVANT DE RELEVER LE DÉFI.

Moi aussi, je veux créer ma petite boutique en ligne !

Faire du business en ligne, tout le monde s'y met et tout le monde dit que c'est l'avenir… alors pourquoi ne pas vous lancer ? Si vous tenez ce guide entre les mains, c'est que la tentation doit déjà être bien grande. Mais à quel type de vente sur Internet pensez-vous ? Il peut s'agir de poursuivre votre activité actuelle et de vous assurer un complément de revenu grâce à quelques ventes sur le Web. Ou de tenter une reconversion en vous lançant dans le commerce en ligne, qui deviendra votre principale activité. Ou encore d'ouvrir de nouveaux horizons à votre boutique située avenue de la République, qui ne vous permet pas d'attirer des clients vivant à plus de quelques kilomètres à la ronde. À moins que votre PME ne souhaite toucher des clients situés à l'autre bout de la France ou de la planète. Toutes ces motivations sont après tout légitimes, mais elles n'impliquent pas le même investissement en temps et en argent, et pour tout dire les mêmes défis.

POUR LES VENDEURS OCCASIONNELS

Si vous n'avez pas la prétention de vendre plus de quelques produits par mois, vous vous contenterez sûrement des places de marché telles que eBay ou Amazon, qui prévoient des formules pour les vendeurs occasionnels aussi bien que pour les pros. La création d'une boutique y est donc facultative. Avec de simples annonces sur eBay, vous profitez d'office de la notoriété de ce site fréquenté par des millions de visiteurs.

Il existe aussi des places de marché spécialisées comme DaWanda.com, qui se destine aux créateurs et aux stylistes. Et de plus en plus de grands sites marchands se transforment également en places de marché (Fnac, Rueducommerce, Pixmania, La Redoute…), sans que d'ailleurs leurs clients aient toujours conscience qu'ils ne seront pas livrés par l'enseigne sur laquelle ils ont passé commande. Généralistes ou spécialisées, ces places de marché sont assurément économiques et faciles à dompter pour qui n'a qu'un tout petit catalogue… mais aussi pour ceux qui en ont de plus gros, nous le verrons juste un peu plus loin.

UNE BOUTIQUE BIEN À VOUS Votre choix est arrêté, vous préférez une boutique en ligne à vous ? À moins d'être à la tête d'une multinationale avec des exigences très spécifiques, rassurez-vous, l'investissement financier n'a rien d'exorbitant

Même avec un très petit budget, vous pouvez créer votre boutique en ligne. À moins de 100 euros par mois, les solutions payantes sont nombreuses et vous assurent d'excellentes prestations. Ci-contre, le site BellaMaman.com conçu à partir d'une solution Oxatis, dont le design a été revu par une agence spécialisée.

La vitrine sans les rayons

Faire du business en ligne ne signifie pas forcément créer une boutique à votre nom ou sur une place de marché comme eBay. Si vous vendez par exemple du service plutôt que des produits, vous aurez plutôt besoin d'un site « vitrine » pour présenter votre activité. Vous pouvez alors vous adresser à des agences spécialisées dans la création de sites Web ou, nettement moins onéreux, démarrer avec une solution clés en main comme celles présentées page 10, ou avec un logiciel gratuit en open source comme indiqué en page 12.

et vous n'avez besoin d'aucune compétence technique. Pour à peine 50 euros par mois, vous pourriez même démarrer votre boutique, là, maintenant, tout de suite, en 10 minutes chrono ! Le design sera évidemment passe-partout, mais vous disposerez d'une solution clés en main opérationnelle, conçue par des pros, avec votre site en « .fr » ou en « .com » pour présenter vos produits, gérer les commandes, les paiements, le transport, les clients. À ces offres locatives s'opposent celles, plus onéreuses, de prestataires qui réaliseront pour vous un site personnalisé. Autre voie possible, mais il faut s'en sentir capable : bâtir seul votre boutique à l'aide d'un logiciel gratuit d'e-commerce (ci-dessous, le site Comptoir des Graines), car il y en a d'excellents. Nous vous détaillons toutes ces solutions dans les pages qui suivent. Si vous n'êtes pas un pro du Web, un budget de quelques milliers d'euros est quand même souhaitable pour vous assurer les services de prestataires – sauriez-vous créer le thème graphique de votre site, par exemple ? – et démarrer vite et bien.

ALIMENTER VOTRE BOUTIQUE Vous disposez à présent d'une superbe boutique, soit... mais les rayons sont vides et il n'y a pas un seul client ! Au quotidien, vous consacrerez donc une bonne partie de votre temps à fignoler vos fiches produit, avec des textes sans faute d'orthographe et de belles photos que vous devrez peut-être réaliser vous-même. Très chronophage, c'est une partie cruciale de votre activité. Forcément, sur Internet, il n'y a pas de vendeur au coin de chaque rayon pour « faire l'article » aux clients. La qualité des fiches produit est donc (avec les prix) le meilleur moyen de convaincre vos visiteurs.

VOUS FAIRE CONNAÎTRE Pour attirer des clients, un premier levier est le « référencement naturel », afin que vos produits soient bien positionnés lorsqu'un internaute fait une recherche dans Google. Pour cela, des prestataires vous aideront sur l'aspect purement technique et sur la bonne manière d'alimenter votre site. Il faudra aussi vous familiariser avec le référencement payant, soit l'achat de mots clés, afin que vos produits soient mis en avant par Google. Parallèlement, vous pourrez emprunter les services de moteurs marchands tels que LeGuide, Ciao, Twenga ou Kelkoo, à qui vous confierez la liste de vos produits. Ils se rémunèrent chaque fois qu'un internaute clique sur l'une de vos fiches pour être réorienté vers votre site (par exemple 0,15 euro le clic). Autre méthode : exposer les produits de votre boutique sur une place de marché. Comme avec les moteurs marchands, le transfert de votre catalogue est automatique ; quand vous modifiez un prix chez vous, la fiche est actualisée sur eBay. Certes, pour chaque vente, vous reversez une commission à eBay, mais vous touchez un public qui n'aurait peut-être jamais connu votre existence.

Pour augmenter vos chances de trouver des clients, faites référencer les produits de votre boutique en ligne sur des moteurs marchands tels que LeGuide.com ou des places de marché comme eBay.

FIDÉLISER VOS CLIENTS Quand vous commencerez à vous constituer une clientèle, il sera indispensable de fidéliser ces précieux acheteurs car en attirer de nouveaux revient cher. Vous devrez alors diffuser des lettres d'information (*newsletters*) par e-mail, prévoir des promotions, créer de l'animation sur votre page d'accueil, voire alimenter un blog ou maintenir une présence sur un réseau social comme Facebook pour cibler un public plus jeune.

À VOUS DE JOUER Vendre sur Internet, c'est tout cela à la fois ! Vous devrez actionner tour à tour ces leviers afin de faire décoller votre business. Aucune compétence technique n'est requise, et ce guide est là pour vous accompagner. Mais cela nécessitera, vous l'aurez compris, d'y consacrer du temps. Une belle aventure... avec l'espoir d'une belle récompense.

POUR CRÉER VOTRE E-BOUTIQUE, VOUS AVEZ PLUSIEURS SOLUTIONS. LA PLUS ABORDABLE EST ASSURÉMENT LA BOUTIQUE ET L'HÉBERGEMENT CLÉS EN MAIN.

Boutiques clés en main : des solutions très compétitives

Même si le business en ligne est un univers totalement inconnu pour vous, il n'y a aucune raison d'être intimidé. Commerçants, artisans, auto-entrepreneurs ou PME, la plupart des nouveaux entrepreneurs du Web ne sont pas des as de l'informatique ou de jeunes surdiplômés. Pour gérer une e-boutique de quelques centaines ou quelques milliers de produits, il faut garder en tête que l'on va devoir se libérer du temps quotidiennement en restant devant l'écran de son ordinateur, non pas pour programmer ni se plonger dans les techniques du Web, mais pour faire vivre son commerce dans un logiciel rempli de formulaires, de listes et d'options. La solution la plus abordable est une boutique clés en main que vous pourrez (faire) personnaliser.

VRAIMENT CLÉS EN MAIN ? De nombreuses sociétés vous proposent ces solutions clés en main, pour lesquelles vous payez un loyer mensuel et qui masquent toute la complexité technique. Elles vous fournissent le logiciel en ligne pour gérer votre site (vous travaillez donc depuis votre navigateur Internet), elles hébergent votre boutique sur leurs propres disques durs (leurs serveurs), elles déclarent même pour vous le nom de votre site (votre « nom de domaine »). Le tout, opérationnel en 10 minutes et à partir de 20 euros HT par mois. Imbattable !

LE PRIX DES OPTIONS Comment est-ce possible ? Il s'agit souvent de sociétés de services informatiques qui se rémunèrent certes en hébergeant votre boutique, mais aussi grâce aux services qu'elles vous facturent pour conceptualiser votre projet et personnaliser le site : créer votre logo (à partir de 200 euros) ou tout le thème graphique du site (dès 700 euros), agencer votre page d'accueil (500 euros), et installer tel ou tel module complémentaire. Certains modules ne se paient pas une fois pour toutes mais augmentent le loyer mensuel de 15 ou 30 euros. Il n'en demeure pas moins que ces solutions sont extrêmement compétitives. Un forfait pour personnaliser votre boutique coûte de 1 500 à 3 000 euros. Rien ne vous oblige d'ailleurs à recourir aux services de ces sociétés pour les prestations complémentaires, même si elles vous y incitent fortement, parfois même très lourdement. Autour de certaines grandes solutions bourgeonnent, en effet, des micro-entreprises (indépendantes ou

Les offres payantes clés en main se facturent au mois, soit pour une somme forfaitaire, soit sur un pourcentage du chiffre d'affaires hors taxes et hors frais de port.

Trouver l'inspiration

Soyez curieux ! Que vous envisagiez d'opter pour une boutique clés en main ou pour une solution d'e-commerce du type logiciel libre, les concepteurs de la solution prévoient toujours une page de liens vers de vraies boutiques réalisées grâce à leurs bons offices. Cela peut vous donner des idées pour avancer sur votre projet, et aider vos prestataires de services à en chiffrer le coût.

partenaires) qui peuvent, elles aussi, vous aider à adapter votre boutique. Dans tous les cas, les développements spécifiques se chiffrent très vite à plusieurs milliers d'euros.

DE NOMBREUX ACTEURS Le leader en France du « clés en main payant » est la société française Oxatis, avec plus de 6 500 e-boutiques gérées à son actif ; une solution à envisager, incontestablement, si vous vous orientez vers du clés en main. La location d'une boutique y coûte de 20 à 50 euros par mois, et vous pourrez vous faire aider par des prestataires, partenaires d'Oxatis ou non. Parmi ses concurrents, citons par exemple Prestabox, qui se rémunère, elle, en ponctionnant 2 % du chiffre d'affaires mensuel (soit 20 euros si vous vendez 1 000 euros). Vous trouverez aussi des offres hébergées chez le leader mondial de l'hébergement de sites Internet 1&1, ou encore et entre autre chez Orange et La Poste. Les prix de départ sont comparables à ceux que nous avons cités pour Oxatis, voire moins élevés si vous ne souhaitez pas vendre des produits sur le Net mais juste créer un simple site « vitrine » présentant votre activité. Souvent, il vous est permis de choisir un thème graphique gratuit pour votre site parmi quelques dizaines de modèles.

Hors coût de location de la boutique, des options sont proposées pour concevoir le design l'architecture du site, mais aussi pour ajouter des modules permettant, par exemple, de gérer différents modes de paiement ou de dynamiser vos ventes en écoulant vos produits sur des places de marché. Certaines options impliquent que vous souscriviez au préalable un service payant auprès de votre banque ou d'un autre prestataire.

QUELS SONT LES RISQUES ? Les détracteurs de ce type de solutions ne manqueront pas de vous rappeler que vous êtes pieds et poings liés si jamais la prestation n'est pas de qualité ou que votre site est lent à s'afficher. Ce n'est pas faux. Avant la signature du contrat, vérifiez le nombre de produits et clients que vous aurez le droit de gérer, mais aussi qu'il n'y a pas de période d'engagement (ou que vous l'acceptez en connaissance de cause), et qu'il est prévu d'exporter vos fiches produit afin de les importer dans une autre solution. Vous pourrez ainsi repartir avec votre marque, votre catalogue et vos clients. Nous sommes convaincus que pour les petits budgets, les solutions clés en main sont un bon choix pour démarrer une activité. Elles vous offrent généralement un mois d'essai gratuit.

Quelques solutions pour créer votre boutique clés en main

	Amen	Orange	Oxatis	PowerBoutique	Prestabox	Store-Factory	WiziShop
Type de forfait	e-commerce Premium	e-boutique Premium	Commerce Pro	PowerBoutique E-commerce	Prestabox	Store-Factory	WiziShop
Nombre de produits	5 000	5 000	1 000 produits + 10 € par tranche de 1 000	1 Go de disque (env. 10 000 fiches)	Illimité	Illimité	Illimité
Forfait mensuel HT	33,99 €/mois	50 €/mois	35 €/mois	100 €/mois	2 % du CA	50 €/mois	3 % pour un CA jusqu'à 5 000 €
Site Web	www.amen.fr	hebergementweb.orangebusiness.com	ecommerce.oxatis.fr	www.power-boutique.com	www.prestabox.fr	www.store-factory.com	www.wizishop.com

Chaque société propose généralement plusieurs forfaits. Pour faire votre choix, vérifiez notamment le nombre maximum autorisé (avec ou sans surcoût) pour les catégories, produits, clients, langues, devises, adresses e-mail, espace disque... L'installation du système de paiement par carte bancaire est souvent en option (env. 100 euros).

QUI DIT LOGICIEL GRATUIT NE DIT PAS FORCÉMENT QUE LE DÉPLOIEMENT DE VOTRE SITE NE VOUS COÛTERA RIEN, CAR IL FAUT LE PERSONNALISER.

Miser sur un logiciel gratuit pour animer votre site

PASSER PAR UNE AGENCE WEB

Réaliser votre boutique de A à Z à partir d'un logiciel libre peut vous sembler quand même bien compliqué. Mais il y a une solution intermédiaire : vous adresser à une agence spécialisée dans la création de sites Web et d'e-boutiques pour TPE/PME. Elle partira de toute façon d'une solution d'e-commerce libre pour l'adapter à vos exigences. Partout en France, des agences et des développeurs indépendants vous proposent ainsi de gérer la conception, la réalisation, l'installation et la maintenance de votre boutique. Bien sûr, la partie technique leur incombe, y compris de trouver pour vous un hébergeur si vous le souhaitez. Vous pourrez donc vous concentrer sur votre activité de vente en ligne. Vérifiez tout de même les références de votre

En compétition avec les solutions payantes, vous trouverez plusieurs solutions d'e-commerce dans l'univers du logiciel libre. On parle aussi de logiciels « open source » car le code source (le programme, si vous préférez) est à la disposition de tous (*open*, ouvert) et peut être entièrement modifié. N'allez pas croire que ces logiciels libres ne soient pas à la hauteur au prétexte qu'ils sont gratuits. Il en existe d'excellents, en français, qui n'ont rien à envier aux formules payantes. Les plus volontaires d'entre vous pourront donc acheter un nom de domaine (par exemple, MaSuperBoutique.fr) et louer de l'espace disque chez un hébergeur (voir pages 142 à 145) pour y installer leur solution d'e-commerce en open source.

Pour qui a l'habitude, l'installation proprement dite ne prend pas plus de quelques heures. Et vous disposez d'une véritable boutique, parfaitement opérationnelle, dont il faudra personnaliser le thème graphique et paramétrer ou reprogrammer le comportement en fonction de vos besoins. Vous enrichissez votre catalogue et ajoutez des fiches produit exactement de la même manière qu'avec une solution clés en main. Les logiciels libres bénéficient également de centaines voire de milliers de modules pour doper un site, dont beaucoup sont gratuits, mais pas toujours traduits en français ni forcément très utiles à un e-commerçant qui ne vend qu'en France.

Où télécharger votre logiciel

Voici quelques liens vers des logiciels gratuits de gestion de boutiques en ligne en version française. Pour l'exemple, nous avons choisi Prestashop tout au long de ce guide.

Magento : **magentocommerce.com/fr**

osCommerce en version française : **oscommerce-fr.info/forum/**

PEEL Shopping : **www.peel.fr**

Prestashop : **www.prestashop.fr**

Thelia : **thelia.net**

prestataire, par exemple en contactant les clients pour lesquels il a déjà réalisé un site (le conseil reste valable pour les agences spécialisées dans la personnalisation de boutiques clés en main).

QUELLE PLATE-FORME CHOISIR ?

Parmi les logiciels libres d'e-commerce, osCommerce a l'antériorité puisqu'il date de 2000. Il est soutenu par une communauté active et comporte des milliers de modules. Même s'il permet encore de faire de très beaux sites, disons qu'il n'a plus le vent en poupe. Les solutions montantes s'appellent aujourd'hui Magento, mais aussi Prestashop en France et en Europe – c'est un logiciel français également utilisé hors de nos frontières. Dans ce guide, à titre d'exemple, notre choix s'est porté sur Prestashop, car côté utilisateur (celui qui vous intéresse en priorité), vous bénéficiez d'un logiciel parfaitement francisé, riche en fonctions et en modules complémentaires, facile à utiliser et bien documenté. Nous vous proposons de vous familiariser aux logiciels d'e-commerce avec lui, quitte à adopter ensuite une autre solution, payante ou gratuite, qui vous conviendrait mieux. Vous avez déjà créé votre site ou blog avec un logiciel généraliste de gestion de contenu en open source ? Complétez-le alors par un module d'e-commerce : VirtueMart pour Joomla, Ubercart pour Drupal, WP-Commerce pour WordPress.

CHOISIR UNE SOLUTION D'AVENIR

Nous ne citons ici que quelques solutions open source, mais il en existe des dizaines. Il vaut mieux éviter un logiciel qui ne bénéficierait pas du soutien d'une communauté très active, car il risque de ne pas évoluer, par exemple pour en corriger les bugs, et vous trouverez très peu de développeurs capables d'assurer le déploiement et la maintenance de votre site. Heureusement, en dernier recours, exporter votre catalogue pour l'importer dans une plate-forme d'e-commerce concurrente reste normalement possible.

DU BUSINESS EN OPEN SOURCE

Sachez que certaines solutions d'e-commerce en open source ne sont pas animées par le seul esprit communautaire. Magento et Prestashop sont ainsi conçues par des sociétés qui éditent ces logiciels puis vendent leur savoir-faire et leurs services. Seule la version d'entrée de gamme de Magento est gratuite. Quant à la solution Prestabox par abonnement, citée en page 11, elle repose sur Prestashop, gratuit et conçu par la société Prestashop. C'est aussi ce qui fait la popularité de ces solutions open source, qui bénéficient de mises à jour régulières et de qualité. Et cela incite les développeurs à se spécialiser dans ces solutions. Certains créent des extensions payantes ou qu'ils partagent gracieusement avec la communauté.

POURQUOI ENRICHIR UN SITE AVEC DES EXTENSIONS

Que vous utilisiez un logiciel gratuit ou payant d'e-commerce, il vous est fourni avec l'essentiel pour lancer une petite activité. Les modules (ou *plugins* ou *addons* ou *extensions*) vous permettent d'y ajouter des fonctions, par exemple un ou plusieurs modules conçus pour que vos produits soient référencés sur de grands comparateurs de prix **(1)**. De même, pour les internautes qui souhaitent acheter sur votre boutique, le paiement par PayPal sera, par exemple, toujours permis. Mais vous souhaiterez peut-être aussi signer un contrat de vente à distance (VAD) avec votre banque afin que vos clients français ou étrangers disposent de différents moyens de paiement, ou qu'ils puissent profiter de solutions de crédit. En plus d'un contrat spécifique avec l'établissement bancaire, ces services nécessitent alors l'ajout d'un module (souvent payant) à votre e-boutique.
Autre exemple : la page d'accueil de votre site ne présente qu'une grande image statique que vous aimeriez remplacer par un diaporama tournant qui présente quatre ou cinq de vos meilleures ventes. C'est parfaitement possible en ajoutant un module diaporama, il en existe de nombreux et gratuits si vous avez choisi un logiciel en open source. Pour trouver votre bonheur parmi les dizaines ou centaines de modules **(2)**, ceux-ci sont classés par catégories : paiement, administration de la boutique, places de marché, etc. Lorsqu'un logiciel open source accepte des milliers de modules, beaucoup ne vous seront d'aucune utilité en France ; d'autres ont été conçus pour d'anciennes versions du logiciel et ne fonctionneront pas toujours sans qu'on en modifie le code source, ce qui n'est pas à la portée de tous.

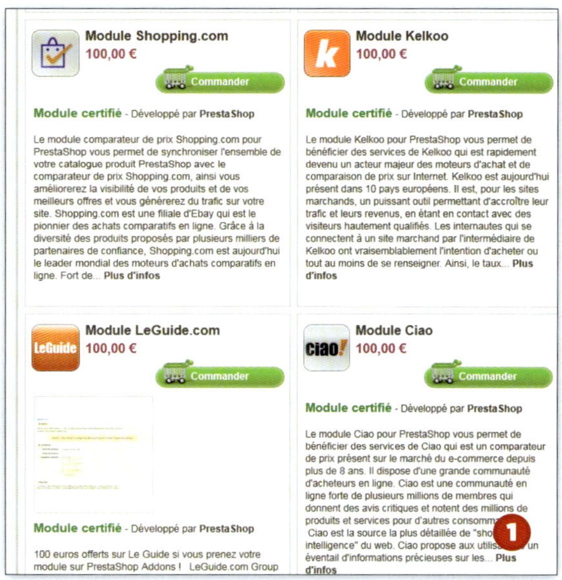

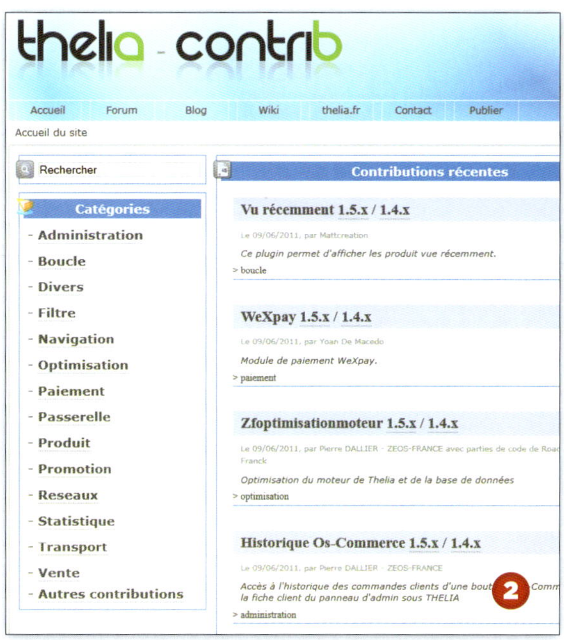

PREMIÈRE ÉTAPE POUR TESTER UNE SOLUTION GRATUITE D'E-COMMERCE : INSTALLER SUR VOTRE ORDI UN LOGICIEL SPÉCIAL QUI SIMULE LA MISE EN LIGNE.

Tester des applications Web sur votre ordinateur

À moins d'être passionné par Internet et la création de sites Web, choisir une boutique clés en main ou passer par un prestataire nous semble une bonne approche pour ne pas vous perdre dans la technique et garder bien en vue votre objectif : faire du commerce. Mais vous devrez, quoi qu'il en soit, vous familiariser à la gestion d'un site de vente en ligne. Pourquoi ne pas essayer avec une solution gratuite installée sur votre ordinateur ? Sans aucun bagage technique, en suivant nos conseils, vous disposerez dans quelques minutes d'une véritable boutique. Elle sera opérationnelle et ne vous obligera même pas à être connecté à Internet pour l'explorer.

CRÉER DES APPLICATIONS WEB Première étape : installer sur votre PC ou votre Mac un logiciel chargé de gérer des sites Web comme si ces derniers étaient réellement en ligne. C'est ce que l'on appelle une plate-forme de développement Web. Grâce à elle, vous pourrez installer et tester « en local », sur votre ordinateur, tout type de site – un site généraliste, un blog, une boutique. Ces outils portent un nom générique : Wamp quand ils sont conçus pour Windows, Mamp s'ils s'adressent au Mac, ou Lamp pour Linux.

À CHAQUE FONCTION SON OUTIL

Dans les sigles Wamp, Mamp et Lamp, la première lettre signifie Windows, Mac ou Linux. Le « A » qui suit est l'initiale d'Apache, un logiciel libre et gratuit ; il s'agit du serveur Web le plus populaire au monde pour fournir des pages Web aux navigateurs comme Internet Explorer ou Firefox. Le « M » est l'initiale de MySQL, qui stocke toutes les données de votre site, par exemple les articles et les photos publiés sur un blog ou les produits de votre boutique. Le « P » enfin, signifie généralement PHP, un langage de programmation ou « langage de script » qui permet de définir le fonctionnement du site. Si vous tapez les mots « cuir noir » dans le champ de recherche de votre boutique, PHP interrogera votre base de données et fournira tous les articles correspondants pour générer une page Web « dynamique » conçue tout aussi bien pour afficher trois produits que trois cents.

DES PAGES TRÈS DYNAMIQUES

Cette notion de page Web dynamique est importante. À la différence d'une page statique comme « À propos de nous » qui est unique et dont les infos ne changent que très rarement, une page Web dynamique est alimentée à la volée en fonction de la demande d'un utilisateur et des informations stockées dans votre base de données. La plupart des pages de votre boutique seront dynamiques. Ainsi, vous n'aurez pas à « dessiner » une page pour chaque paire de chaussures que vous vendez, il suffira de renseigner chaque article dans la base de données à l'aide d'un formulaire de saisie simplifié.

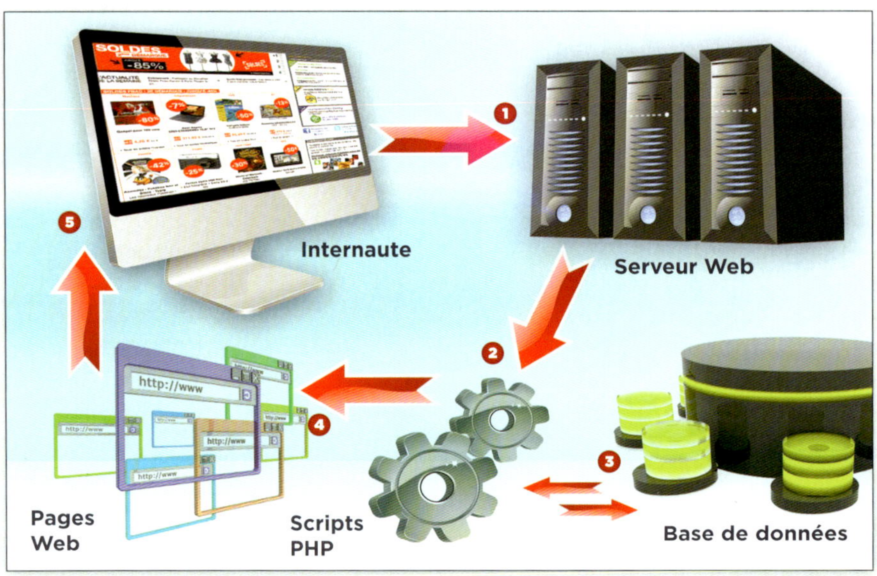

Lorsqu'un internaute demande une page Web 1, par exemple une fiche produit, le serveur analyse la requête et lance les scripts associés 2. Ces scripts récupèrent les informations dans la base de données 3 puis génèrent une page 4 qui sera fournie au serveur 5 pour être transmise à l'internaute.

Blog marchand

Sans aller jusqu'à créer une boutique, vous souhaiteriez vendre vos créations sur votre blog ? Il est sûrement possible d'y ajouter des fonctions d'e-commerce ! Nous vous expliquons, par exemple, dans ce guide comment vendre directement sur un blog réalisé avec WordPress. Pour tester la mini-boutique sur votre ordinateur avant de la transférer sur le blog, installez au préalable un serveur Wamp comme nous vous l'expliquons ici, puis reportez-vous à nos conseils en page 134.

COMMENT… INSTALLER DES APPLIS WEB SUR PC ET MAC

Nous venons de le voir, des outils spéciaux vont vous permettre d'installer sur votre ordinateur à peu près tout type de site Internet, comme un blog ou une boutique. Cette plate-forme de développement Web est gratuite, il vous suffit de télécharger la version qui convient à votre ordinateur et son système d'exploitation. Grâce à elle, vous disposerez des mêmes fonctions que s'il s'agissait d'un site de production, hébergé sur Internet.

1 CONNAÎTRE VOTRE VERSION DE WINDOWS

Si vous possédez un PC sous Windows, il faut d'abord savoir s'il fonctionne avec un Windows 32 ou 64 bits. Dans le menu Démarrer, cliquez avec le bouton droit sur l'icône Poste de travail (XP) ou sur Ordinateur (Vista et Windows 7), puis sur Propriétés. Dans XP, si la mention x64 n'apparaît pas, vous avez un système 32 bits. Dans Vista et Windows 7, le type de système 32 ou 64 bits vous est clairement indiqué.

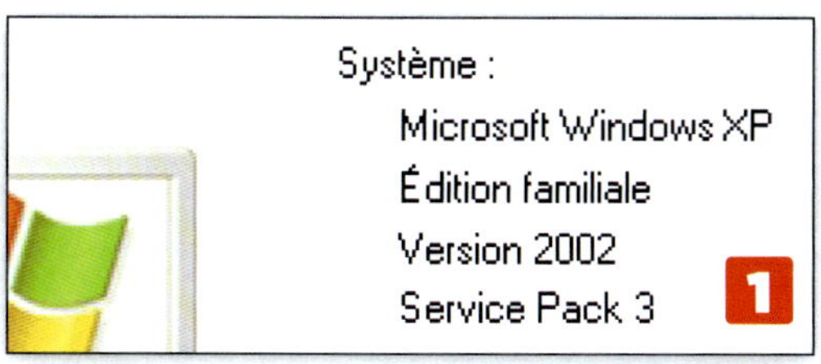

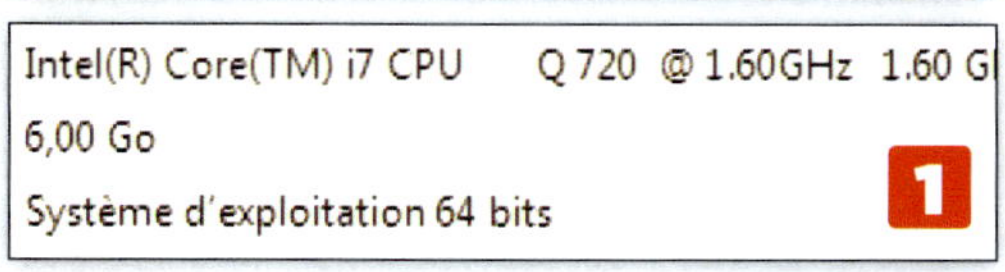

2 TÉLÉCHARGER WAMPSERVER 2

Dans Windows toujours, rendez-vous sur **www.wampserver.com** et cliquez sur Download (Télécharger) dans le menu. Au bas de la page, téléchargez la version 32 ou 64 bits de WampServer.

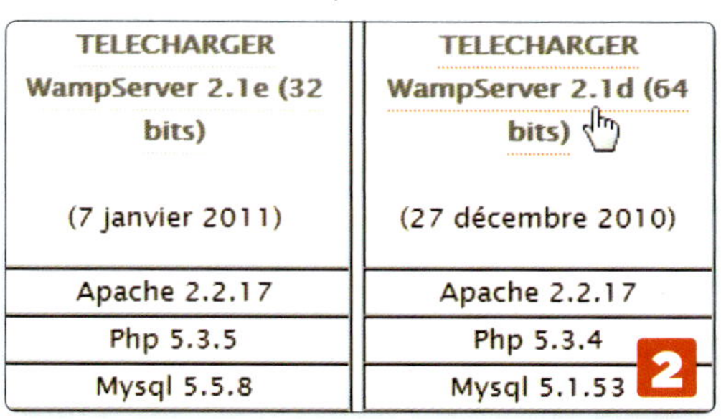

TELECHARGER WampServer 2.1e (32 bits) (7 janvier 2011)	TELECHARGER WampServer 2.1d (64 bits) (27 décembre 2010)
Apache 2.2.17	Apache 2.2.17
Php 5.3.5	Php 5.3.4
Mysql 5.5.8	Mysql 5.1.53

3 INSTALLER WAMPSERVER 2

Double-cliquez sur l'icône du logiciel téléchargé pour lancer son installation. Les premiers messages sont en anglais, mais rassurez-vous, WampServer 2 va s'installer en français. Cliquez sur le bouton Next, puis sur « I agree… » et encore sur Next. Indiquez alors un dossier où l'installer : par exemple **C:\Wamp** si votre PC ne comporte qu'un seul disque dur, ou **D:\Wamp** si vous préférez, comme nous, l'installer sur votre second disque dur interne. Pressez deux fois Next puis Install.

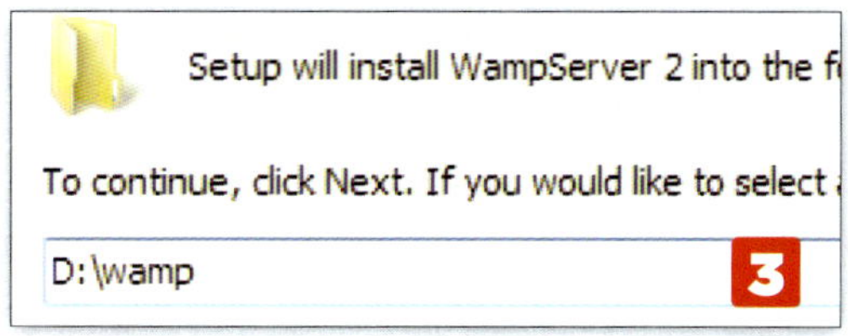

4 CHOISIR UN NAVIGATEUR WEB

Durant l'installation, indiquez avec quel navigateur vous surfez. S'il s'agit d'Internet Explorer, pressez simplement le bouton Ouvrir. S'il s'agit de Firefox, indiquez son chemin, généralement **C:\Program Files (x86)\Mozilla Firefox\firefox.exe**. Si votre pare-feu bloque le serveur Apache, autorisez l'accès. Laissez « localhost » dans le champ SMTP et indiquez votre adresse mail en dessous. Cliquez sur Finish.

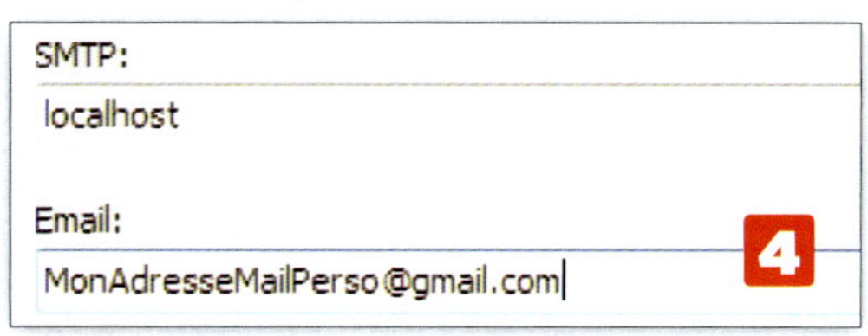

5 INSTALLER MAMP SUR MAC

Téléchargez le logiciel Mamp sur **www.mamp.info/en/index.html** (bouton Download now). Décompressez l'archive Zip et glissez le dossier Mamp dans votre dossier **Applications**. C'est fait ! Lancez Mamp, le serveur et ses composants démarrent.

Déjà hébergé ?

Si vous possédez déjà un site Web, donc un hébergeur, rien ne vous empêche d'installer directement votre solution d'e-commerce sur Internet. Dans ce cas, vous n'aurez pas besoin de passer par l'installation d'une plate-forme de type Wamp ou Mamp sur votre ordinateur. Rendez-vous alors en page 146. Il sera sans doute nécessaire de modifier quelques paramètres de votre site (ou chez votre hébergeur) pour que votre boutique fonctionne.

COMMENT... INSTALLER UNE BOUTIQUE SUR L'ORDINATEUR

À l'issue de ces huit étapes, votre boutique sera installée et opérationnelle sur votre PC ou votre Mac. Pour l'exemple, nous avons choisi la boutique Prestashop, gratuite, en français, et très bien documentée.

1 DÉCOUVRIR WAMPSERVER SUR PC

En bas à droite de l'écran, dans la « Zone de notification » de Windows, près de l'heure, la petite icône de WampServer — la lettre « W » — doit être verte pour vous indiquer que les serveurs Apache et MySQL sont bien lancés (voir page 14). Cette icône n'est pas visible? Cliquez alors sur le minuscule triangle qui pointe vers le haut (Afficher les icônes cachées), puis sur Personnaliser. Repérez l'icône de WampServer et, dans la liste, demandez à Afficher l'icône et les notifications. À présent, quand WampServer est lancé, son icône reste toujours visible dans la zone de notification. Si vous cliquez dessus avec le bouton droit, vous pouvez choisir un affichage en français (Language, French), ou refermer WampServer (Exit/Fermer). Maintenant, cliquez sur cette icône avec le bouton gauche de la souris afin de choisir phpMyAdmin, puis passez à l'étape 3 pour créer la base de données qui stockera par la suite toutes les infos de votre boutique.

2 DÉCOUVRIR MAMP SUR MAC

Vérifiez que les voyants des serveurs Apache et MySQL sont au vert. Dans votre navigateur Web Safari ou Firefox, la page d'accueil de Mamp a dû s'ouvrir dans un onglet (sinon, pressez le bouton Ouvrir la page d'accueil). Là, cliquez sur phpMyAdmin afin de créer la base de données de la boutique.

3 CRÉER LA BASE DE DONNÉES

Que ce soit sur Mac ou PC, vous voilà dans l'interface de gestion phpMyAdmin. Sous le libellé « Créer une base de données », tapez un nom de votre choix, par exemple **Prestashop**. Pressez le bouton « Créer... ». La base de données est ajoutée. Ne tenez pas compte d'éventuelles alertes indiquant qu'il y a des risques d'intrusion : la base de données n'est pas stockée sur Internet mais sur votre ordinateur, il n'y a donc aucun risque. Pour l'instant, cette base est vide, l'installation de la boutique va en préciser la structure...

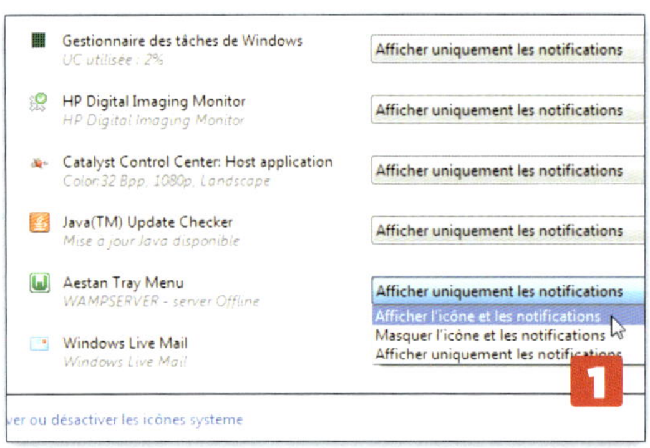

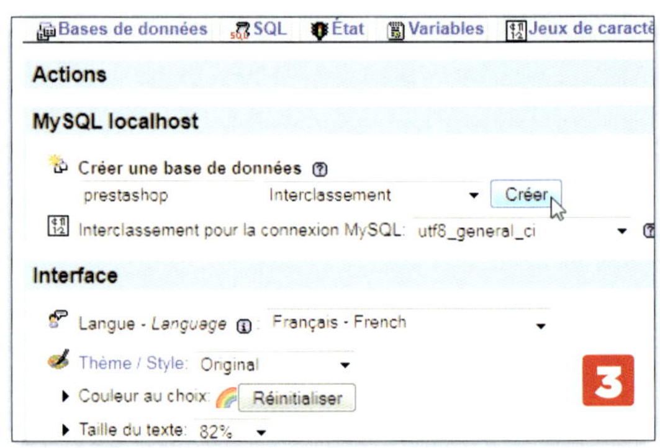

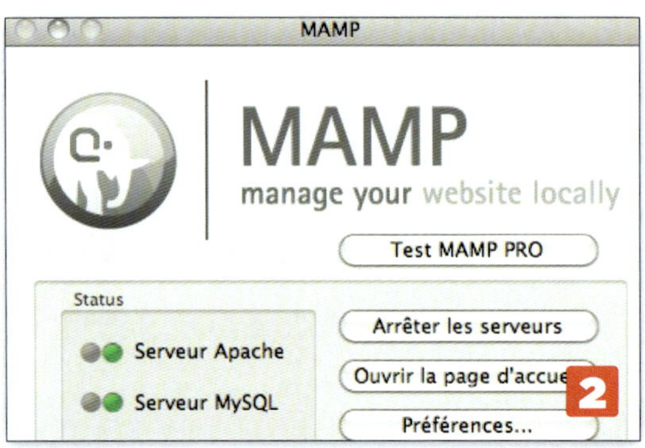

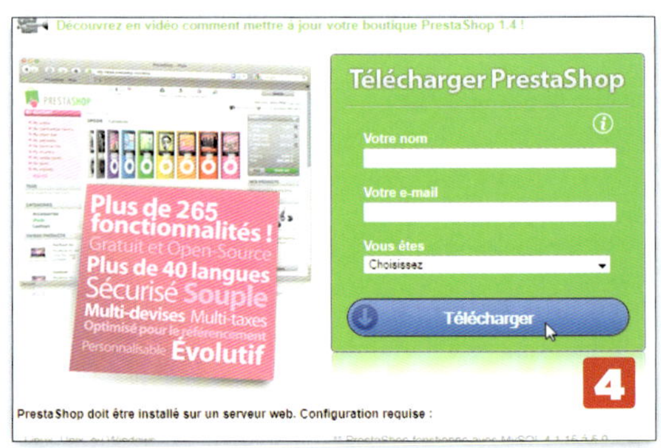

Lancer Wamp avec Windows

Au démarrage de Windows, WampServer ne se lance pas en même temps. Pour l'activer, il est nécessaire de double-cliquer sur son icône située sur le bureau. Si vous souhaitez que ce lancement soit automatique, cliquez avec le bouton droit sur l'icône de WampServer, choisissez Copier. Dans le menu Démarrer, cliquez sur Tous les programmes, puis, avec le bouton droit de la souris, sur le dossier Démarrage, afin de choisir Ouvrir. Le dossier Démarrage s'affiche. Cliquez à l'intérieur avec le bouton droit et sélectionnez Coller le raccourci. Comme tous les logiciels dont l'icône est présente dans le dossier Démarrage, WampServer se lancera en même temps que Windows.

4 TÉLÉCHARGER PRESTASHOP

Sur Mac comme sur PC, il vous faut aussi récupérer la dernière version du logiciel d'e-commerce Prestashop, libre et gratuit, sur le site **www.prestashop.com**. Quand vous cliquez sur le lien Télécharger, indiquez éventuellement vos nom et adresse mail, pressez le bouton Télécharger puis le bouton « Download Prestashop » afin d'obtenir la version stable la plus récente (version 1.4 dans notre exemple).

5 COPIER LES FICHIERS DE LA BOUTIQUE

Le fichier téléchargé est une archive Zip contenant des centaines de fichiers compressés. Double-cliquez dessus pour en voir le contenu et le décompresser.
Sur PC : ouvrez le dossier **C:\Wamp\www** créé page 14. Dans ce dossier **www**, copiez et collez le dossier **Prestashop** stocké dans l'archive Zip.
Sur Mac : dans le dossier **Applications/Mamp/htdocs**, copiez-collez le dossier **Prestashop** situé au premier niveau de l'archive Zip.

6 INSTALLER PRESTASHOP

Dans votre navigateur Web, tapez l'adresse **http://localhost/prestashop** afin de commencer l'installation. Dans le premier écran, la langue française doit être sélectionnée. Cochez la case « J'approuve les termes… » et pressez le bouton Suivant. La base de données doit porter le même nom que celui inscrit à l'étape 3 (normalement Prestashop) ; pressez le bouton Tester la connexion (sur Mac, indiquez auparavant le mot de passe **root**). Le message « La base de données a été trouvée ! » s'affiche. Parfait. Pressez le bouton Suivant… Votre disque dur crépite durant quelques secondes, signe que la structure de votre base de données se crée.

7 DÉFINIR LA BOUTIQUE

Nommez votre boutique. Si vous êtes en panne d'inspiration, pas de panique, vous aurez tout loisir de la renommer plus tard et d'y associer un logo à vos couleurs.
Les informations du pays et de fuseau horaire vous conviennent ? Remplissez alors les champs Prénom, Nom, e-mail (ce sera votre identifiant pour administrer le site) et indiquez un mot de passe pour gérer la boutique. Cochez les cases MoneyBookers et So Colissimo puis pressez le bouton Suivant.

8 TERMINER L'INSTALLATION

Voilà ! On vous avait dit que ça ne serait pas si difficile, il suffit de bien suivre les étapes. Votre boutique est désormais installée et prête à fonctionner. Reste un peu de ménage à faire. Ouvrez le dossier **Prestashop** créé à l'étape 5. Supprimez tous les fichiers commençant par **readme**, le fichier **Changelog** ainsi que le dossier **install**. Renommez le dossier **admin** en l'appelant **admin421**, par exemple.

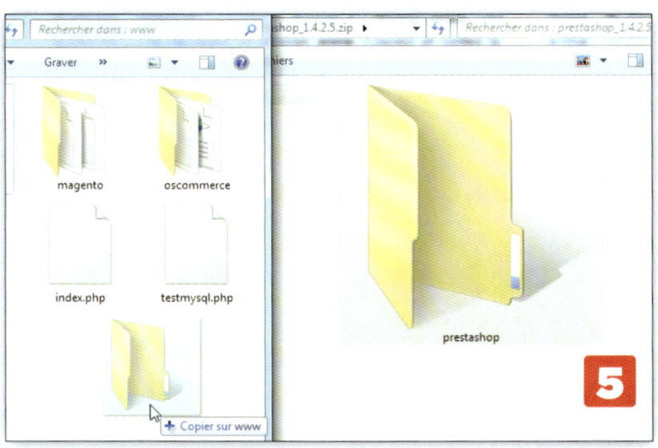

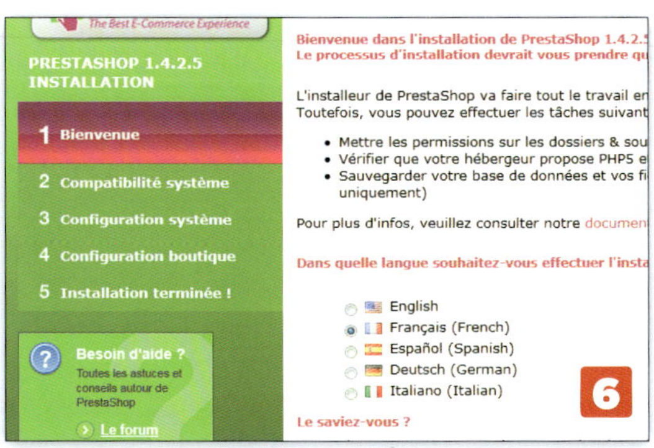

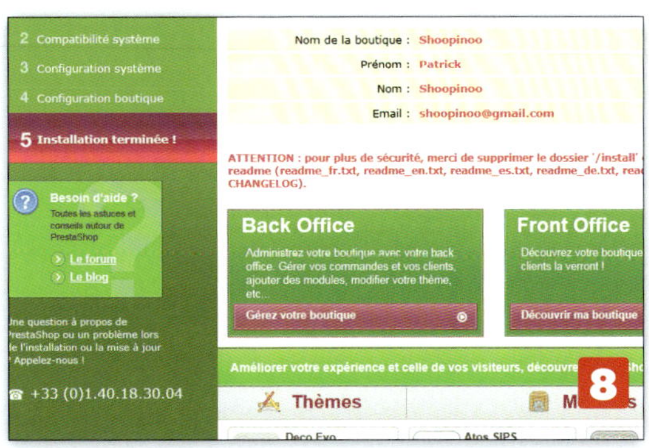

Accéder à votre boutique

À l'étape 8, nous vous faisons supprimer des fichiers et dossiers et vous engageons à renommer le dossier **admin**. Cette manip est indispensable pour accéder à l'interface d'administration de votre boutique, que les informaticiens appellent Back Office, et que l'on pourrait traduire par services administratifs ou arrière-boutique. Tout au long de ce guide, pour accéder aux écrans d'administration de la boutique, tapez **http://localhost/prestashop/admin421** (ou tout autre nom indiqué pour le dossier **admin** à l'étape 8) dans la barre d'adresse de votre navigateur. Le préfixe http:// est facultatif, vous pouvez donc taper plus simplement **localhost/prestashop/admin421** ou, mieux, ajouter ce site à vos favoris pour y accéder d'un clic.

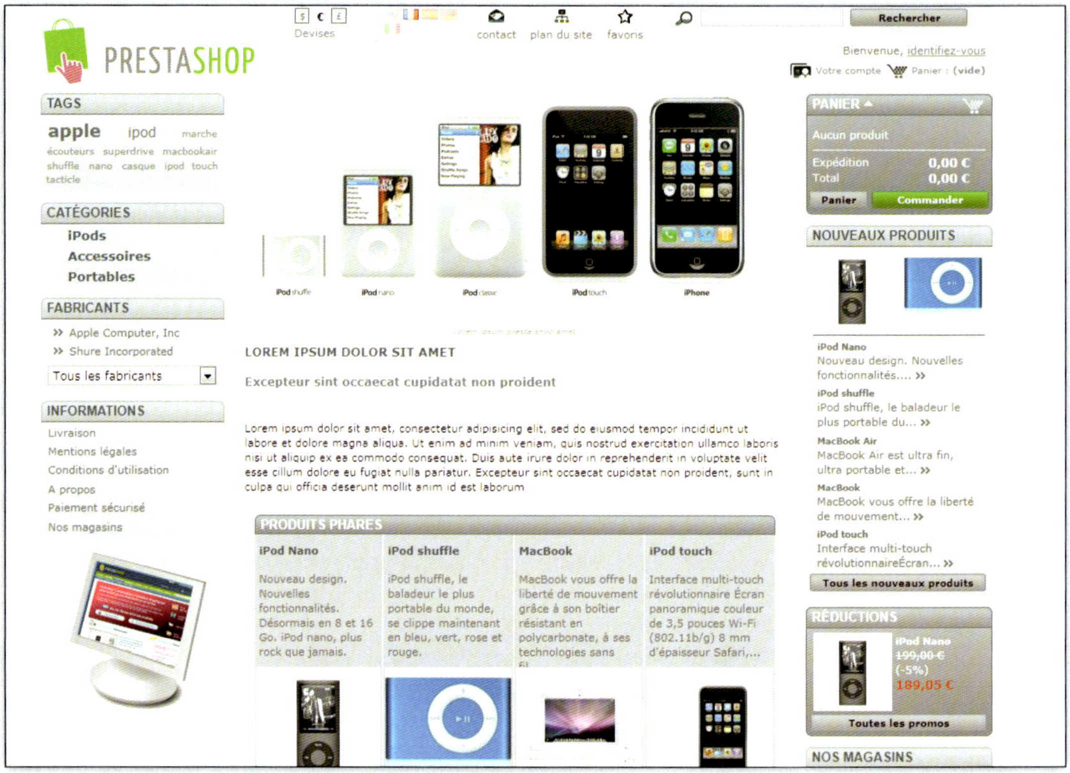

Premier contact avec votre boutique en ligne

Nous vous l'avions promis : dès le premier chapitre de ce guide, vous disposeriez d'une véritable boutique. La voici ! Elle comporte même déjà quelques produits. Faisons ensemble un petit tour du propriétaire.

Qu'il s'agisse de Prestashop, d'osCommerce ou d'une autre solution d'e-commerce, lorsque vous installez une boutique en ligne, elle comporte quelques produits afin que vous puissiez d'emblée juger de sa simplicité d'usage et de ses grands atouts. Prestashop vous propose ainsi de découvrir votre boutique dans la peau d'un revendeur de baladeurs et d'ordinateurs Apple.

ENTRER DANS LA BOUTIQUE

Dans la barre d'adresse de votre navigateur Web (Internet Explorer, Firefox...), tapez **localhost/prestashop** et pressez la touche Entrée. La vitrine de la boutique doit ressembler à celle présentée ci-dessus. Le site est fonctionnel, vous pourrez conduire un achat à son terme, sauf pour valider un paiement par carte bancaire. Restons sur cette page d'accueil, dont tous les éléments sont bien sûr personnalisables (couleurs, logo du site, taille et type de caractères...).

LA PAGE D'ACCUEIL... VOTRE VITRINE !

La page d'accueil, comme toutes les pages de votre site, est découpée en blocs, chacun dédié à une grande fonction : pour présenter les produits phares, les consulter par catégories ou par fabricants, connaître d'un coup d'œil le contenu du panier. Ces blocs, que vous retrouvez peu ou prou sur tous les sites d'e-commerce, vous sont sans doute familiers, puisqu'il est probable que vous ayez déjà réalisé des achats sur Internet ! À défaut d'être originale, cette page d'accueil fait « professionnel ». Si vous en êtes pour l'instant au tout début de votre réflexion sur la création d'une boutique en ligne, ne vous focalisez pas sur les couleurs, la présence peu souhaitable de tel ou tel bloc (celui des Tags, par exemple), l'absence de menus ou l'agencement général de la page d'accueil, tout cela peut se changer, le cas échéant en vous faisant aider par des professionnels. Même si vous revisitez

Boutiques factices

La plupart des solutions d'e-commerce proposent des sites de démonstration pour permettre de découvrir les grandes fonctions de leur boutique, voire du panneau d'administration où l'on gère le catalogue et les clients. Pour l'offre hébergée Oxatis, rendez-vous sur **oxashopfr.oxatis.com**. De même, lorsque des thèmes graphiques vous sont proposés pour personnaliser votre site, il est souvent prévu de découvrir le thème dans une boutique factice.

de fond en comble la page d'accueil pour l'adapter à votre univers et à votre ligne commerciale, les fonctions offertes d'office par les solutions d'e-commerce, de même que mille et un petits détails, rassureront vos futurs clients sur le sérieux de votre démarche et la qualité de la prestation. Cliquez sur le produit iPod Shuffle pour voir sa fiche, puis cliquez sur le logo du site en haut à gauche (pour l'instant, celui de Prestashop) afin de revenir à la page d'accueil : un bloc « Déjà vus » vient s'intercaler entre celui des Catégories et celui des Fabricants, il présente à chaque client les derniers produits qu'il a consultés. Sympa !

INCITER À L'ACHAT, TRÈS VITE

Comme sur la plupart des grands sites de vente en ligne, la page d'accueil met en avant les produits phares, qui ont le plus de chances de tenter vos visiteurs. Notez la présence d'un champ de recherche, en plus des Catégories et Fabricants, pour faciliter la navigation dans votre catalogue. Ci-dessous, sitôt tapées les trois lettres « ipo », la saisie prédictive déroule une liste présentant les produits contenant ces lettres. En étoffant les mots clés de vos fiches produit, vous pourrez même gérer les fautes de frappe (balladeur au lieu de baladeur) pour diriger l'internaute vers les bons articles. En bas à droite du site, dans le bloc Réductions, s'affichent également les promotions du moment. Et la grande photo d'accueil centrale, pour l'instant statique (qui montre ici toute la gamme de baladeurs iPod) pourra facilement être remplacée par un diaporama tournant pour mettre en valeur les gammes et articles que vous souhaitez faire découvrir.

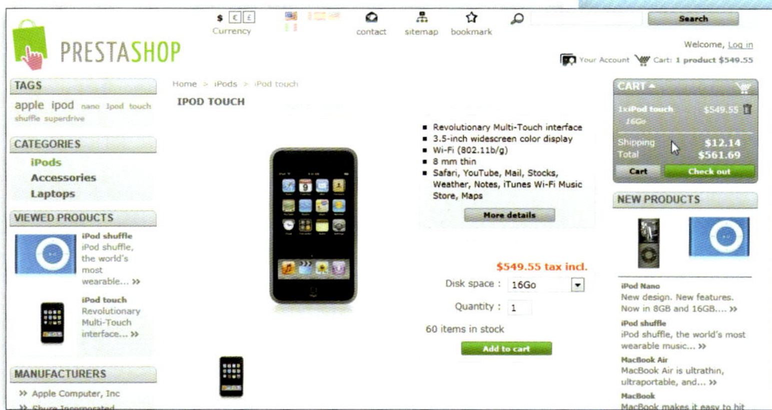

Comme la plupart des solutions d'e-commerce, Prestashop sait afficher le site dans différentes langues, et gérer différentes devises (ici l'anglais et le dollar). Il vous suffira d'indiquer les langues et devises acceptées, de même que les pays à partir desquels les achats sont permis. Tous ces comportements sont automatiques. En revanche, il vous faudra saisir les fiches produit dans les langues souhaitées (ici l'iPod Touch présenté en anglais).

LE PANIER GAGNANT

Tout en haut du site, les éléments sont là pour permettre à l'internaute de consulter les produits qu'il a ajoutés à son panier, et de s'identifier rapidement. Cliquez aussi en haut sur les devises – l'euro, le dollar, la livre sterling – et sur les petits drapeaux américain, espagnol, allemand ou italien : les solutions d'e-commerce gèrent les prix dans différentes monnaies, et savent afficher le site et les fiches produit dans différentes langues pourvu que vous en inscriviez vous-même la traduction. Remarquez également la présence du bloc Informations, en bas à gauche, qui pointe vers des pages essentielles pour convaincre et rassurer vos futurs acheteurs, notamment les pages Livraison et Paiement sécurisé.

VOTRE BOUTIQUE FAVORITE

Ajoutez la boutique à vos sites favoris (ou Marque-pages, dans Firefox) afin d'y accéder plus facilement. Pour cela, cliquez sur l'icône « favori » en haut de la page d'accueil. Cette icône, visible dans les navigateurs Internet Explorer et Firefox, ne l'est hélas pas dans Google Chrome. Eh oui, tous les navigateurs ne réagissent pas exactement de la même manière pour afficher les pages Web et interpréter les scripts d'un site, nous y reviendrons (voir page 34). Vous pourriez aussi attraper l'icône du site (on appelle ça un *favicon*) située à gauche de l'adresse Web et la faire glisser juste en dessous, dans la barre d'accès rapide du navigateur (activez le « Volet des favoris » dans Internet Explorer, ou la « Barre personnelle » dans Firefox).

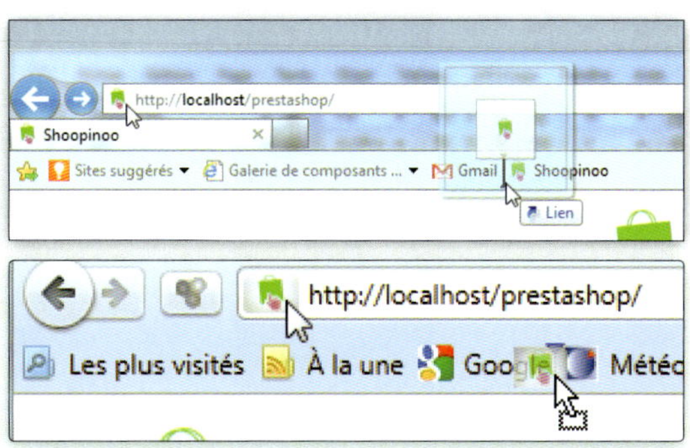

Pour afficher d'un clic la page d'accueil de votre boutique, dans Internet Explorer (image du haut) ou Firefox (en bas), attrapez la petite icône du site et glissez-la dans la barre d'accès rapide du navigateur.

COMMENT... RÉALISER UN ACHAT SUR VOTRE E-BOUTIQUE

Il est temps de commencer à vous familiariser avec les fonctions de votre site. Rien de mieux que de feuilleter son catalogue et de vous enregistrer comme un véritable client pour y effectuer quelques achats.

1 CONSULTER LES PRODUITS

Sur la page d'accueil, cliquez sur le produit iPod Nano, qui est intéressant à plus d'un titre car il cumule des particularités qui vous seront sûrement utiles dans votre catalogue. En effet, cet article est proposé en plusieurs capacités mémoire – mais cela pourrait être des tailles dans le cas de chemises ou encore des pointures – et en plusieurs coloris.

2 FAIRE DÉFILER LES PHOTOS

Un clic sur une photo permet de l'afficher en grand, dans une fenêtre en surimpression. Ici, vous ferez défiler les photos du produit en cliquant sur les boutons fléchés à gauche et à droite, et vous refermerez la fenêtre d'un clic sur la croix. Notez que les photos sont toutes détourées et présentées sur fond blanc, ce qui met en valeur le produit et permet d'en découvrir les détails sans être parasité par le décor environnant.

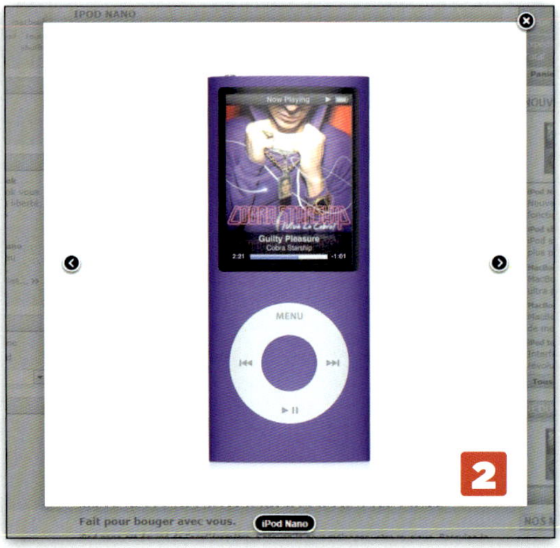

3 DES STOCKS, DES PRIX, DES PROMOS

Le prix s'affiche en grand et se distingue bien dans la page, c'est important. Autre particularité de cet iPod Nano, les concepteurs de la fiche lui ont appliqué une promotion, soit une remise de 5 %. Pour rassurer le client, on indique également que le produit est disponible en stock. Juste au-dessous, on va même jusqu'à indiquer la valeur du stock. Rien ne vous oblige, bien sûr, à livrer cette information. Les solutions d'e-commerce permettent de la masquer ou bien, pour inciter vos clients à se décider très vite, ils peuvent afficher un message du type « Derniers produits en stock ! » quand le stock passe sous un certain seuil.

4 LA FICHE DÉTAILLÉE

Le texte inscrit sous la photo est vraiment crucial, c'est votre argumentaire de vente. Comme avec un traitement de texte, dans cette description, vous pourrez utiliser du gras, de l'italique, des puces, des images, des liens et même des tableaux. Isoler les caractéristiques dans un onglet à part « Fiche technique » permet de les consulter plus facilement, mais également de les comparer entre elles.

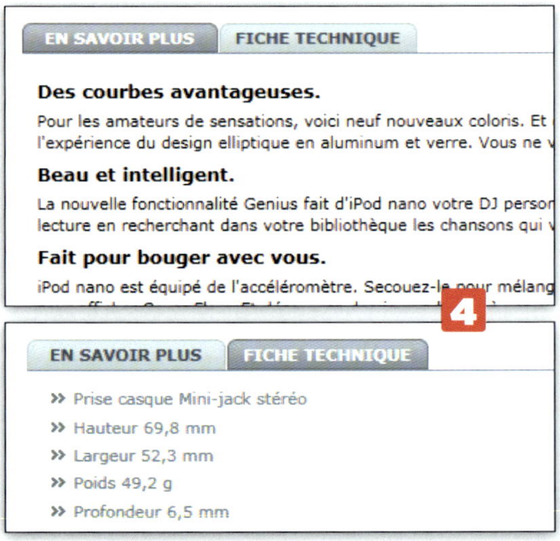

Mister client et client mystère

Pour tester votre site, vous aurez besoin de plusieurs adresses mail afin de simuler des achats comme le ferait n'importe quel client. N'hésitez pas à vous créer plusieurs adresses sur Hotmail, Gmail ou Yahoo, par exemple. Et pour éviter d'avoir à vous déconnecter d'un compte utilisateur pour passer à un autre compte, vous pouvez également installer plusieurs navigateurs Web sur votre ordinateur : Safari et Firefox sur Mac ; Internet Explorer, Firefox, Chrome, Safari et Opera sur PC.

5 COMPARER DES PRODUITS

Cliquez dans la colonne de gauche sur la catégorie iPod. Les trois références

s'affichent sous forme de liste. Cochez les cases « Comparer » visibles sous chaque produit, puis pressez le bouton Comparer. Aussitôt apparaît un tableau comparatif des trois produits accompagné de toutes les caractéristiques techniques permettant d'estimer plus aisément quel produit convient le mieux.

6 ACHETER UN PRODUIT

Revenez à la fiche de l'iPod Nano et cliquez sur le bouton Ajouter au panier. Une jolie petite animation transporte la photo vers le bloc Panier. Les frais de port s'ajoutent automatiquement au total TTC, lequel tient compte du taux de TVA qui s'applique à ce produit (19,60 %, par exemple).

7 LE « TUNNEL D'ACHAT »

Cliquez sur le Panier. Le récapitulatif de la commande s'affiche, et toutes les étapes pour la valider sont clairement indiquées sur une ligne (Résumé, Identifiez-vous… jusqu'à Paiement). Depuis la fiche produit jusqu'à la dernière étape de paiement, c'est ce qu'on appelle le « tunnel d'achat », qui doit être limpide, rassurant et réactif. Si vous constatez que vos ventes ne décollent pas, les statistiques et la liste des pages visitées du site vous indiqueront à quelle étape précise vos clients abandonnent leur achat, par exemple si les modes de livraison ou de paiement ne leur conviennent pas.

8 LE RÉCAPITULATIF DE COMMANDE

Dans le récapitulatif, on peut ajouter ou supprimer un produit, ou saisir le code d'un bon de réduction, qui peut s'appliquer à tous les internautes ou seulement à un visiteur à qui vous souhaitez offrir un « prix d'ami » sur tous les iPod, ou une remise si la facture dépasse 200 euros, ou les frais de port gratuits si l'achat a lieu entre le 5 et le 15 septembre.

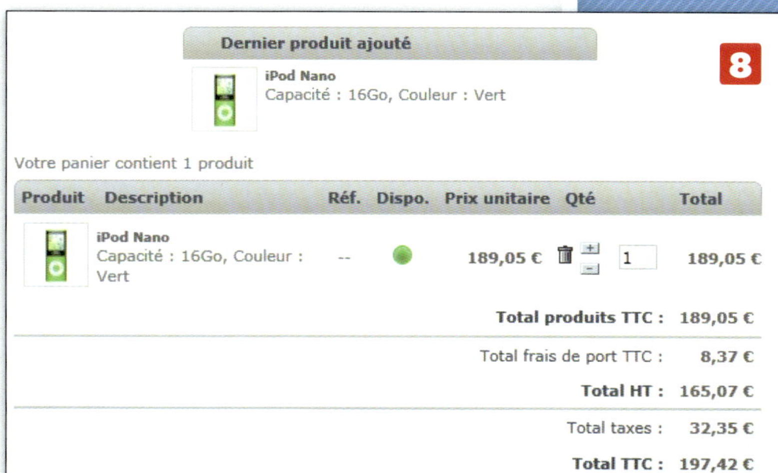

Voici une page de commande telle que la découvrent vos clients. Côté arrière-boutique, vous disposez des outils pour gérer les commandes, les stocks, l'expédition, et pour interfacer les ventes avec un logiciel de comptabilité.

9 FINALISER LA COMMANDE

Poursuivez la commande jusqu'au paiement (par chèque), en créant un faux compte client afin de découvrir toutes les étapes. Faites aussi un tour sur les autres pages, cela peut vous donner des idées, et c'est le meilleur moyen de maîtriser votre site.

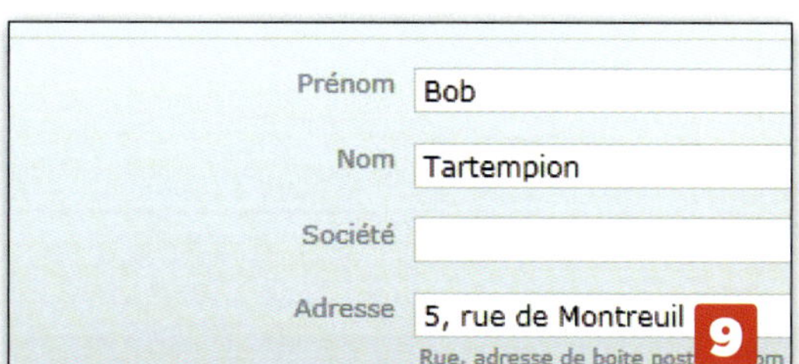

CHAPITRE 2

Aménager votre vitrine

À DÉCOUVRIR DANS CES PAGES

Mettre en valeur la vitrine de votre boutique

La fameuse page d'accueil du site va retenir toute votre attention. Élégante ou criarde – si vous êtes un spécialiste des prix écrasés ! –, elle reflète votre identité et doit répondre aux attentes du public visé. Avant de vous lancer dans cette étape, il faut donc avoir une idée précise de la manière dont vos visiteurs vont naviguer dans votre catalogue. Le design, lui, n'est finalement qu'un décor qui se change assez facilement. Des thèmes tout prêts vous aideront à trouver le bon compromis entre structure de la page d'accueil et identité visuelle. Vous pouvez aussi faire appel à un Web designer.

LA VITRINE, C'EST BIEN SÛR LA PAGE D'ACCUEIL, MAIS AUSSI TOUTE L'IDENTITÉ VISUELLE DE LA BOUTIQUE. SELON VOTRE BUDGET, VOICI COMMENT PROCÉDER.

Le design du site, un atout pour séduire et convaincre

Dans la vraie vie, la vitrine d'une boutique, c'est ce que le client voit en premier, et c'est ce qui lui donne envie d'entrer. Mais dans la vraie vie, la vitrine, les luminaires et les décors, c'est ce que le commerçant qui monte son magasin installe en dernier. Sur Internet, c'est pareil. Même si vous avez hâte de voir (et de montrer à vos proches) à quoi ressemblera votre vitrine sur Internet, autrement dit la page d'accueil et l'identité visuelle du site, le plus urgent est de structurer votre catalogue (voir le chapitre 3), ce qui aura forcément une incidence sur la manière de le présenter. De même, gardez à l'esprit que la page d'accueil, pour importante qu'elle soit, n'est pas forcément celle qui vous fait le plus vendre. Vos visiteurs passeront bien plus de temps à parcourir votre catalogue, à rechercher des produits et à consulter vos articles dans la fiche produit. Le design du site doit donc être envisagé comme élément de séduction, mais aussi en terme d'efficacité. Bien sûr, c'est légitime, vous souhaitez que votre site soit élégant, qu'il colle à votre identité et cible bien votre clientèle. Pour son design, vous avez alors plusieurs solutions.

CHOISIR UN THÈME TOUT PRÊT Que vous optiez pour un logiciel d'e-commerce gratuit ou une solution hébergée de type Oxatis, la méthode la plus rapide et abordable consiste à prendre un thème tout prêt. Parfois gratuits, ces habillages de site vous coûtent sinon entre 10 et 150 euros, et vous les téléchargez en trois clics sur Internet. À ce prix, vous n'avez pas l'exclusivité du thème, qui peut être adopté par d'autres e-commerçants. Un habillage très simple se contente de modifier les couleurs (le thème graphique) des différents blocs, tandis qu'un thème plus élaboré réorganise, en prime, la structure de la page, passant par exemple de trois colonnes à deux colonnes, comme nous l'expliquons ci-dessous. Certains designers vont jusqu'à créer des thèmes spécialisés pour différents métiers : mode, ameublement, nature et bio, vente de produits high-tech... Pour mieux vous permettre de juger le thème, il est parfois possible de le parcourir dans une boutique factice de démonstration.

ARRANGER SOI-MÊME LE THÈME Comme nous allons le voir dans ce chapitre, les solutions d'e-commerce mettent souvent à votre disposition quelques outils sommaires afin que vous puissiez personnaliser les pages, et notamment la page

En français dans le thème

Avant d'acheter un thème tout prêt, notamment sur un site étranger, vérifiez qu'il convient à la version française de votre logiciel d'e-commerce et qu'il a été testé avec différents navigateurs Web.

Spécial mobiles

Il existe des thèmes pour iPhone et d'autres téléphones mobiles. Votre site s'affiche avec le thème standard quand on y accède à partir d'un Mac ou d'un PC, et le thème mobile s'active si l'on se connecte à partir d'un téléphone.

La structure d'une page d'accueil d'un site d'e-commerce

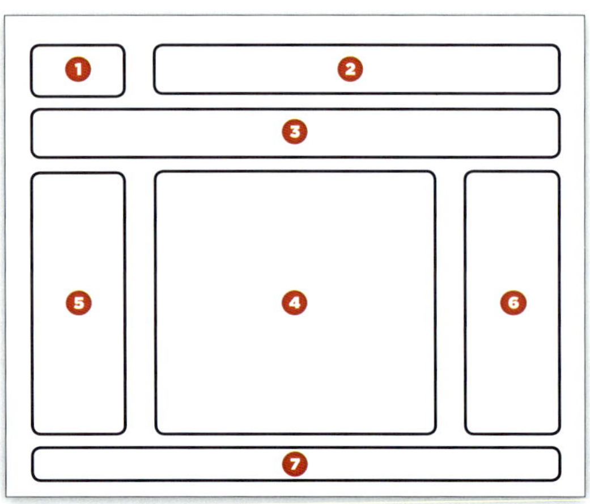

Tous les sites n'adoptent pas exactement la même structure, mais voici les grands éléments d'une page.

1. Logo du site.
2. En-tête présent sur toutes les pages, pour mettre en valeur votre identité ou un message publicitaire.
3. Menu horizontal des catégories et champ de recherche.
4. Zone de données, cœur du site qui présente les catégories, produits, marques, dossiers...
5. Menu vertical affichant les sous-catégories.
6. Zone d'informations annexes.
7. Pied de page avec les mentions légales.

Élégant, minimaliste, ce site mise tout sur la qualité des photos de ses produits. Ce budget est à prendre en compte lors de la réalisation de la boutique… et au quotidien, lorsqu'on souhaitera ajouter une fiche produit à son catalogue. La navigation est simplifiée à l'extrême car il n'y a que quatre catégories (Chaussettes de ville, Bouclette, Fantaisie et Socquettes), et aucune sous-catégorie.

d'accueil, sans programmer, en quelques clics de souris. Si vous avez des talents de graphiste, vous pouvez également retoucher ou même modifier profondément le design du site. Cela implique toutefois de se frotter un peu à la technique et de mettre le nez dans les feuilles de style et/ou dans le code du logiciel d'e-commerce.

LES SERVICES D'UN GRAPHISTE Le grand luxe reste évidemment de s'offrir les services d'un Web designer qui dessine le thème et l'intègre à votre boutique. Nous vous donnons quelques exemples de tarifs en page 30. Au-delà de la charte graphique, qui peut (et devrait) aller jusqu'à la manière de photographier les produits si cela vous incombe, vous pourrez, par exemple, faire ajouter une animation Flash ou insérer un bloc annonçant vos dossiers thématiques pour guider vos clients. Le relookage est parfois si profond qu'il devient impossible de savoir, au premier coup d'œil, sur quel logiciel d'e-commerce s'appuie le site. Afin que le résultat soit conforme à vos attentes, il est indispensable que vous fournissiez des photos et le texte de quelques fiches produit. Sans quoi, le graphiste aura tendance à choisir de belles images prétextes ! Imaginez qu'il privilégie des photos verticales alors que vos fabricants vous fournissent des photos carrées ? Tout le design serait à revoir.

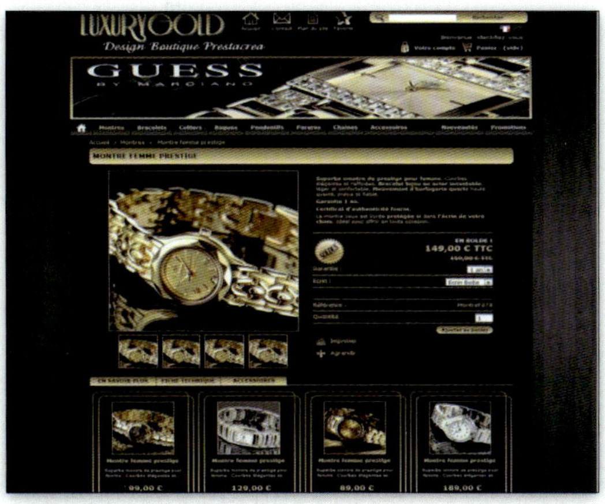

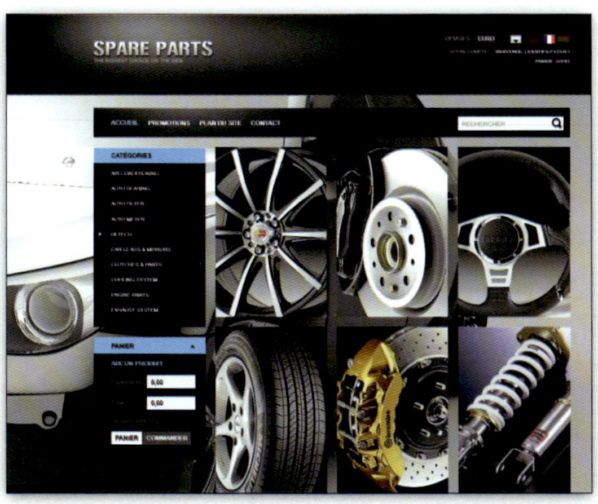

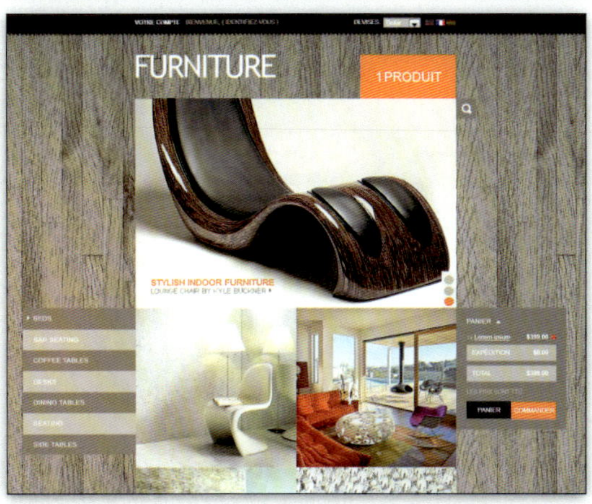

Ces trois thèmes de site (vendus une centaine d'euros HT) sont respectivement organisés sur une, deux et trois colonnes. Celui du haut est structuré comme un mille-feuille, sa zone de données s'étend sur toute la largeur de la page. Celui de gauche comporte un menu horizontal qui surplombe deux colonnes (le menu vertical et la zone de données, au centre). Enfin, le thème en bas à droite, très épuré et sans menu horizontal, se présente sur trois colonnes.

COMMENT… PERSONNALISER RAPIDEMENT VOTRE BOUTIQUE

Tous les logiciels d'e-commerce vous permettent de partir d'un thème graphique existant et de le personnaliser avec votre logo et quelques autres informations de votre cru. Direction le panneau d'administration du site…

1 AFFICHER LE PANNEAU D'ADMINISTRATION DE LA BOUTIQUE La gestion de votre boutique s'effectue dans le Panneau d'administration, que l'on appelle aussi Back Office. Pour y accéder, dans votre navigateur Web, tapez l'adresse **localhost/prestashop/admin421**. Le Panneau d'administration de Prestashop s'affiche. Tout en haut, cliquez sur l'onglet Préférences. Une première page s'affiche, qui vous permettra, par exemple, lorsque votre boutique sera mise en ligne, de la rendre inaccessible aux internautes pendant que vous-même en effectuez la maintenance. Sous l'onglet Préférences, grâce au lien Coordonnées, remplacez éventuellement le nom de la boutique ou ses coordonnées postales et téléphoniques. Pour valider vos modifications, le bouton Enregistrer se trouve tout en bas de la page. N'oubliez pas de le presser après avoir changé une info, sans quoi vos modifications seront perdues, parfois, sans un message d'alerte.

2 CHANGER LE LOGO DU SITE Cliquez sur le lien Apparence situé en haut. La page des logos et icônes du site apparaît. Si vous disposez déjà d'un logo, il faudra peut-être l'éditer dans votre logiciel de retouche photo (lire page 62), car le thème graphique de vos pages Web risque d'être parasité par un logo trop grand. Dans le thème par défaut de Prestashop, la taille recommandée est de 230 pixels de long sur 75 pixels de hauteur. Et le fichier, par exemple enregistré au format PNG ou JPEG, ne doit pas excéder un poids de 300 Ko.

3 CHANGER LE LOGO DES MAILS ET DES FACTURES Selon le type de logo que vous-même ou votre *designer* aurez dessiné, il faudra peut-être en créer plusieurs déclinaisons. Par exemple, si le fond graphique du site et du logo sont sombres, un second logo sur fond blanc, voire monochrome (en noir et blanc) sera préférable pour les factures.

Tester vos modifs

Quand on change une option dans le panneau d'administration, on a souvent envie d'en observer immédiatement l'effet dans la boutique. Cliquez, par exemple, sur le lien « Voir mon magasin » situé en haut du panneau d'administration. Ce dernier reste ouvert, et la page d'accueil de la boutique s'affiche dans un nouvel onglet de votre navigateur. Si la boutique était déjà visible dans un onglet, n'oubliez pas de réactualiser le contenu de cette page en cliquant sur l'icône « Actualiser » du navigateur (ou pressez la touche F5).

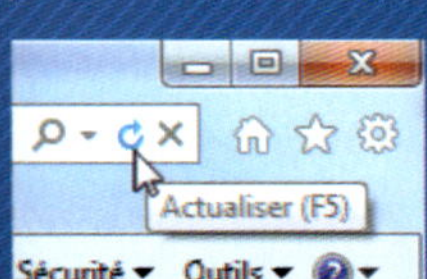

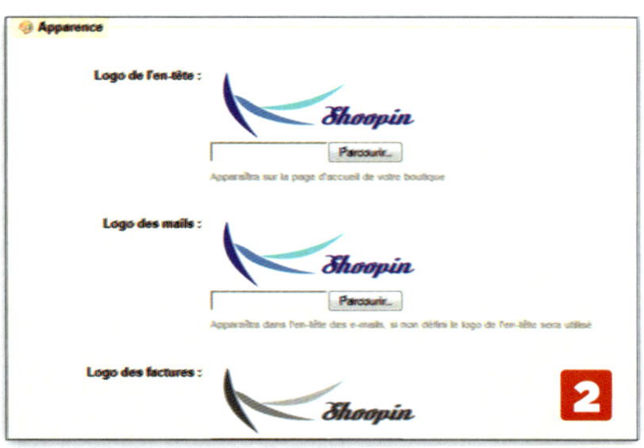

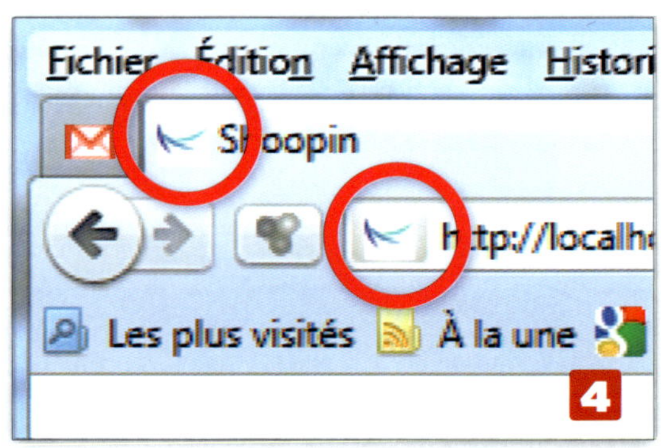

4 MODIFIER LE FAVICON Le favicon (contraction de « icône favorite ») est la petite icône visible à gauche de l'adresse de votre site et dans l'onglet du navigateur Internet (cerclées de rouge, sur notre exemple). Cette icône, un carré de 16 x 16 pixels, doit être enregistrée au format « ico ». Si votre logiciel de retouche photo ne gère pas les fichiers ico, téléchargez le logiciel ToYcon sur **Clubic.com**.

5 LOCALISER VOTRE BOUTIQUE SUR GOOGLE MAPS Vous avez une « vraie » boutique ? Sur votre site, il est facile d'en faire la promo et de la localiser sur une carte ! Dans la page Apparence, toujours, indiquez un fichier graphique de 30 pixels de haut sur 30 pixels de large dans le champ Icône de magasins. Pressez le bouton Enregistrer, tout en bas. En haut de la page, cliquez sur l'onglet Outils, et en dessous sur le lien Magasins. Pour l'instant, il y a cinq boutiques à Miami, supprimez-les (icône Corbeille) et cliquez sur le bouton Nouveau pour créer la vôtre.

6 CRÉER UN MAGASIN Remplissez les champs Nom, Adresse, Ville, etc., du magasin, et téléchargez une photo éventuellement. De même, précisez les heures d'ouverture dans les zones prévues.

7 TROUVER LES LATITUDE/LONGITUDE À quelles latitude et longitude se trouve votre boutique ? Dans votre navigateur Web, ouvrez un nouvel onglet (CTRL+T) et rendez-vous sur **maps.google.fr**. Tapez l'adresse de votre boutique, par exemple « 70, avenue des Champs-Élysées, Paris » pour centrer la carte à cet endroit. Cliquez avec le bouton droit de la souris sous le point épinglé « A » et sélectionnez « Plus d'infos à cet endroit ». Dans le champ de saisie, les latitude et longitude s'affichent (cercle rouge). Il faut les recopier dans Prestashop et presser le bouton Sauvegarder, puis les recopier de nouveau dans la page Magasins afin que ce soit l'emplacement de la carte par défaut.

8 REPÉRER LA BOUTIQUE SUR LA CARTE Rendez-vous maintenant dans votre boutique (**localhost/prestashop**). L'icône du magasin s'affiche au bon endroit sur la carte, ici avenue des Champs-Élysées. Cliquez dessus : le nom de la boutique, son adresse et les horaires d'ouverture saisis à l'étape 6 surgissent dans une grosse bulle. Il y figure même la photo de la boutique ! Vous pouvez ainsi ajouter plusieurs magasins, dans différentes villes, et choisir l'endroit sur lequel centrer la carte quand on arrive sur la page Magasins. Tout cela en quelques clics de souris... Sympa, non ?

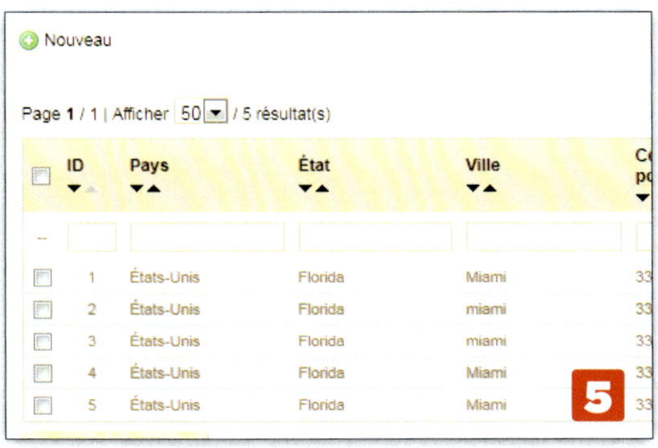

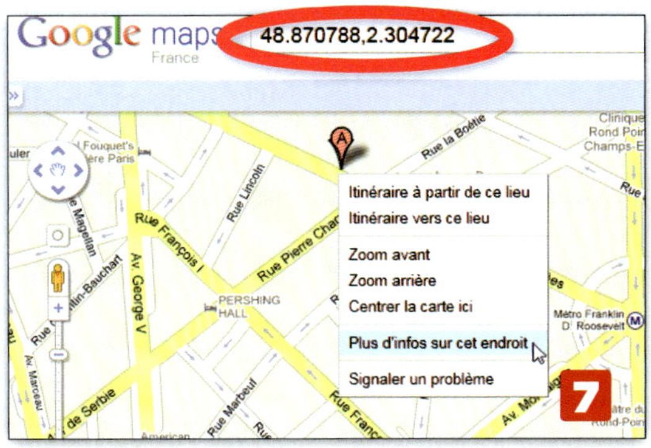

Beau, beau, le logo

Notre logo n'est pas sexy ? On vous l'accorde volontiers ! Il a été bricolé en quelques clics sur le site gratuit de création de logos (en anglais, mais facile à maîtriser), **logoease.com**. Si vous aviez un petit budget pour faire réaliser votre logo par un graphiste, ce serait quand même plus sympa... Exemples de prix en page 30.

SANS FAIRE DE MIRACLES, LES OUTILS FOURNIS PAR LES LOGICIELS D'E-COMMERCE VOUS PERMETTRONT DE DONNER UN PEU DE PEPS À VOTRE PAGE D'ACCUEIL.

Retoucher la page d'accueil et mettre en avant des produits

Si votre budget le permet, il est recommandé de confier la réalisation de la page d'accueil et du design de votre site à un pro. Sachez cependant que Prestashop contient des modules pour réorganiser votre page d'accueil et mettre en avant vos produits phares. Voyons de plus près comment s'y prendre...

TROUVER LE BON MODULE Dans le panneau d'administration de Prestashop, cliquez sur l'onglet Modules. Ceux déjà installés sont classés par catégories : Référencement, Facturation, etc. Afin de dénicher un module, le plus simple est de taper son nom dans le champ de recherche. Ici, tapez *accueil*. Deux modules vous sont proposés, cliquez d'abord sur le premier, Éditeur de page d'accueil, puis, quand les options du module s'affichent, cliquez sur Configurer.

MODIFIER LES TEXTES ET LA PHOTO

Vous voilà dans l'éditeur. Chargez une image, modifiez le titre principal et la petite phrase qui apparaîtra juste en dessous, et profitez des options de l'éditeur de texte pour enrichir le texte d'introduction. Il est bien sûr possible de mettre du texte en gras ou en italique, d'ajouter des images, des listes à puces et numérotées, des tableaux, des liens, etc. Nous vous laissons le soin de découvrir le rôle de chaque petite icône, il suffit de passer le pointeur de la souris dessus pour obtenir une bulle d'aide (lire aussi page 54). Certaines icônes ne s'activent que si du texte est sélectionné.

AJOUTER UN LIEN DANS LE TEXTE

Voyons, par exemple, comment rendre une partie du texte cliquable. Sélectionnez le ou les mots dans l'éditeur de texte, cliquez sur l'icône Insérer/éditer un lien. Dans le champ URL, inscrivez l'adresse complète de la page à cibler, **http://localhost/Hiver2011.php** ou **http://www. maboutique.fr/Collec2011.php**. Indiquez si la page doit s'afficher ou non dans la même fenêtre du navigateur (liste déroulante Cible), et inscrivez un texte dans le champ Titre : il s'affichera dans une bulle quand l'internaute passera le pointeur sur ce lien. Cliquez sur le bouton « Mettre à jour » pour tenir compte de ces modifications.

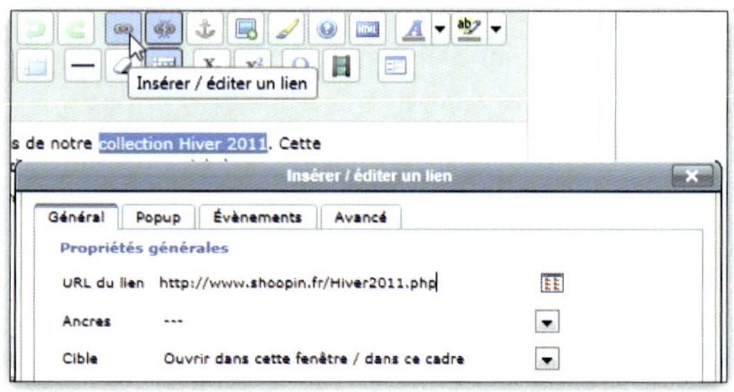

RÉORGANISER LA PAGE D'ACCUEIL

Quand un module est ouvert dans le panneau d'administration, cliquez sur le lien Gérer ses points d'accroche, puis pressez le bouton Lancer Live Edit. La page d'accueil s'affiche... Chaque bloc y est surmonté d'une ligne indiquant son nom, par exemple « Bloc Mon compte ». Cliquez sur la corbeille pour le supprimer ou attrapez les quatre flèches vertes pour le déplacer.

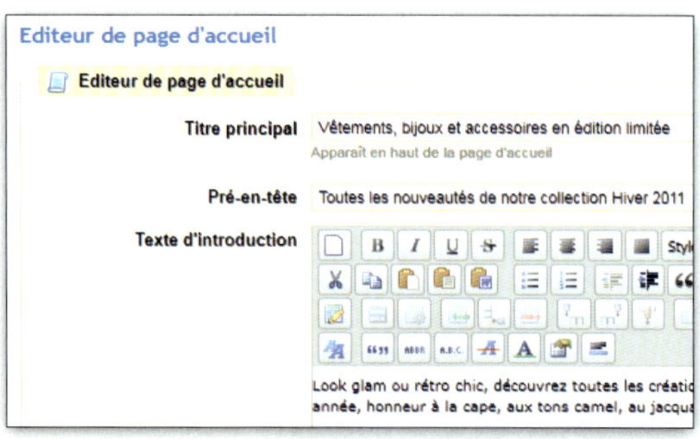

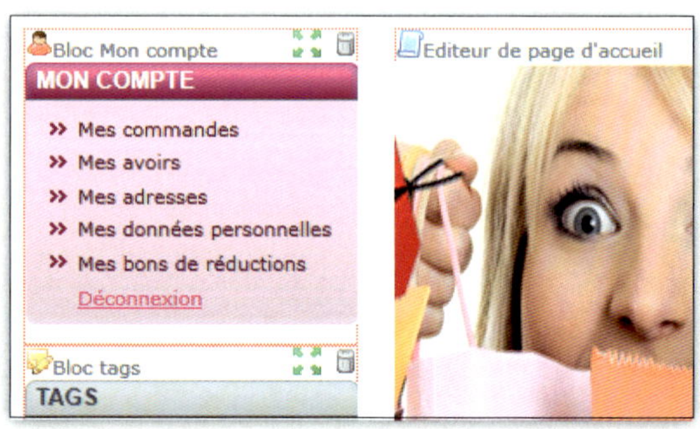

Un site, des langues

Comme ses grands concurrents, Prestashop vous permet de créer un site capable de s'afficher en plusieurs langues. De nombreuses traductions sont proposées. En espagnol, le bloc « Mon compte » est, par exemple, automatiquement traduit par *Mi cuenta*. Il vous revient, bien sûr, de rédiger les textes et les fiches produit que vous donnez à voir à vos visiteurs. Pour installer ou supprimer une langue ou pour modifier une traduction, rendez-vous dans l'onglet Outils, lien Langue et lien Traduction.

DÉPLACER UN BLOC Attrapez, par exemple, le bloc Tags qui se trouve dans la colonne de gauche et déplacez-le dans la colonne de droite, juste sous le bloc Panier. Quand vous approchez le bloc en cours de

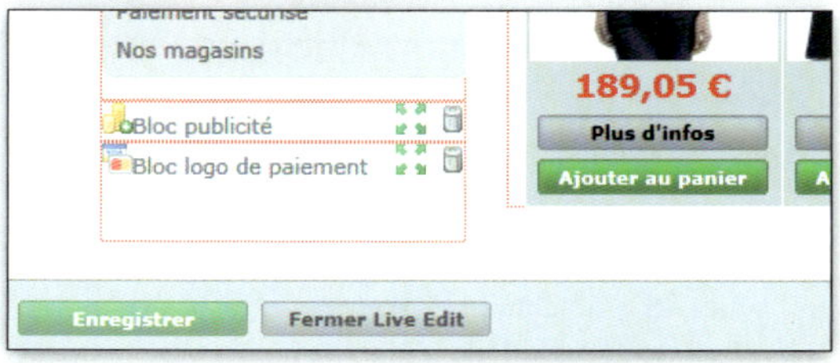

déplacement dans la colonne de droite, les autres blocs se décalent pour lui laisser la place de se caser, et un rectangle vert vous indique la taille du futur bloc. Vous agencez ainsi la page d'accueil directement à la souris. Une fois satisfait du résultat, cliquez tout en bas de la page sur le bouton vert Enregistrer, et éventuellement sur le bouton Fermer Live Edit.

CHANGER LES PRODUITS PHARES
Sur la page d'accueil du site figure aussi un bloc présentant vos produits phares. Au départ, il n'affiche que quatre produits, nous allons en ajouter d'autres comme on le voit ci-dessous. Dans le panneau de configuration, cliquez sur l'onglet Modules et recherchez les modules contenant le mot *accueil*.

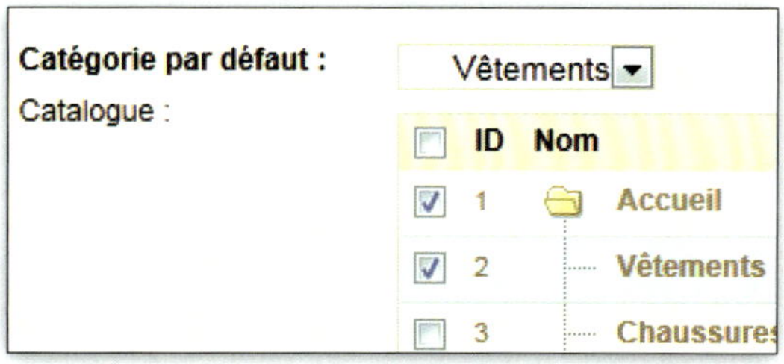

Sélectionnez cette fois celui nommé « Produits phares sur la page d'accueil » et cliquez sur Configurer.

SÉLECTIONNER LES PRODUITS PHARES
La page de configuration de ce module ne vous laisse préciser qu'une seule information : le nombre de produits phares qui apparaîtront en page d'accueil, par exemple huit. Afin de définir quels produits doivent figurer dans ce bloc, cliquez tout en haut sur l'onglet Catalogue. Cliquez sur une catégorie de produits, puis sur le produit souhaité afin de modifier sa fiche. Ci-dessus, la catégorie Vêtements est cochée, on coche donc aussi Accueil afin que cet article fasse partie des produits phares. Enregistrez la fiche et recommencez la manip avec autant d'articles que souhaité. Enfin, vérifiez le résultat sur votre page d'accueil. Comme vous le constatez, vous avez tout intérêt à être concis pour vos textes d'intro de chaque produit, sinon la page d'accueil risque d'être verbeuse.

Vendu 10 euros, ce module affiche de grandes photos de vos produits phares sur la page d'accueil (tinyurl.com/PrestaPdtsPhares). Évidemment, le résultat sera moins sexy si vous vendez des articles de plomberie…

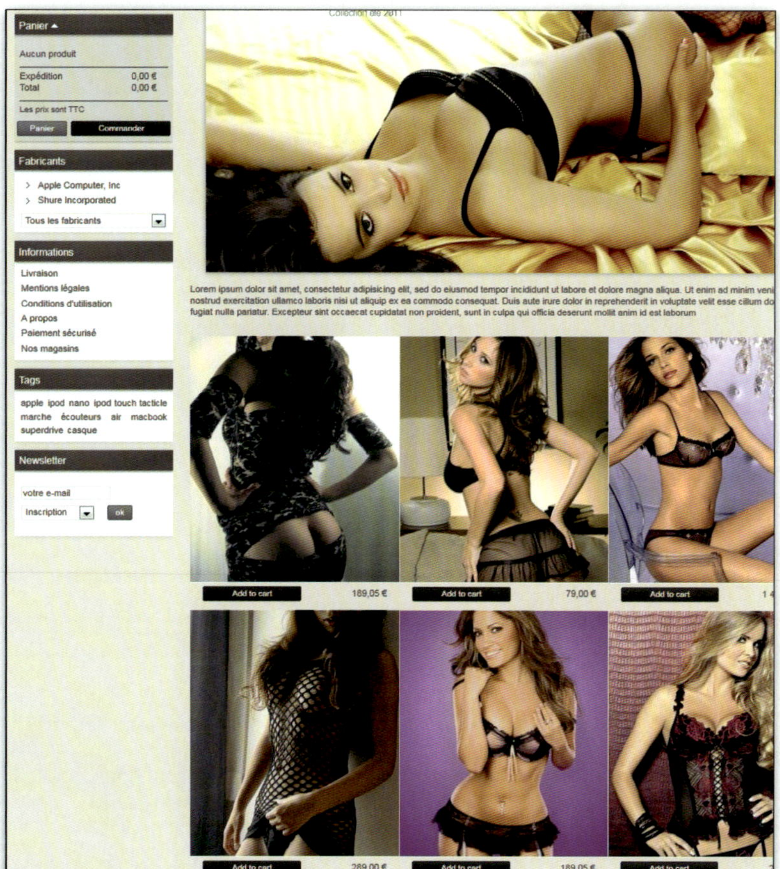

DU LOGO À LA CHARTE GRAPHIQUE COMPLÈTE DU SITE, OFFREZ-VOUS LES CONSEILS ET LES PRESTATIONS DE PROFESSIONNELS DE L'INTERNET.

Confier le design de votre boutique à une agence Web

Si vous n'ambitionnez pas de vendre au départ plus de quelques produits par mois, choisir un thème graphique à 50 ou 100 euros, voire un thème gratuit, peut suffire pour lancer votre boutique. Il en va tout autrement si vous misez tous vos espoirs professionnels sur ce site. Il mérite alors une identité visuelle originale qui se démarquera de celles de ses concurrents.

POUR UN LOGO Le Web est une véritable jungle, et vous trouverez des prestations à tous les prix ! Quand certains cassent le marché et acceptent de vous bricoler un logo pour 50 euros, d'autres vous offriront un travail plus soigné, forcément plus cher, à partir de 200 euros, voire beaucoup plus. A fortiori si vous n'êtes pas très à l'aise en informatique, le logo doit vous être fourni en plusieurs tailles et formats de fichier (JPEG, PNG, EPS, TIF) afin de disposer, par exemple, d'une bonne définition d'image – meilleure que celle nécessaire au Web – et imprimer un catalogue ou du papier à en-tête. Mettez-vous d'accord au départ sur un nombre de propositions (par exemple trois) et un nombre de retouches après avoir fait votre choix (au moins une). Dans l'idéal, mieux vaut avoir une bonne idée des couleurs dominantes du site avant de commander un logo.

POUR L'ADAPTATION D'UN THÈME GRAPHIQUE
Autre prestation à envisager : vous choisissez un thème pour lequel vous souhaitez quelques retouches, en termes graphiques ou dans l'organisation du site, notamment pour adapter la page d'accueil. Ce service vous est généralement facturé entre 500 et 1 000 euros, mais notez que certaines de vos demandes peuvent impliquer d'intervenir dans le code du logiciel, ce qui justifiera un surcoût de développement.

POUR TOUTE LA PRESTATION GRAPHIQUE
De même, des prestataires vous proposeront de réaliser un design unique pour votre site, allant du logo à la page d'accueil et au menu en passant par la fiche produit, le panier et les pages pour finaliser la commande, qui sont très importantes. Pour une petite boutique, ce service est facturé de 1 500 à 3 000 euros. En général, votre prestataire vous fixera un nombre maximal de pages à dessiner, afin que vous ne lui ajoutiez pas en cours de route des demandes hors forfait. Tenez compte aussi d'une éventuelle déclinaison du site sur téléphone mobile, qui peut être intéressante pour vous.

POUR TOUTE LA CONCEPTION DU SITE
La prestation peut même coûter 10 000 euros et plus si vous confiez la conception complète du site à une agence Web. En plus de la réalisation graphique, elle définira au préalable la meilleure façon d'organiser votre catalogue et de le présenter. L'installation du site, l'intégration des moyens de paiement, la sauvegarde et la formation initiale font alors partie du forfait.

De nombreux graphistes, développeurs et agences de création proposent leurs services pour réaliser une e-boutique. Vous avez l'embarras du choix.

Trouver un designer

Si vous ne savez pas à quel prestataire vous adresser quand vous avez choisi votre solution (par exemple Oxatis ou Prestabox pour une location au mois, ou encore Magento ou Prestashop pour une solution en open source), rendez-vous sur le site en question pour découvrir les prestations assurées par la société et ses partenaires. Les forums de ces sites sont également très utiles. Vous pouvez aussi recourir à une place de marché de développeurs telle que **Codeur.com**, sur laquelle vous postez votre demande et recevez les devis des professionnels.

COMMENT... INSTALLER UN THÈME GRATUIT OU PAYANT

Avant d'installer un thème gratuit ou payant, assurez-vous qu'il a été conçu pour la version de votre logiciel, sinon, il faudra peut-être l'adapter. Lors de la réalisation de ce guide, notre version de Prestashop était ainsi la 1.4. Dangereux, donc, d'y installer tel quel un thème écrit pour la 1.2 ou la 1.3. L'éditeur Prestashop ne fournit quasiment aucun thème gratuit mais en propose des centaines de payants sur son site (de 50 à 150 euros le thème). Vous en dénicherez aussi sur le Web (lire ci-contre).

1 CONNAÎTRE VOTRE VERSION DE PRESTASHOP

La version du logiciel est visible dans le panneau d'administration, tout en bas, dans le pied de page. Connaître ce numéro de version est tout aussi important quand vous installez un module (ou *addon*) dans votre boutique.

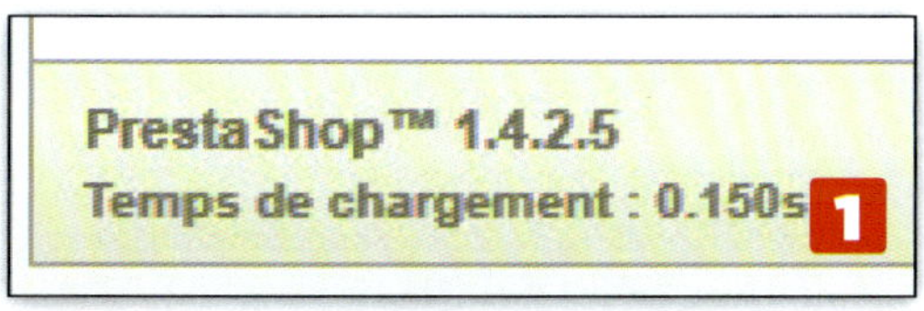

2 CONSULTER LES THÈMES

Sur **prestashop.fr**, sections Addons, choix Thèmes, filtrez la recherche en précisant vos critères: n° de version, couleurs et ambiance, site dessiné sur une, deux ou trois colonnes (le thème standard est sur trois colonnes, voir page 24). Pour découvrir comment installer un thème, choisissons le seul thème gratuit. Précisez les critères Gratuit et Version 1.4 (ou 1.5, chez vous) et pressez le bouton Filtrer.

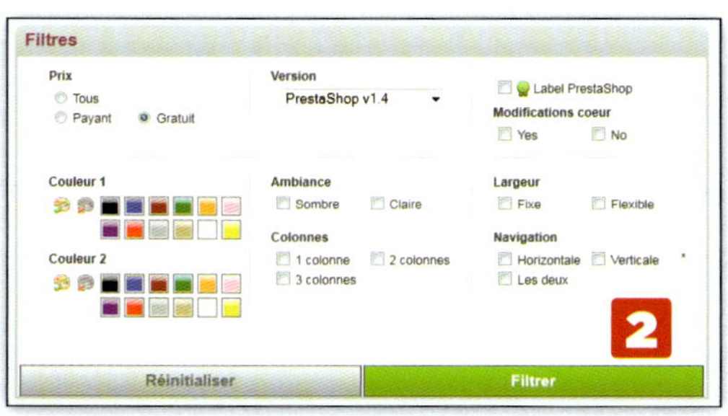

3 TÉLÉCHARGER UN THÈME

Cliquez sur le thème Prestashop Alternatif. Cliquez sur « Vous identifier » ou sur « Créer un compte » pour indiquer vos e-mail et mot de passe. Un bouton Télécharger apparaît, pressez-le et enregistrez le fichier *prestashop_alt.zip* sur votre disque dur. Dans Windows, il se logera généralement dans votre dossier Téléchargements.

4 INSTALLER UN THÈME

Dans le panneau d'administration de Prestashop, cliquez sur l'onglet Modules puis, en dessous, sur le lien Thèmes. Descendez à la section Thèmes et cliquez sur le lien « Importeur de thème ». Si le module Importer/exporter n'est pas installé (croix rouge), pressez le bouton Installer, puis le lien Configurer. Sélectionnez le fichier sur le disque dur et pressez plusieurs fois le bouton Suivant jusqu'à l'installation finale.

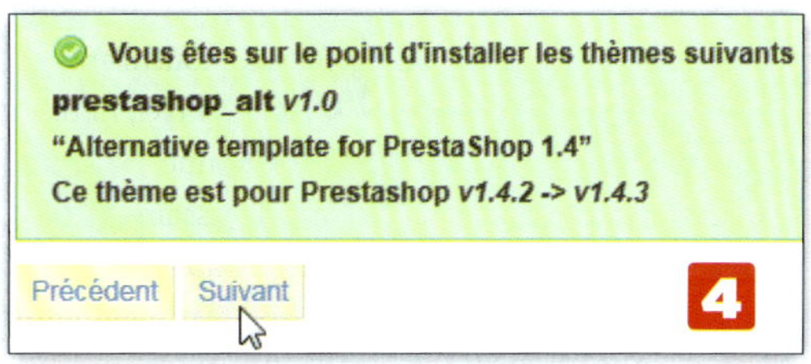

5 ACTIVER UN THÈME

Toujours sous l'onglet Modules, liens Thèmes, section Thèmes, cliquez sur celui que vous venez d'installer et pressez le bouton Enregistrer. Affichez la page d'accueil de votre site pour en découvrir la nouvelle identité visuelle. Notez que certains thèmes désactivent des modules (ici, par exemple, le bloc Tags) qu'il faudra éventuellement réactiver.

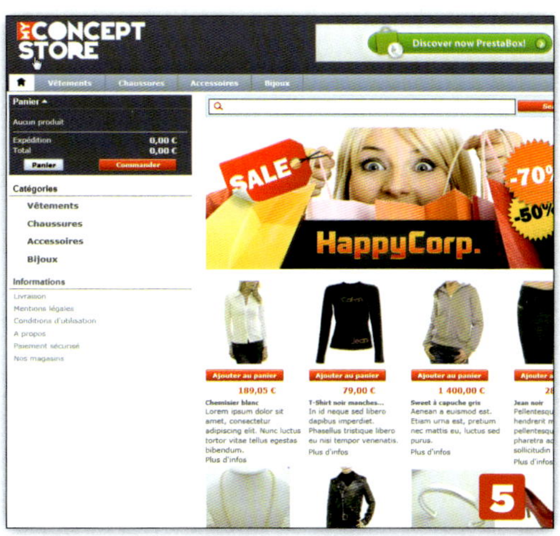

Plus

Vous téléchargerez des thèmes et des modules gratuits et payants, notamment sur les sites **shop.ddlx.org**, **www.prestatools.com** ou encore **www.templatemonster.com**. Dans Google, vous pouvez aussi lancer une recherche « Prestashop 1.5 thèmes » ou, en anglais, « Prestashop 1.5 templates » (précisez la version du logiciel, ici 1.5). Quand un thème vous plaît, vérifiez sur sa fiche s'il convient à un site en français et les éventuelles consignes d'installation. Si vous en testez beaucoup et afin d'éviter les problèmes, faites une sauvegarde du dossier **C:\wamp\www\prestashop** avant toute installation de thème ou de module.

COMMENT... FAIRE DÉFILER DES IMAGES EN PAGE D'ACCUEIL

Ça vous dirait d'installer un carrousel d'images sur la vitrine de votre boutique ? Ce sera aussi et surtout l'occasion de voir comment ajouter des modules, et donc des fonctions, à votre logiciel d'e-commerce.

1 RECHERCHER UN MODULE

Une fonction manque à votre boutique ? Il y a sûrement un module qui règle le problème. La place de marché officielle de Prestashop **addons.prestashop.com/fr** présente des modules payants. Vous en dégotterez aussi des gratuits dans le forum de ce site, notamment.

2 AVANT D'ACHETER UN MODULE

Lorsqu'un module vous tente, vérifiez qu'il convient à votre version de Prestashop. Ci-dessous, on voit que ce module, un carrousel d'images vendu 39 euros HT et fourni en versions française et anglaise, est conçu pour les versions 1.3 et 1.4 du logiciel. Ces questions de compatibilité sont cruciales ! Car, à l'inverse, quand Prestashop lance une version 1.5 ou 1.6 de son logiciel d'e-commerce, vous ne devriez pas non plus la déployer sur votre boutique sans tester au préalable qu'elle ne créera pas de problèmes aux thèmes et aux modules que vous aviez installés sur votre version 1.4. La remarque vaut pour les développements spécifiques conçus par vos prestataires.

3 PIOCHER UN MODULE GRATUIT

Pour l'exemple, nous allons rechercher ici un module gratuit sur le site **prestatools.com**, qui répertorie pour l'essentiel les thèmes et modules cités sur le forum de Prestashop. Dans la liste des modules à gauche, « Back office » concerne tous les modules dédiés à la facturation, la gestion des clients, etc. La partie « Front office » se focalise sur les modules visibles par les internautes. C'est là que nous trouverons un carrousel d'images pour mettre en valeur nos gammes.

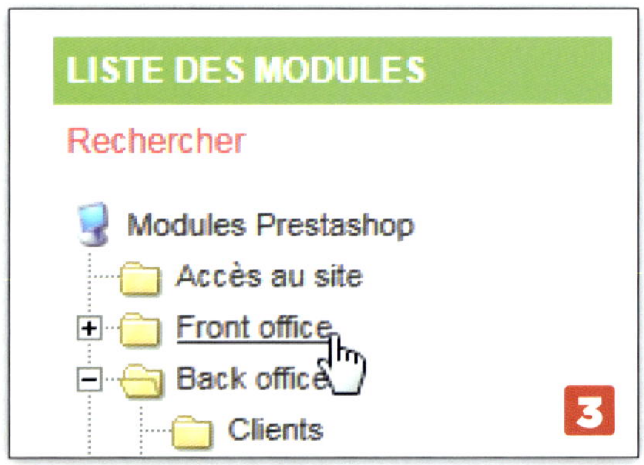

4 TÉLÉCHARGER UN MODULE

Pour télécharger un module sur le site **Prestatools.com**, il faut d'abord s'enregistrer sur le site en cliquant en haut sur le lien Inscription. Dans la liste des modules pour le Front office, section Carrousels, on peut ensuite télécharger le module JGalleryView 2, compatible avec notre version 1.4. Cela nous renvoie sur le forum Prestashop, sur lequel nous récupérons le fichier (lien vert Download it !).

5 DÉCLARER UN MODULE

DÉCLARER UN MODULE De retour dans le panneau d'administration de Prestashop, pointez l'onglet Modules, puis cliquez sur le lien « Ajouter un module depuis mon ordinateur ». À droite du champ

En quête de modules

Le fait qu'un module ait été développé pour une version de Prestashop antérieure ne signifie pas qu'il n'est pas compatible avec la version la plus récente. Cela mérite d'être testé. Le cas échéant, vous pourrez le désinstaller. Un petit tour sur Google ou sur les forums peut également vous aider à vous forger une opinion avant de jouer les cobayes.

« Fichier du module », pressez le bouton Parcourir et recherchez l'archive Zip que vous venez de télécharger. Pressez le bouton Charger. Autre méthode : recopier l'archive dézippée dans le dossier Modules de votre installation Prestashop (**C:\Wamp\www\Prestashop**).

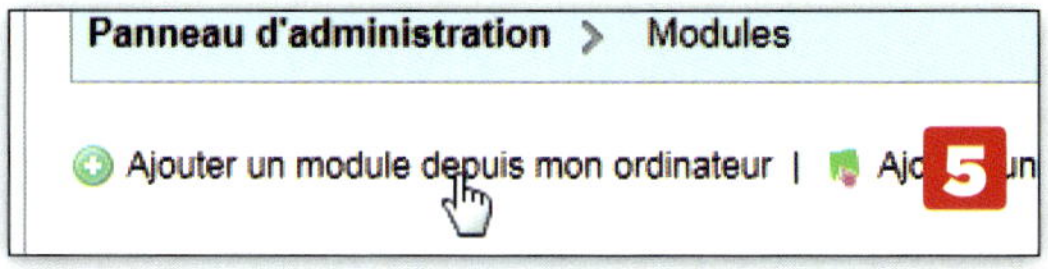

6 INSTALLER UN MODULE Le module est maintenant déclaré dans Prestashop. Dans le champ de recherche, tapez les premières lettres de son nom pour le retrouver plus facilement. Cliquez dessus pour l'afficher. Lorsqu'il apparaît, pressez le bouton Installer.

7 CONFIGURER LE MODULE Cliquez sur le lien Configurer. Le panneau de configuration du carrousel s'affiche. Il comporte huit éléments déjà remplis, avec pour chacun une photo qui occupe un rectangle de 540 pixels de largeur sur 205 pixels de hauteur. Vous pouvez associer un titre, un texte et un lien vers une page de votre choix. Au bas de chaque élément, un bouton Supprimer. Et au bas de la page, un bouton Ajouter un élément, et un autre pour Enregistrer les modifications.

8 AFFICHER ET DÉPLACER VOTRE CARROUSEL Affichez la page d'accueil de votre site dans un navigateur Web (**http://localhost/prestashop**). Le carrousel est bien là… mais il se trouve au bas de la page, juste après le bloc des produits phares. Déplaçons-le. Dans le panneau d'administration, revenez à votre module jGallery. Cliquez en haut sur le lien « Gérer ses points d'accroche » puis sur le bouton Live Edit. Il vous reste à déplacer le carrousel en haut de la page d'accueil, en supprimant éventuellement le bloc « Éditeur de page d'accueil » comme expliqué en page 28.

Merci à la créatrice Lysvia Maïz pour nous avoir cédé les photos de quelques-uns de ses modèles.

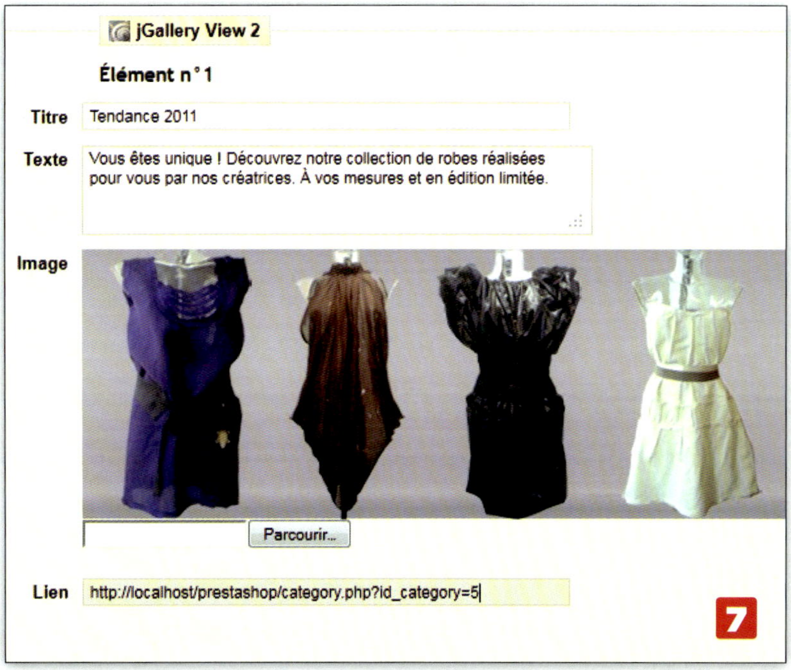

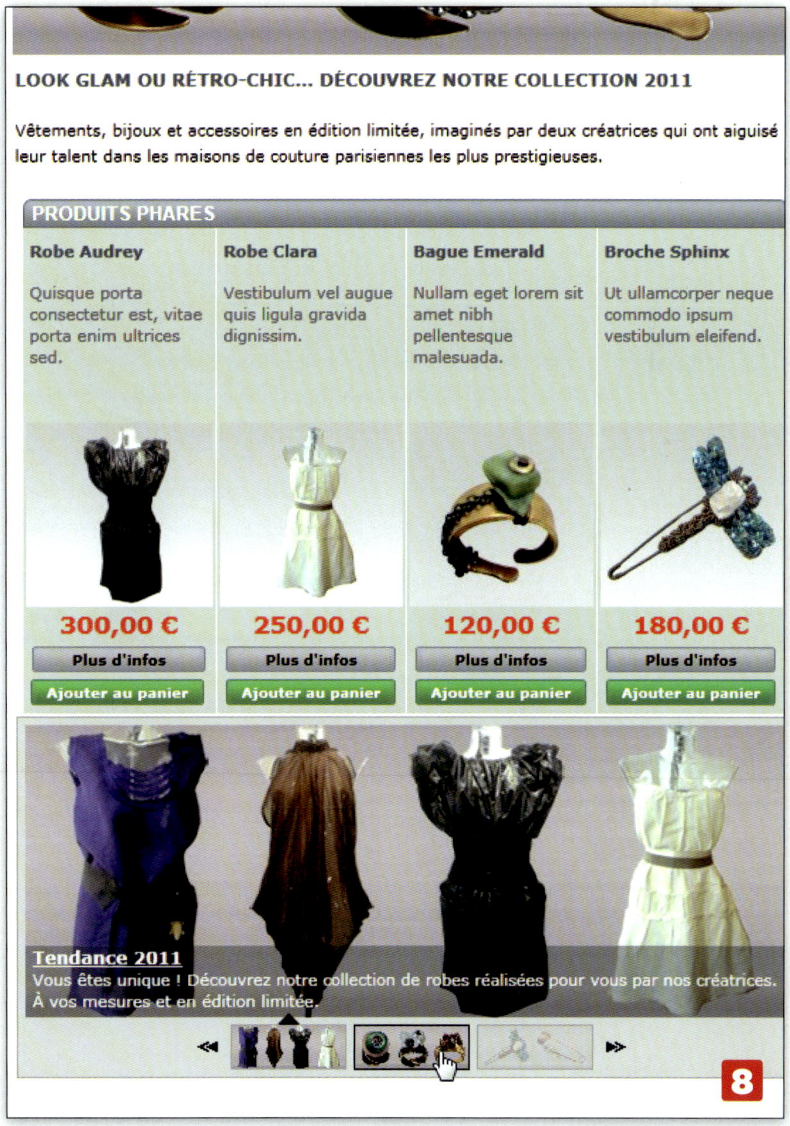

UN SITE WEB NE S'AFFICHE PAS TOUJOURS EXACTEMENT DE LA MÊME MANIÈRE D'UN NAVIGATEUR À L'AUTRE, ET CELA PEUT CRÉER DE GROS SOUCIS...

Tester votre site avec plusieurs versions de navigateurs Web

Quand on crée un site Web, que ce soit une boutique ou un blog, il est important de vérifier qu'il s'affiche correctement dans les navigateurs Internet les plus utilisés du moment. Sans cette précaution, on risque de se priver d'une partie de ses visiteurs potentiels. La raison ? Le site dont vous êtes si fier, et qui s'affiche parfaitement dans votre navigateur Internet Explorer, peut hélas être défiguré dans Apple Safari ou Google Chrome. Tous les blocs sont décalés, ou bien une image déborde de son cadre... Parfois, un petit pixel vous manque, et tout est dépeuplé !

UN NAVIGATEUR, PLUSIEURS VERSIONS

Il y a même plus agaçant. Tester votre site avec la dernière version du navigateur de Microsoft ne suffit pas, par exemple. En effet, beaucoup d'internautes utilisent encore la version 6 ou 7 d'Internet Explorer, quand d'autres en sont déjà à la version 9. Pendant de nombreuses années, Microsoft a pris des libertés avec les standards du Web, ses navigateurs étaient la bête noire des créateurs de sites. Les dernières versions d'Internet Explorer sont nettement moins susceptibles. Mais dans l'idéal, il faudrait parcourir votre boutique avec différentes versions d'un navigateur, pour consulter le catalogue et réaliser un achat jusqu'à son terme. Une chance, il est possible d'installer plusieurs navigateurs sur son ordinateur, voire deux versions différentes de Firefox, par exemple. Nous vous indiquons ci-contre les principaux navigateurs pour Mac et PC. Lorsque vous achetez un thème graphique pour votre site, vérifiez également si l'auteur l'a testé avec plusieurs navigateurs, cela réduit les risques d'incompatibilités.

GARE AUX APPAREILS NOMADES

Autre embûche, les animations Flash, visibles sur certains sites Web, ne s'affichent pas sur les navigateurs de l'iPhone, des tablettes iPad et de certains téléphones. D'autres techniques permettent aujourd'hui de remplacer les animations et vidéos écrites en Flash.

FIREFOX ET SON EXTENSION FIREBUG

Même si Internet Explorer est votre navigateur favori, il est donc nécessaire d'installer au minimum Firefox sur votre PC. Voici une autre bonne raison. Firefox peut accueillir des centaines d'extensions gratuites pour l'enrichir de fonctions. L'une de ces extensions, Firebug, est particulièrement utile quand on veut personnaliser un thème graphique, et plus généralement pour découvrir les petits secrets de fabrication de n'importe quel site Web. Il suffit d'afficher une page Web et d'activer la barre d'outils de Firebug. Assez simple d'utilisation, il vous permet de repérer les attributs d'un élément de votre boutique (une couleur, la position d'un bloc, etc.) pour pouvoir les modifier dans le fichier correspondant. Certains lui préfèrent la fonction équivalente offerte par le navigateur Google Chrome.

Installer le navigateur Firefox sur votre ordinateur est intéressant parce qu'il permet de tester votre boutique avec un autre navigateur qu'Internet Explorer sur PC et Safari sur Mac. De plus, son extension Firebug (visible dans le panneau du bas) vous aide à personnaliser le thème graphique de votre site.

Plus

Tous les grands navigateurs Web sont gratuits et en français. Voici où les télécharger.

Internet Explorer pour Windows : **www.microsoft.com/Internet-Explorer-9**

Mozilla Firefox pour Windows, Mac OS et Linux : **www.mozilla.com/fr/firefox**

Google Chrome pour Windows, Mac OS et Linux : **www.google.com/chrome**

Apple Safari pour Mac OS et Windows : **www.apple.com/fr/safari**

Opera pour Windows, Mac OS et Linux : **www.opera.com**

COMMENT... ÉTUDIER LE STYLE D'UN SITE AVEC FIREBUG

Les outils gratuits du Web ne vous serviront pas seulement à créer votre site. À l'occasion, ils peuvent aussi vous aider à comprendre comment un autre site a été conçu. Commencez par installer le navigateur Firefox sur votre ordinateur s'il ne l'est pas déjà. Récupérez la dernière version sur le site de la fondation Mozilla : **www.mozilla.com/fr/firefox**

1 **RECHERCHER FIREBUG** Dans Firefox, tapez la combinaison de touches CTRL+MAJ+A (ou menu Outils, Modules complémentaires) pour afficher la liste des extensions. Une page Web s'ouvre. Tapez *Firebug* dans le champ de recherche en haut à droite. Repérez le module Firebug dont l'icône est un insecte de couleur orange (il se peut que le numéro de version soit supérieur à celui de notre illustration, 1.7.3).

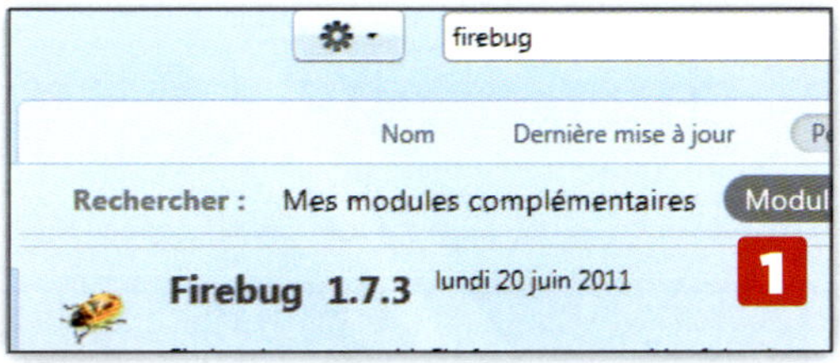

2 **INSTALLER FIREBUG** Pressez le bouton Installer situé à droite. Le module se télécharge, mais il ne s'installera qu'après redémarrage du navigateur. Cliquez sur le lien Redémarrer maintenant.

3 **AFFICHER UNE PAGE WEB** Après redémarrage, Firefox réaffiche les pages Web précédemment ouvertes. Affichez un site, par exemple cette boutique factice qui présente un thème graphique : **http://tinyurl.com/DemoTheme**

4 **ACTIVER FIREBUG** L'icône de Firebug s'affiche soit en haut à droite de la fenêtre soit en bas à droite, dans la barre d'état du logiciel. Cliquez dessus...

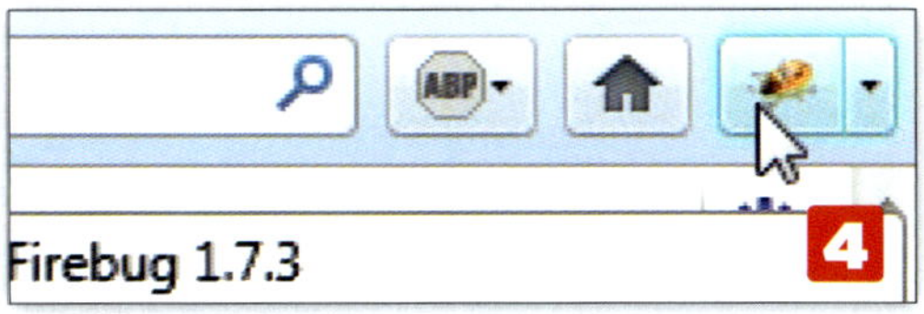

5 **SÉLECTIONNER UN ÉLÉMENT** Le panneau de Firebug s'affiche au bas de la page. Cliquez sur la deuxième icône (la petite flèche) puis sur un élément, par exemple sur le mot BEDS (« lits » en anglais).

6 **CONSULTER LA FEUILLE DE STYLE** Dans le panneau de Firebug, à gauche, vous découvrez l'élément tel qu'il est codé dans la page HTML. Dans le cadre à droite s'affiche la feuille de style associée. Vous connaissez ainsi le code couleur exact (#82746B) du fond (background), que vous pourriez récupérer pour votre site. Vous pouvez vous amuser à analyser d'autres éléments.

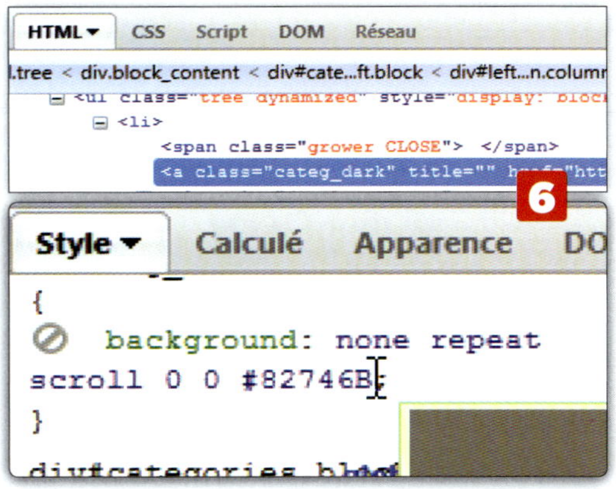

Copieur s'abstenir

Copier le thème graphique d'un site est une très mauvaise idée, sans même parler de ses images et de ses textes. Ce serait de la contrefaçon. Cela ne vous empêche pas de jeter un coup d'œil à ses feuilles de style ou à son code HTML pour comprendre son fonctionnement et y piocher, le cas échéant, une couleur ou une bonne astuce.

Maîtriser Firebug

Dans les pages qui suivent, nous vous expliquons comment retoucher vos feuilles de style grâce à Firebug. Pour aller plus loin, rendez-vous sur **Developpez.com** et tapez *Firebug* dans le champ de recherche. Vous tomberez sur un manuel très clair, en français et téléchargeable au format PDF.

LA CONCEPTION D'UN THÈME ET SA MISE EN PLACE DANS LE SITE RÉCLAMENT DE BONNES CONNAISSANCES GRAPHIQUES ET TECHNIQUES. INITIATION.

Modifier ou créer le thème graphique d'un site Web

Dessiner ou retoucher le thème graphique d'une boutique nécessite d'intervenir sur une bonne dizaine de pages : accueil, fiche produit, paiement... Et cela implique que vous maîtrisiez les bases de la conception de pages Web, autrement dit le langage HTML qui définit la structure de la page, et le langage CSS qui décrit les feuilles de style, donc la mise en forme des pages. Pour dessiner les pages à la souris, on peut aussi s'appuyer sur un logiciel tel qu'Adobe Dreamweaver. Le site **AlsaCreations.com** vous aidera à vous familiariser avec toutes ces notions. L'initiation à ces techniques sort du cadre de ce guide, vous trouverez d'indispensables informations sur le site et les forums de votre logiciel d'e-commerce. Pour Prestashop, par exemple, une partie de la documentation figure dans la section Wiki. Même si vous n'avez pas l'intention de vous lancer dans la modification d'un thème, découvrez-en ici les principes en changeant quelques couleurs du thème standard.

LES LOGICIELS QU'IL VOUS FAUT Vous aurez besoin du navigateur Firefox (**www.mozilla.com/fr/firefox**), de son extension Firebug (pour l'installer dans Firefox, pressez Alt+O pour afficher le menu Outils, choix Modules complémentaires), de l'éditeur de code Notepad++ (**www.clubic.com**) et d'un logiciel de retouche photo comme Photoshop Elements.

DUPLIQUER LE THÈME Rendez-vous dans le dossier **C:\wamp\www\prestashop\themes**. Dupliquez par copier-coller le dossier **prestashop** et nommez cette copie **MonTheme**. Dans le panneau d'administration de Prestashop, cliquez sur l'onglet Modules, et en dessous sur le lien Thème. Cochez MonTheme pour l'activer puis Enregistrez. En travaillant ainsi sur une copie, le thème standard « Prestashop » restera intact, c'est plus sûr.

ACTIVER FIREBUG Ouvrez un nouvel onglet dans Firefox pour afficher la boutique (**http://localhost/prestashop**). Cliquez sur le module Firebug dont l'icône est un insecte. Son panneau s'affiche au bas de la page. Cliquez sur l'icône qui représente une flèche.

INSPECTER UN ÉLÉMENT SUR LA PAGE Dans la boutique, cliquez sur l'en-tête Catégories.

Le panneau de Firebug affiche à gauche le code HTML de cet élément. On constate que ce bloc se nomme

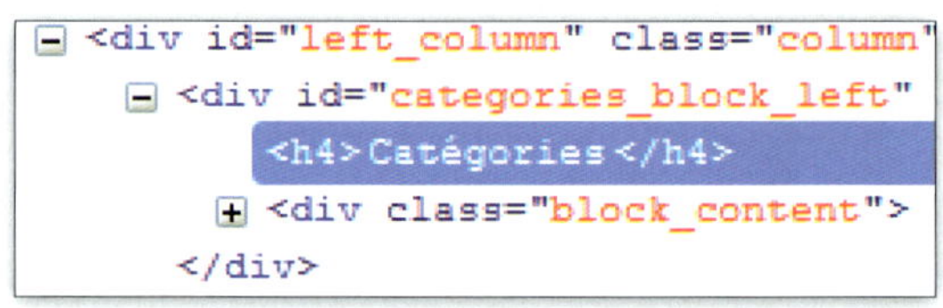

categories_block_left et qu'il affiche le texte *Catégories*. À droite dans le panneau de Firebug, vous découvrez le style (CSS) appliqué à cet élément.

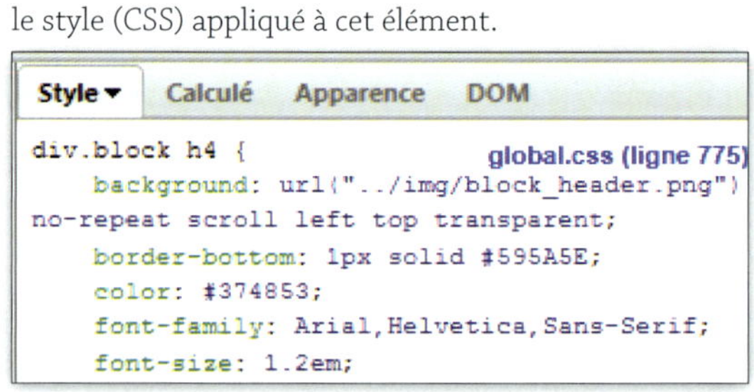

On apprend d'abord que la description du style se situe dans le fichier Global.css à la ligne 775. Ce fichier décrit les principaux attributs graphiques du site. On y apprend aussi que l'image située sous le mot Catégories se nomme block_header.png et qu'elle se situe dans le dossier **MonTheme\img**. C'est donc elle qu'il faudra modifier si l'on veut par exemple en changer la couleur.

Les codes couleurs

En informatique, chaque couleur porte un code précis, par exemple #53BECE pour le bleu turquoise. Mais comment savoir à quel code correspond telle ou telle couleur ? Rendez-vous sur **code-couleur.com** ou **colorhunter.com**. Souvent, dans les logiciels de programmation informatique, certaines couleurs franches portent un nom anglais plus compréhensible, par exemple *white* pour le blanc.

CHANGER LE TITRE EN MAJUSCULES Lancez le logiciel Notepad++ et ouvrez le fichier Global.css situé dans le dossier **MonTheme\css**. Rendez-vous à la ligne 775. Le fichier se présente comme ci-dessous.

```
global.css
774  └ }
775  ⊟div.block h4 {
776        text-transform: uppercase;
777        font-family: Arial, Helveti
778        font-weight: bold;
```

Pour passer le texte CATÉGORIES en minuscules, remplacez *uppercase* par *lowercase* en ligne 776. Ou, mieux, pour que seule l'initiale des mots soit en majuscule, indiquez *capitalize*. Sauvegardez le fichier, revenez à la page d'accueil de votre boutique, pressez F5 pour mettre à jour la page… tous les titres des blocs s'affichent maintenant comme on l'a dit : Catégories, mais aussi Fabricants, Panier, etc. Ces titres de bloc héritent donc tous des mêmes attributs (mais on

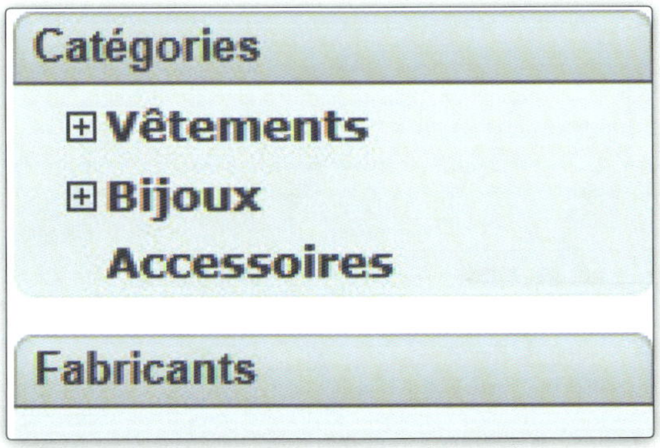

pourrait les modifier un par un). En insérant une ligne *text-decoration:blink;* après la ligne 776, vous pourriez même faire clignoter tous ces titres de bloc.

MODIFIER LES PRODUITS PHARES

En cliquant avec l'icône d'inspection de Firebug sur les mots Produits Phares, vous repérez que l'image grise sous ce titre s'appelle block_header_large.png et se trouve dans le dossier **img**. Sans toucher à ses dimensions, ce qui impliquerait des modifications dans le code, vous pourriez au moins l'éditer dans votre logiciel de retouche photo pour changer la couleur, par exemple en marron. Inspectez également la colonne du premier produit phare, de manière que le liseré bleu de sélection de Firebug englobe toute la colonne.

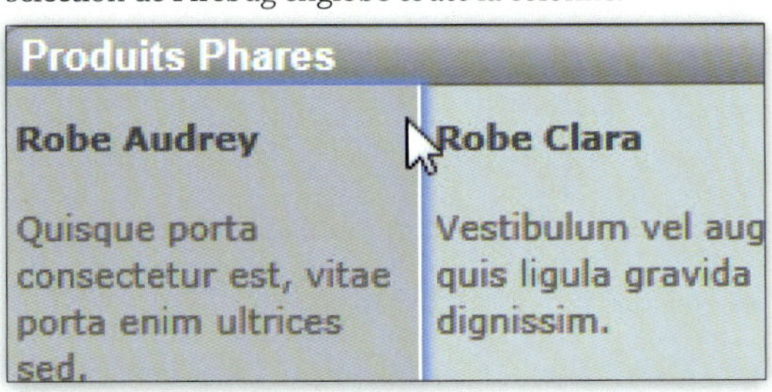

Notez à chaque fois le numéro de ligne dans le fichier Global.css. On apprend ici que les attributs de cette colonne se situent en ligne 883 (et suivantes) de Global.css. Dans Notepad++, à la ligne 885, propriété *background-color* (couleur de fond), remplacez la valeur #d0d3d8 (gris clair) par #362C2A (marron). Inspectez maintenant le nom du produit phare (Robe Audrey, sur notre exemple), vous savez donc que sa couleur #374853 est décrite en ligne 909. Remplacez-la par du orange (#F9D196). De même, pour changer la couleur du texte descriptif de ce produit phare, remplacez en ligne 806 la couleur #595a5e par le mot *white* (blanc). Quand la souris passe sur un produit phare, le fond de la colonne change, l'inspecteur dévoile que cela se passe en ligne 882. Remplacez la couleur *background-color*: #bdc2c9 par un marron clair (#504742). Nous vous laissons le soin de passer les mots Produits Phares en turquoise (remplacez *color: white* par *color:* #53BECE;). Chaque fois que vous faites une modification dans le fichier Global.css et que vous enregistrez, de retour dans votre navigateur, n'oubliez pas de mettre à jour la page Web (touche F5) afin de découvrir les changements dans la page d'accueil.

TROUVER LES BONNES COULEURS

Pour changer un thème graphique, tout ne se passe pas dans le fichier Global.css, vous aurez à intervenir sur bien d'autres fichiers, voire à maîtriser Photoshop pour la partie purement graphique. C'est compliqué ? Assez oui, du moins si l'on veut devenir un spécialiste. Mais en vous aidant des ressources gratuites du Web et des conseils et astuces offertes par les internautes, vous pourrez récupérer des bouts de code à intégrer à votre site, sans forcément en comprendre la signification. Dans l'immédiat, si vous le souhaitez, revenez au thème d'origine Prestashop dans le panneau d'administration de votre boutique.

Faites des copies

Durant ce pas à pas, nous avons pris soin de vous faire travailler sur une copie du thème standard de la boutique afin que vous puissiez revenir à la version d'origine en cas de mauvaise manipulation. Avec le temps, vous vous sentirez plus en l'aise et aurez tendance à modifier les fichiers originaux. Faites tout de même des copies régulières des fichiers sur lesquels vous intervenez, et même une sauvegarde du site tout entier, pour le cas où…

CHAPITRE 3

Agencer votre boutique

À DÉCOUVRIR DANS CES PAGES

Agencer les rayons de votre boutique

Pour être accueillante, une boutique en ligne doit faciliter la navigation des clients. En trois ou quatre clics, vos visiteurs doivent trouver le bon rayon. Certains viennent chez vous pour acheter un pantalon, d'autres parce que vous êtes le spécialiste des grandes tailles, d'autres encore, sans idée préconçue, juste parce que c'est la période des soldes. Pour ne décevoir personne, il va falloir réfléchir à l'organisation de votre catalogue et présenter un menu efficace… qui donne envie d'acheter.

POUR FACILITER LA NAVIGATION SUR VOTRE SITE, IL FAUT ORGANISER LE CATALOGUE ET LES RAYONS. UNE ÉTAPE CRUCIALE QUI MÉRITE RÉFLEXION.

Concevoir votre catalogue et organiser les rayons

Vous en êtes conscient, cinquante références d'articles ne se gèrent pas de la même manière que plusieurs milliers. Comme dans une véritable boutique, vous allez devoir regrouper vos produits pour les exposer dans des rayons. Au sein même d'un rayon, chaque présentoir, voire chaque étagère, accueille un ensemble cohérent de produits. Dans un supermarché, par exemple, vous rechercherez le rayon frais, puis repérerez les fromages et enfin, au bas du présentoir réfrigéré, vous attraperez un sachet de gruyère râpé.

STRUCTURER LE CATALOGUE Dans une e-boutique, les rayons s'appellent des catégories, les présentoirs des sous-catégories et les étagères des sous-sous-catégories. Vous pouvez en créer autant que vous voulez. La structure est comparable à celle de votre disque dur, sous la forme d'une arborescence de dossiers et de sous-dossiers, mais où les fichiers, autrement dit les fiches produit, n'apparaissent qu'au dernier niveau de sous-dossier. La richesse de votre catalogue sera d'abord un premier critère pour regrouper vos produits en sous-ensembles et faciliter ainsi la navigation dans vos rayons. Si vous pensez que le découpage va de soi, détrompez-vous. Pour un même métier, il existe différentes manières d'organiser et de présenter un catalogue, selon le positionnement commercial (discount, luxe...), la présence plus ou moins importante de telle ou telle gamme de produits, la saisonnalité et des événements forts comme la période des soldes, etc. L'idée à retenir : vos visiteurs ne sont pas des gens du métier, ils ne viennent pas pour inspecter vos stocks ! Donc pas question de ranger tous les pantalons dans un espace et les tee-shirts dans un autre. Ils recherchent des vêtements pour femmes, pour hommes ou pour enfants, ou tout simplement une tenue sympa pour l'été, ou de bonnes affaires.

UN PRODUIT DANS PLUSIEURS CATÉGORIES Nous vous présentons ici trois sites de vêtements pour enfants où l'on note quelques différences dans le mode de navigation. Mais tous trois ont le même réflexe que n'aurait pas toujours un commerçant, faute de place, dans sa boutique physique : ils prévoient une sélection spéciale « Idées cadeaux » pour leurs clients qui doivent rendre visite à une toute jeune maman. Cette sélection ne fait que recenser des articles situés dans d'autres catégories, la liste présente pêle-mêle un doudou, des dors-bien, des T-shirts... Il peut s'agir d'une sélection purement subjective du commerçant ou, plus malin, d'une liste du type « Le choix des mamans » pour ceux qui ne seraient pas très sûrs, comme votre

Mise en scène

Il ne suffit pas de créer des catégories et sous-catégories pour faciliter la navigation dans le menu du site. Pour chacune d'elles, prévoyez une photo et une ou deux phrases de présentation, où vous mettrez, par exemple, en valeur les qualités, les marques ou l'origine de vos produits.

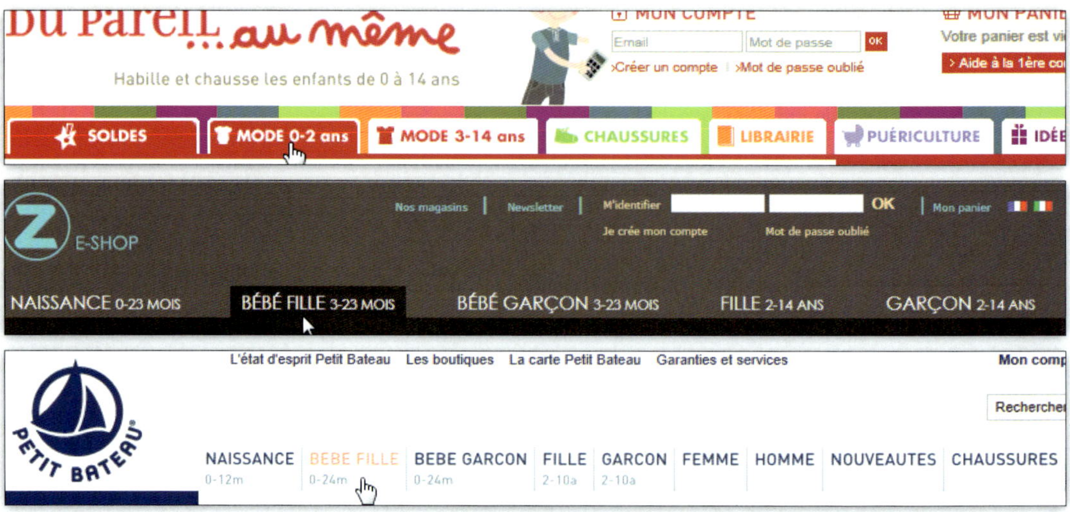

Trois sites spécialisés dans les vêtements pour enfants, trois façons très proches de présenter le catalogue dans le menu horizontal. Chez *Petit Bateau* et *Z E-Shop*, cependant, le menu principal fait d'emblée la distinction entre filles et garçons, alors que *Du pareil au même* leur réserve des sous-catégories. Les chaussures, elles, n'apparaissent qu'en sous-catégories sur *Z E-Shop*, mais elles figurent en rubrique leader, dans le menu principal, chez ses concurrents.

serviteur, de faire le bon choix. C'est là une grande différence – et une grande force – des boutiques en ligne : sans avoir besoin de dupliquer la fiche, un produit peut figurer dans plusieurs catégories. Vous pouvez donc présenter le même pantalon soldé dans sa branche naturelle « Homme, Pantalons » du menu, mais aussi dans les branches « Sélection Été » et « Soldes », ou « Soldes, Homme » ou même « Soldes, Homme, Pantalons ».

PRENDRE SON TEMPS POUR LE DESIGN
Tout cela doit se prévoir, c'est la raison pour laquelle nous vous incitons au chapitre 2 à ne pas vous précipiter pour concevoir le design de votre boutique, qui n'est pas juste un décor. Inspirez-vous des sites existants et de leurs menus pour y piocher de bonnes idées d'organisation et d'entrées dans votre catalogue. Par parenthèse, même si vous avez le sentiment d'avoir choisi une organisation au top de l'efficacité, si vous gérez un catalogue conséquent, ne négligez pas le champ de recherche pour répondre aux internautes pressés ou à ceux qui connaissent la référence du produit. Ou à ceux qui ne trouvent pas. Un exemple : l'e-boutique *Du pareil au même* classe les peignoirs dans la catégorie Puériculture ; votre serviteur, qui n'a pas fait de progrès en pouponnage depuis tout à l'heure, n'aurait pas eu l'idée d'aller les chercher à cet endroit…

QUELQUES CONSEILS… Si une même famille comporte des dizaines de produits, ajoutez des sous-catégories qui seront autant de critères facilitant le parcours de vos rayons. À l'inverse, ne créez pas de sous-catégorie pour n'y placer qu'un ou deux produits, regroupez-les plutôt avec d'autres articles dans une catégorie plus générale. Si vous vendez trente bagues et seulement deux broches, nommez votre catégorie « Bagues et bijoux », ce qui vous permettra à termes d'y ajouter aussi une ou deux paires de boucles d'oreilles. Autre principe : une catégorie qui chapeaute des sous-catégories ne doit pas comporter elle-même de produits, placez toujours les produits au dernier niveau. Et il est bien sûr inutile de créer une seule sous-catégorie dans une catégorie. Enfin, notez que la structure que vous choisissez n'est pas gravée dans le marbre, il est toujours possible d'en changer. Mais cela peut avoir une incidence sur le design du site. De plus, si votre logiciel d'e-commerce vous oblige à vous rendre dans chaque fiche produit pour le rattacher à telle ou telle catégorie, vous allez perdre du temps.

À consommer avec modération

Pour les internautes, les catégories sont des critères de sélection rapide. Si vous vendez des articles chers et d'autres très abordables, il peut être judicieux de proposer une entrée par prix « *Notre sélection à moins de 10 €* », voire par tranches de prix, les consommateurs apprécieront. Ou, au contraire, isoler vos « Grands crus et vins d'exception » dans une catégorie distincte.

Pourquoi associer un produit à plusieurs catégories

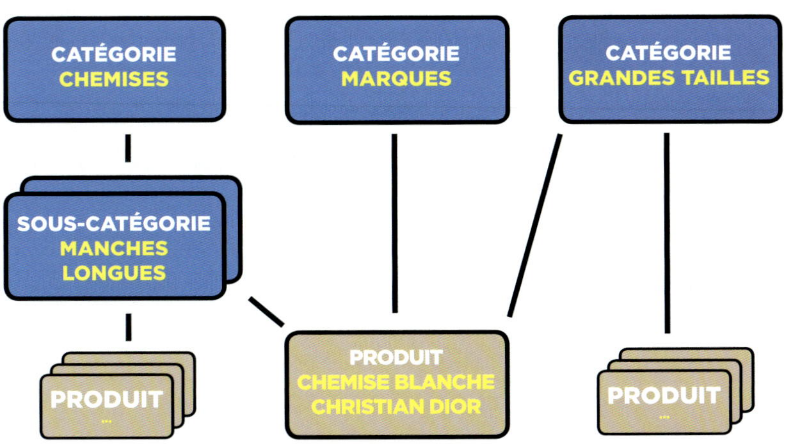

Un même produit, ici une chemise Dior, peut appartenir à plusieurs catégories. Cela offre aux clients de multiples entrées pour consulter le catalogue. Cette boutique pour hommes souhaite mettre en avant deux de ses spécialités, les marques de luxe et les grandes tailles, où elle liste ceux de ses produits qui répondent à ces critères. En cours de saison, vous pourrez prévoir des catégories Sélection été, Soldes ou Fins de série, dans lesquelles figureront des articles piochés dans les autres (sous-)catégories.

CHAPITRE 3

Agencer votre boutique

COMMENT… STRUCTURER LE CATALOGUE EN CATÉGORIES

Catégories, sous-catégories, voici comment procéder pour organiser et présenter vos familles de produits dans Prestashop. Le principe est sensiblement le même avec les autres logiciels d'e-commerce.

Définir des catégories et des sous-catégories dans une boutique sert à faciliter la navigation dans le catalogue, et cela revient à présenter des critères d'accès rapide à vos produits. Dans Prestashop, les catégories principales sont toutes rattachées à l'Accueil. Vous pouvez les créer dans n'importe quel ordre et choisir par la suite un affichage plus cohérent.

1 MASQUER, SUPPRIMER ET CRÉER DES CATÉGORIES Sur la page d'accueil du panneau d'administration, de gros boutons sont prévus pour créer rapidement une catégorie ou une fiche produit. Vous pouvez également cliquer sur l'onglet Catalogue pour afficher la liste des catégories. Vous désactiverez les catégories déjà présentes (consacrées aux iPod) en cliquant sur la coche verte, qui se transforme en croix rouge ; vous les supprimerez en cliquant sur la corbeille. Pour créer une catégorie principale, pressez « Ajouter une sous-catégorie » (sous entendu, de l'accueil).

2 DÉCRIRE LA CATÉGORIE Nommez-la, indiquez si elle doit rester masquée, le temps de l'enrichir et d'y rattacher des produits, par exemple. Ajoutez une courte description pour la mettre en valeur. S'il s'agit d'une sous-catégorie, précisez la catégorie mère. Notez la présence du petit drapeau français à droite des noms et descriptions : cliquez dessus pour les traduire dans une autre langue. Associez impérativement une image à chaque catégorie.

3 ÊTRE RÉFÉRENCÉ PAR LES MOTEURS DE RECHERCHE Les quatre champs suivants sont très importants pour être référencé par Google et autres. Ci-dessous, on tape « maquillage » dans Google, il nous présente la catégorie Maquillage du site Sephora. Nous vous indiquons à quoi correspondent les champs Balise Title (le titre, donc), la description et l'URL simplifiée. Si votre logiciel génère un nom de page telle que **maboutique/category.php?id_category=16**

Trouver des photos

Même si vos fournisseurs vous donnent les photos de leurs produits, il vous manquera peut-être des photos d'ambiance pour embellir vos catégories et sous-catégories. Rendez-vous, par exemple, sur le site **Fotolia.com** qui propose des milliers de photos illustrant tous les sujets imaginables. C'est ce que nous avons fait ici pour les photos de maquillage. Pour une publication sur le Web, où une définition d'image de 500 x 500 pixels suffit généralement, les photos coûtent de 1 à 3 euros.

avouez que ce n'est pas très parlant. L'URL simplifiée donne un nom plus compréhensible à la page. Dans le champ « Mots clés META », renseignez des termes pertinents pour une requête qui doit atterrir sur cette page : maquillage, fond de teint, rouge à lèvres, etc. Enfin, si vous avez créé des groupes de clients auxquels est réservée cette catégorie, ceux ayant accès à une campagne de promotion, par exemple, précisez-le ; sinon, laissez coché Défaut.

4 AJOUTER ET CLASSER DES SOUS-CATÉGORIES

Afin de modifier la description d'une (sous-)catégorie, ne cliquez pas sur son nom mais sur l'icône crayon située à sa droite. Pour créer une sous-catégorie, cliquez sur le nom de la catégorie mère (ici Maquillage) puis pressez « Ajouter une nouvelle sous-catégorie ». Nous avons ainsi créé des sous-familles Fond de teint, Lèvres, Yeux, etc. Sans mention particulière de votre part, les catégories et sous-catégories sont classées dans leur ordre de création. Pour que la sous-famille « Beauté ethnique » figure avant les Pinceaux et Accessoires, il nous a donc suffi de cliquer sur la petite flèche pointant vers le haut.

5 CONSULTER LA BOUTIQUE

Faisons un tour dans notre boutique pour voir le résultat. Ici, nous avons cliqué sur la catégorie Maquillage pour découvrir ses sous-catégories. L'affichage de la page dépend évidemment du thème graphique choisi. Ici, il s'agit du thème par défaut de Prestashop. Notez cependant que, dans ce thème, nous avons renommé le terme Maquillage (sans changer le nom de cette catégorie) en « Notre espace Maquillage » et le mot Sous-catégorie par « Faites-vous plaisir ! ». Gommez ainsi tous les termes un peu secs ou techniques de votre site, parlez plutôt d'Espace, d'Univers, de Collections, etc. Faites rêver le chaland !

6 ASSOCIER UN PRODUIT À UNE OU DES CATÉGORIES

Quand vous éditez une fiche produit, indiquez d'abord la catégorie Par Défaut de cet article. Ici, puisqu'il s'agit d'une robe, nous indiquons donc la catégorie Robes. Mais comme la boutique veut mettre en avant ses fins de série, nous cochons également cette catégorie que nous avions pris soins d'ajouter. Nos visiteurs auront ainsi deux entrées, « je veux une robe » et « je cherche une bonne affaire », pour atterrir sur ce produit.

7 VOIR LES PRODUITS D'UNE CATÉGORIE

Pour afficher tous les produits rattachés à une (sous-)catégorie dans le panneau d'administration, onglet Catalogue, cliquez sur le nom de cette famille. Juste en dessous s'affiche la liste. Tapez éventuellement une référence dans le champ Nom afin d'affiner la sélection.

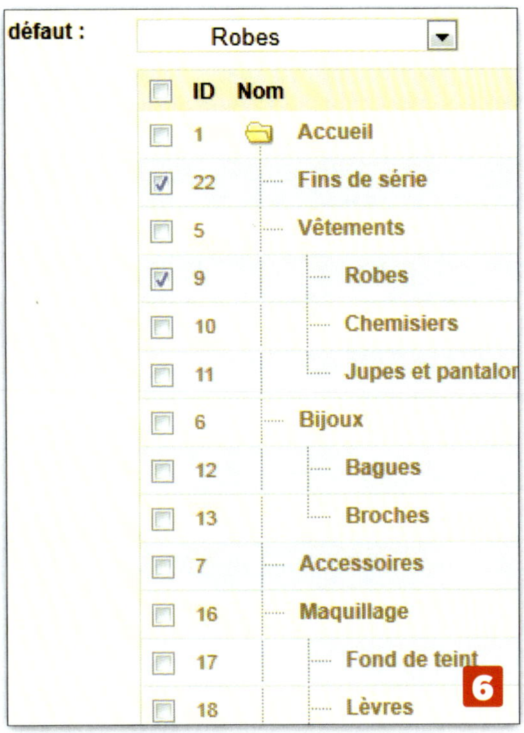

Classer les produits

Pour trier les produits à l'intérieur d'une catégorie, vous pouvez procéder comme à l'étape 4. Ou alors vous rendre dans l'onglet Préférences, lien Produits, puis indiquer un Tri par défaut (Nom, Prix, Date d'ajout, etc.) ainsi qu'un Ordre de tri (Croissant ou Décroissant). Si aucun de ces critères ne vous convient, il est possible d'intervenir dans le code pour modifier la requête qui extrait les produits de la base de données.

LES CATÉGORIES ET LES PRODUITS ONT UNE VIE, ILS NE SONT PAS FIGÉS. VOYONS DE QUELS OUTILS VOUS DISPOSEZ POUR LES MODIFIER.

Intervenir sur les catégories et le prix des produits

LA VALSE DES ÉTIQUETTES Certains sites commerçants préfèrent vivre au rythme de leur activité purement saisonnière. C'est le cas de Devernois.fr, dont les entrées du menu principal (autrement dit les grandes catégories) se nomment Collection Hiver 2011, Soldes été 2011, Anciennes collections, etc. Ce parti pris relativement rare n'implique pas nécessairement un travail harassant si l'on se contente de transférer des produits d'une catégorie à l'autre ou, plus simple, de renommer les catégories. Le plus souvent, cependant, les sites figent les catégories et en ajoutent ponctuellement pour des événements particuliers. Mais dans tous les cas, à moins de vous spécialiser dans la vente aux entreprises avec un catalogue et des tarifs à peu près stables toute l'année, vous aurez à transférer des groupes de produits d'une catégorie à l'autre, et surtout à intervenir sur les prix durant les promotions.

-50 % SUR TOUTE LA VAISSELLE !
Tous les logiciels d'e-commerce ne gèrent pas ces contraintes de la même façon. Dans le cas le moins favorable, vous devrez éditer chaque fiche produit pour changer sa catégorie ou ajouter une promotion, en pourcentage ou en montant, entre deux dates. Prestashop 1.4 oblige ainsi à travailler fiche par fiche, sauf si vous achetez des modules (à partir de 40 euros HT). Son concurrent Magento sait appliquer des « règles de prix catalogue », et Oxatis aussi. On lance donc plus facilement une promo de 50 % sur toute la vaisselle. Enfin facilement... mieux vaut être attentif : une mauvaise manip, et vous vendez à perte ! On profitera donc, quand elle existe, de l'option n'appliquant une règle qu'à un groupe de clients : vous créez un groupe TEST rien que pour vous et vérifiez l'action avant de l'appliquer à tous. Pas de panique, vous avez tout le temps pour paramétrer vos soldes puisqu'elles ne se déclenchent qu'à une date précise.

IMPORTER DES FICHES PRODUIT
Autre point important qui rythmera la vie de vos catégories, l'ajout de nouveaux produits. Les logiciels savent importer des catégories et des centaines de fiches produit en une seule manip. Par exemple, à partir d'un fichier au format CSV, très facilement éditable dans Excel. Ce fichier vous sera peut-être fourni par le fabricant des produits que vous vendez.

SITE EN MAINTENANCE Si vous devez effectuer des modifications lourdes, il est possible de mettre votre site en maintenance. Les visiteurs trouveront porte close, mais en autorisant l'accès à certaines adresses IP, donc à votre ordinateur, vous pourrez opérer vos changements sans stress.

Modifier la base de donnés

Pour changer le contenu des fiches produit et appliquer par exemple une promotion de 10 % à toute une sélection, il est possible d'intervenir directement sur la base de données. On trouve parfois de telles requêtes SQL sur les forums d'entraide. Ces opérations sont toutefois réservées aux initiés. Si vous vous sentez l'âme intrépide, sauvegardez la base au préalable et entraînez-vous sur une boutique de test.

Les soldes, une période capitale pour votre chiffre d'affaires. Idéalement, sur votre site, les visiteurs devraient pouvoir immédiatement identifier l'espace où sont listés les produits soldés. Vous devrez alors appliquer des réductions de prix sur des groupes de produits, et créer une catégorie spéciale recensant tous ces articles, ou profiter d'un bloc Promotions prévu par votre logiciel.

COMMENT… PASSER DES PRODUITS EN SOLDES OU EN PROMOTION

Chic, c'est bientôt la période des soldes! Pendant que les consommateurs se frottent les mains, de votre côté, aux manettes de votre boutique, vous actionnez tous les leviers: calcul des réductions, création graphique pour annoncer des prix « taillés à la hache! », lettre d'info destinée à alerter vos clients, et on en passe. Pénétrons dans l'arrière-boutique d'un commerçant Prestashop afin de voir comment cela se passe…

1 EN SOLDES OU EN PROMO Pour appliquer une réduction à un produit précis, c'est assez simple. Il faut éditer la fiche, cliquer sur l'onglet Prix, puis sur le bouton Ajouter un prix spécifique. Ici, vous précisez la devise, les pays et le groupe de clients concernés, et les dates de début et de fin. Côté prix, il y a trois choix: soit vous indiquez un nouveau prix de vente HT, soit vous appliquez une réduction (ou une hausse…) d'un montant ou bien d'un pourcentage que vous fixez. Comme il s'agit des soldes, dans l'onglet Infos, vous cochez aussi la case « Afficher l'icône En solde ».

2 VOIR LE RÉSULTAT Voici ce que l'internaute verra dans la fiche produit. Le prix TTC en solde s'affiche en grand, le tarif initial est barré, et la remise de 30 % mentionnée (il faudrait sans doute mieux mettre en valeur cette réduction). Comme le stock n'est pas très élevé, un message prévient le client qu'il n'y a pas de temps à perdre…

3 AFFICHER LE BLOC DES PROMOTIONS Si vous le souhaitez, vous pouvez afficher un bloc dans lequel figureront automatiquement les produits auxquels s'applique une promotion. Rendez-vous dans l'onglet Modules et installez le bloc Promotions.

4 GÉRER LES PROMOTIONS DE PLUSIEURS PRODUITS Dans sa version 1.4, Prestashop vous oblige cependant à procéder fiche par fiche. Avec un gros catalogue, vous multipliez le temps passé et les risques d'erreurs. Heureusement, il existe des modules optionnels. L'un des plus puissants s'appelle Store Commander. Il est vendu de 99 euros (pour 200 produits à gérer) à 499 euros pour un catalogue illimité. Avant de l'adopter, vous pouvez le tester 10 jours sur votre propre boutique en vous inscrivant sur **www.storecommander.com**. En quelques copier-coller, vous appliquez des réductions de tarif, passez un groupe de produits d'une catégorie à l'autre, etc. Indispensable!

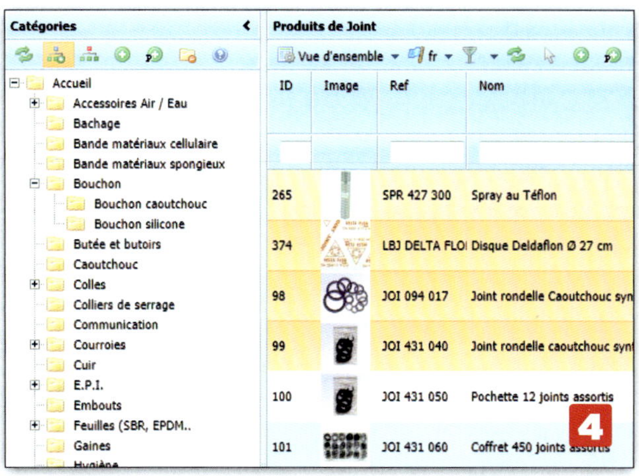

UNE BOUTIQUE N'EST PAS QU'UNE SUITE DE RAYONS. PRÉVOYEZ AUSSI DES PAGES POUR "RACONTER" VOTRE SAVOIR-FAIRE ET AIDER VOS CLIENTS.

Partager votre savoir-faire grâce aux pages d'information

Connaissez-vous la différence entre un col italien, un col classique et un col milanais ? Si vous vendez des chemises à longueur d'année, vous devez savoir cela par cœur, et vos clients vous sauraient gré de le leur expliquer, vous faciliteriez leur choix. Les logiciels d'e-commerce fournissent justement des outils pour concevoir de telles pages Web, que l'on appelle souvent des pages CMS (pour *Content Management System*) ou pages statiques, par opposition aux pages dynamiques générées à la volée quand on consulte les catégories et les produits. Vous avez déjà croisé de telles pages CMS, par exemple « Qui sommes-nous ? » ou la page « Mentions légales » présentes sur la plupart des sites Web (lire aussi page 90 et page 124).

CONTENU LIBRE ET ORIGINAL

Puisque le contenu de ces pages est libre, vous les consacrerez à des thèmes qui vous semblent pertinents : explications des tailles de vêtements, un mini-dossier sur vos méthodes de fabrication artisanale, agrémenté si possible de photos ou de petits schémas, ou même un jeu concours. Si vous n'avez pas l'intention de lancer un blog en même temps que votre boutique, ce qui peut se comprendre, les pages statiques permettront de parler de vous ou d'offrir un service à vos visiteurs. Rédigez vos propres textes, ne faites pas de copier-coller à partir d'autres sites Web. Outre le fait que cela serait illégal, vous vous priveriez d'un atout : comme les moteurs de recherche tels que Google apprécient les contenus textuels, ils mettront plus facilement vos pages en valeur si elles comportent du contenu réellement original.

COMMENT CRÉER CES PAGES ?

Vous dessinez vos pages dans un éditeur simple à maîtriser, généralement le même que celui qui vous permet de rédiger la description de vos produits. Prenez le temps d'afficher ces pages CMS dans différents navigateurs Web, car les éditeurs de page ont une fâcheuse tendance à ajouter des codes parfois mal interprétés par certains navigateurs (lire page 34). Rien de rédhibitoire, mais mieux vaut le vérifier.

OÙ AFFICHER CES PAGES ?

Là encore, il n'y a pas de règle, vous voyez en fonction de leur intérêt. Lorsqu'il s'agit d'un vrai service offert à vos visiteurs, vous aurez tendance à les placer dans le menu horizontal, juste après les catégories de produits. Ou alors, placez un petit encadré dans la colonne de droite ou de gauche pour inciter vos clients à s'y rendre. Si vous ajoutez des liens discrets dans le pied de page, lequel figure sur toutes les pages de votre site, cela augmentera mécaniquement la notoriété de ces pages pour les moteurs de recherche.

Et pourquoi pas un sondage ?

Vous dénicherez aussi des modules gratuits ou payants pour publier un mini-sondage sur votre site. Il ne s'agit pas forcément de demander aux internautes leur avis sur votre boutique, mais, par exemple, de recueillir leur point de vue sur telle ou telle tendance.

Sympa et sans prétention, la boutique Cavesdurevermont.fr donne quelques idées de recettes, des fiches conseils, un dico, des photos des caves où s'affinent les fromages, et même les marchés locaux où l'on peut croiser Jacky et sa femme. Cette PME, qui s'adresse aux particuliers aussi bien qu'aux comités d'entreprise, joue la carte de la proximité. La devise s'affiche sous le logo : « Venez nous rendre visite ! »

COMMENT… CRÉER DES PAGES D'INFO DANS VOTRE BOUTIQUE EN LIGNE

1 **CRÉER UNE PAGE CMS** Dans Prestashop, les pages statiques d'info s'appellent donc des pages CMS. Pour en créer une, depuis le panneau d'administration de votre logiciel, cliquez sur l'onglet Outils puis, en dessous, sur le lien CMS. Vous pourriez créer des sous-catégories de pages CMS, mais en créer une au niveau de l'Accueil nous convient ici. Au bas de la page, pressez « Ajouter une nouvelle page ». Vous voilà dans l'éditeur de page. Donnez un titre à la page et remplissez les champs META pour qu'elle soit bien référencée par les moteurs de recherche (lire page 42). Au-dessous, vous avez le champ libre pour vous exprimer (voir le chapitre 4 pour une description détaillée des fonctions d'édition). Notez qu'en cliquant sur le drapeau français, vous choisirez une autre langue pour en préciser la traduction. N'oubliez pas de cocher en bas la case Activé, sans quoi la page ne sera pas visible. Pressez le bouton Enregistrer.

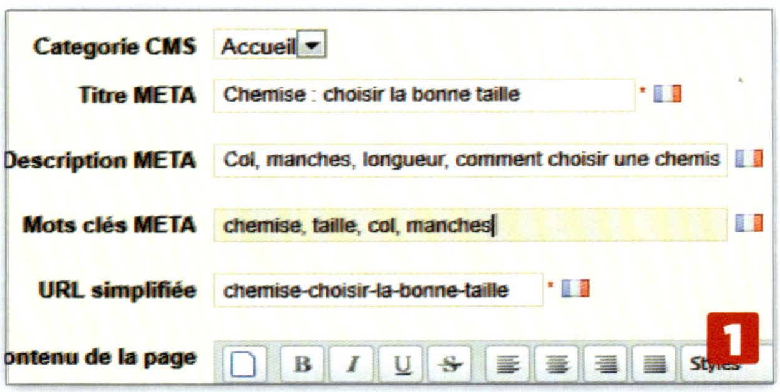

2 **AFFICHER LA LISTE DES PAGES** Créez ainsi toutes les pages que vous souhaitez. Dans la liste, la coche verte précise si la page est activée ou non. Les triangles noirs permettent de changer l'ordre d'apparition des pages. Et c'est en cliquant sur le petit crayon que vous modifierez une page CMS.

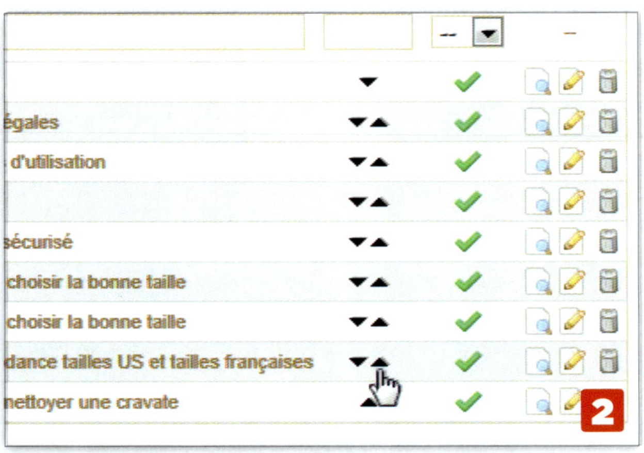

3 **AFFICHER UN BLOC DE PAGES CMS** Pour l'instant, vos nouvelles pages CMS ne s'affichent que si l'on tape leur adresse dans la barre du navigateur. Réservons-leur un bloc spécial, au même titre que le bloc Informations, déjà visible sur la page d'accueil de la boutique. Cliquez sur l'onglet Modules et recherchez le module appelé Bloc CMS. Pressez le lien Configurer, puis Ajouter un bloc CMS. Nommez-le, indiquez son emplacement, cochez les pages qu'il doit comporter, décochez la case Afficher les boutiques et validez.

4 **AFFICHER LE BLOC** Voici notre bloc tel qu'il apparaît au bas de la page d'accueil. Il est possible de le déplacer, par exemple dans la colonne de droite, comme expliqué en page 28. À savoir aussi : dans les options de configuration du Bloc CMS, vous demanderez à faire figurer dans le pied de page du site un lien vers certaines de ces pages CMS, au même titre que les mentions légales ou la page « À propos de nous ».

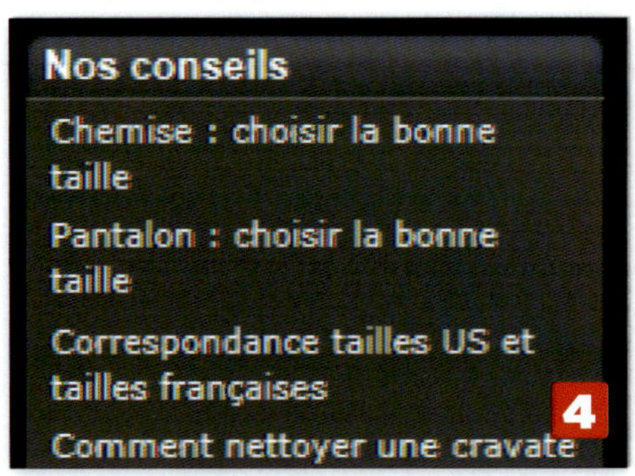

CHAPITRE 4

Présenter
vos produits efficacement

À DÉCOUVRIR DANS CES PAGES

Présenter vos produits efficacement

Vous le savez bien, la fiche produit d'un article est un élément crucial de la prise de décision des visiteurs. De belles photos incitatives dévoilant tous les détails, des textes riches et précis, des caractéristiques techniques qui permettent de comparer… créer une fiche produit prend du temps, a fortiori si vous réalisez vos photos. Voici nos conseils pour motiver et tenter vos clients.

LA FICHE PRODUIT DOIT CONTENIR UN MAXIMUM D'ÉLÉMENTS D'INFORMATIONS TOUT EN RESTANT FACILE À LIRE PAR LES INTERNAUTES : UN VRAI CHALLENGE.

La fiche produit est votre meilleur argument de vente

Si la page d'accueil de votre site marchand est bien entendu importante pour inciter à découvrir votre catalogue, c'est avant tout la qualité de la fiche produit qui incitera à l'achat. Cette fiche doit réunir un grand nombre d'éléments propres à satisfaire aussi bien le novice que le passionné, tout en restant agréable à consulter : pas trop touffue et d'une navigation intuitive. Revue des différents points clés.

LE RÉSUMÉ Il sert d'accroche au produit. Il doit présenter rapidement l'article (qu'est-ce que c'est, à quoi il sert s'il s'agit d'un objet peu courant) et les qualités qui le démarquent de la concurrence. Il doit être suffisamment précis sans être trop long pour autant. Évitez aussi les styles trop flatteurs : l'avalanche de superlatifs perd vite de sa force, surtout si on les retrouve sur toutes les fiches. Des arguments bien choisis (le plus fin, le plus puissant, le moins cher) auront beaucoup plus d'impact. Un simple résumé des caractéristiques peut aussi suffire.

LE DESCRIPTIF COMPLET Il doit décrire le plus précisément le produit et expliciter avec des mots simples les technologies avancées mises en œuvre, en mettant en avant leur intérêt et le bénéfice pour le client. Ce descriptif peut être complété d'une fiche technique la plus exhaustive possible. Si certains acheteurs potentiels n'y jetteront qu'un vague coup d'œil, d'autres vont au contraire l'éplucher sous toutes les coutures et bien souvent fonder leur choix en fonction des éléments listés. De plus, ce tableau de caractéristiques sera exploité pour la comparaison entre différents produits similaires. N'omettez pas des caractéristiques plus générales comme les dimensions et le poids, très « importantes » pour certains objets : un meuble ou un téléviseur, par exemple.

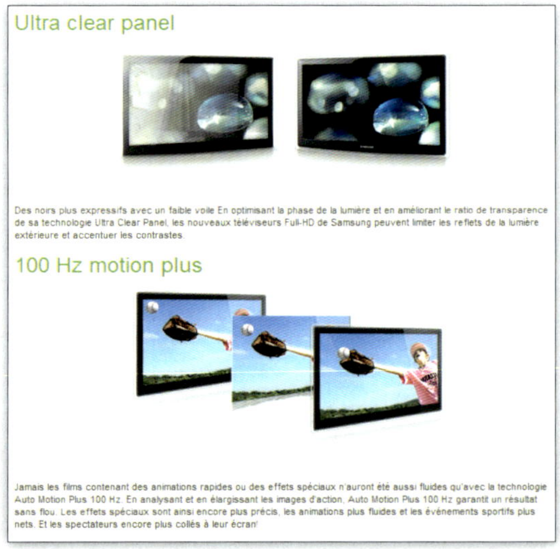

LES VISUELS Les photos associées à chaque produit ont une double fonction : esthétique pour présenter l'objet sous son meilleur jour et déclencher un achat « coup de cœur », mais aussi informatif pour dévoiler toutes les facettes de l'objet, sa matière, etc. Multipliez les vues sous différents angles. Sur certains matériels

Copiez les idées, mais...

N'hésitez pas à vous inspirer de votre propre expérience d'acheteur en ligne pour concevoir votre fiche produit. Faites aussi un tour sur les principaux sites marchands pour vérifier que vous n'avez rien oublié. Entre les fonctions proposées en standard par votre logiciel d'e-commerce et les modules additionnels, tout est possible, ou quasiment. Mais ne copiez pas tel quel le texte de la fiche produit d'un autre site, les moteurs de recherche le détecteront et relégueront votre site en queue de peloton quand les internautes feront une recherche.

(téléviseur, ampli de Home Cinéma, etc.), les photos des différents connecteurs peuvent permettre de conclure l'achat. Les logiciels d'e-commerce gèrent avec élégance les lots de photos : diaporama manuel permettant de faire défiler les images à son rythme et zoom pour mieux observer les détails. Et via un module complémentaire, il est parfois possible d'enrichir la fiche d'une vue 3D.

L'AVIS DES ACHETEURS Les avis sont partagés concernant la possibilité de laisser les acheteurs poster des commentaires. Pour une toute nouvelle boutique, c'est à double tranchant. Les acheteurs satisfaits de leur acquisition n'hésiteront pas, bien sûr, à conseiller chaudement le produit. Ces avis fournissent aussi un vécu concernant les qualités et défauts du produit, permettant de savoir, par exemple qu'un appareil photo ou une machine à coudre est facile à prendre en main ou qu'un aspirateur a tendance à se renverser. Mais un visiteur constatant que l'espace Commentaires est systématiquement vide pourrait se dire que le site n'est vraiment pas très fréquenté…

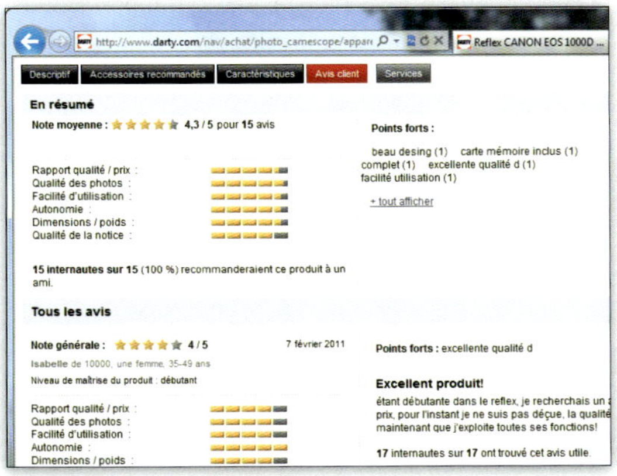

PRIX ET FRAIS D'ENVOI Le prix doit être bien visible, avec mise en avant des réductions et des possibilités de financement. Pour les frais de préparation et d'envoi, il existe deux voies. Certains les précisent dans la fiche produit. D'autres ne les affichent qu'au cours du processus d'achat, notamment si les coûts sont dégressifs selon le nombre d'exemplaires ou le total commandé.

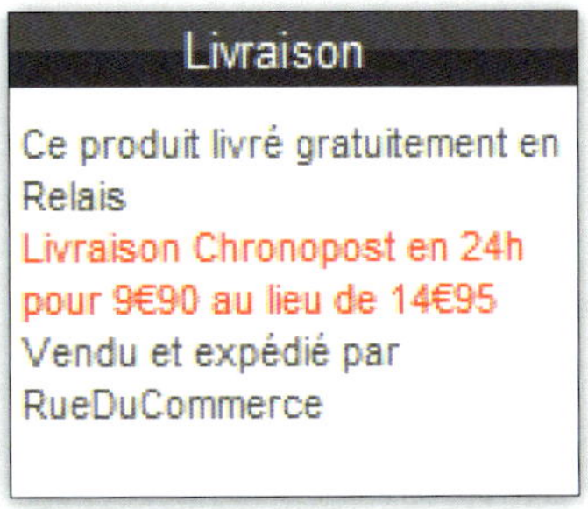

Profitez des modules

Ajouter des modules sera indispensable à certains commerces. Ainsi le module de lecture MP3 est requis si vous vendez de la musique en ligne. D'autres modules vont permettre d'enrichir la présentation. Cependant beaucoup de ces modules sont payants. De plus, certains modules sont gourmands en puissance machine : c'est un élément à considérer en fonction de l'hébergement prévu.

Photographier les objets dans un mini studio

Si vous vendez les produits d'une marque ayant pignon sur rue, vous pourrez exploiter les photos du constructeur et de l'importateur. En revanche, si vous travaillez avec de petites sociétés (françaises ou étrangères) ou fabriquez vous-même vos articles, vous serez amené à photographier les objets que vous vendez. Côté appareil, oubliez les smartphones qui ne donneront pas des résultats corrects : objectifs rudimentaires, palette de couples ouverture/vitesse très réduite, capteur miniature, etc. Il faudra vous tourner vers un compact de qualité, un bridge, un hybride ou mieux, un reflex. Pour éviter le flash et ses reflets quasi-systématiques, faites l'acquisition d'un mini-studio photo. Cet accessoire, pliant ou gonflable, est constitué de parois translucides permettant d'éclairer le sujet au travers, ce qui limite d'autant les reflets. Ce mini-studio ne pourra être exploité que pour des objets de petite taille. Côté prix, les premiers modèles coûtent une trentaine d'euros. On peut également trouver sur eBay des kits complets, avec éclairages, fonds multiples et pied de table pour le même prix. En ce qui concerne les conditions de prises de vue, l'appareil photo devra être sur pied : indispensable pour éviter le flou de bougé, l'éclairage étant peu puissant et l'ouverture assez réduite (f/8 ou plus) pour garantir une profondeur de champ suffisante et bien voir les détails. Vous trouverez page 62 un petit guide pratique pour retoucher les photos et les optimiser pour le Web.

COMMENT... CRÉER UNE FICHE PRÉSENTANT VOS PRODUITS

La fiche produit contient de nombreux éléments de différents types qui, chacun, méritent toute votre attention. Vous allez découvrir comment la créer et constituer son ossature dans votre logiciel d'e-commerce.

Nous verrons ici les bases de la création de cette fiche, les pages suivantes vous préciseront certains aspects : utilisation du traitement de texte et de ses enrichissements, ajout de caractéristiques, mots clés, photos, etc.

1 **DÉBUTER LA CRÉATION** Ouvrez l'interface de gestion de Prestashop et cliquez sur l'onglet Catalogue. Cliquez sur Ajouter un produit (même si la fiche produit ne concerne pas la catégorie Accueil, lire ci-contre) : l'interface de création de la fiche s'ouvre. Elle ne contient encore que deux onglets qui seront complétés de cinq autres dès que le nom de la fiche aura été enregistré par appui sur la touche Entrée, après avoir tapé le nom de l'article, ou en cliquant sur Enregistrer.

2 **FOURNIR LES INFORMATIONS GLOBALES** Notez le nom précis du produit, sa référence et les éventuelles informations complémentaires : fournisseur, EAN13 (code à barre) Vous pourrez aussi préciser des données de stock : entrepôt, dimensions et poids du colis. Dans la zone de droite, le statut doit être activé. Cochez les options idoines (Disponible à l'achat, Exclusivité Web) et précisez l'état : neuf, occasion, reconditionné. Vous pouvez préciser le fabricant et le fournisseur à choisir dans la liste déjà créée.

3 **COMPLÉTER LA LISTE DES FABRICANTS ET FOURNISSEURS** Sauvegardez la fiche en cours de création, puis cliquez sur le lien Fabricants ou Fournisseurs, dans le menu supérieur sous les onglets. Renseignez le nom, ajoutez éventuellement une description, téléchargez le logo du fabricant et précisez les différents champs Meta qui serviront au référencement. Cochez la case Activé et cliquez sur Enregistrer.

4 **CRÉER UN PACK** Pour créer un pack de produits, par exemple une couette et les taies d'oreiller associées, les fiches de tous les éléments doivent avoir été créées. Cochez la case correspondant dans la fiche. Tapez les premières lettres du nom de l'objet

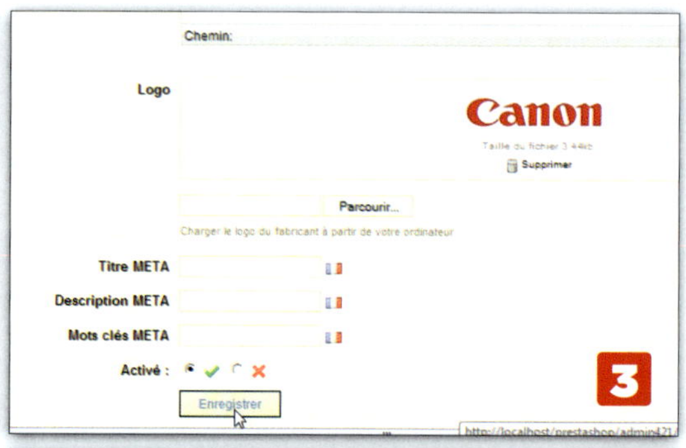

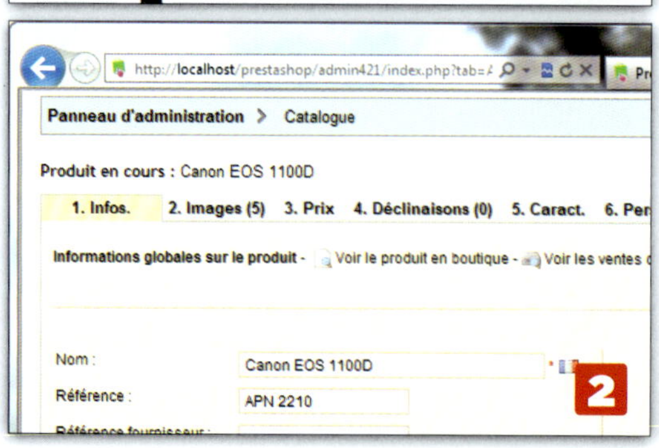

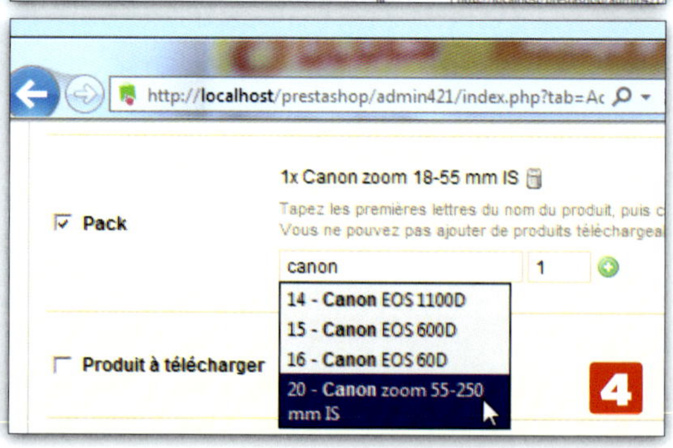

Changer de catégorie

Si vous vous rendez compte que vos catégories et sous-catégories de produits ne sont pas très judicieuses pour présenter votre catalogue ou faciliter la navigation des visiteurs, ce n'est pas catastrophique. Même après avoir créé une fiche produit, il est possible de modifier la ou les catégories auxquelles cet article est rattaché. Cela reste quand même un travail très fastidieux. Autant bien réfléchir à vos catégories avant de vous lancer !

à ajouter, sélectionnez-le dans la liste et cliquez sur le « + » vert pour ajouter un élément au pack.

5 DÉFINIR LE PRIX Indiquez tout d'abord le prix d'achat HT et choisissez la règle de taxe dans la liste (vous pourriez éventuellement en créer une, mais les règles françaises sont disponibles). Renseignez ensuite le prix de vente HT ou TTC, l'autre champ étant automatiquement calculé. Il est judicieux d'indiquer le prix de vente TTC pour fixer une valeur précise : chiffre rond ou au contraire valeur juste inférieure (99 euros), une astuce appréciée des commerçants. Le prix peut aussi être fixé « par lot » : au kilo, à la douzaine, etc. Cochez « En solde » si vous avez appliqué une réduction.

6 AJOUTER DES RÈGLES DE PRIX Pour une définition plus précise, sélectionnez l'onglet Prix en haut. La règle peut concerner une devise, un pays et/ou un groupe particulier, s'appliquer sur une période donnée ou à partir de X exemplaires. La réduction en montant prend en compte les taxes, contrairement à la réduction en pourcentage.

7 STOCK ET FRAIS DE PORT Le champ Quantité en stock n'est éditable que sur une fiche nouvellement créée, avant que son nom ne soit enregistré (fiche ne comportant que deux onglets). Pour modifier le stock sur une fiche déjà créée, sélectionnez « Augmenter » dans la liste Mouvement de stock et tapez la valeur. Sélectionnez ensuite Commande et la valeur 1, afin que le stock diminue d'une unité à chaque commande. Définissez les frais de port, les messages à afficher selon que l'objet est en stock ou non et la possibilité ou non de commander en cas de rupture de stock.

8 DÉFINIR LA CATÉGORIE Choisissez dans la liste la catégorie par défaut et cochez les différentes catégories et sous-catégories dans lesquelles il doit apparaître. Cette souplesse permet en quelques clics de mettre en avant des produits dans la page d'accueil ou lors des soldes (lire le chapitre 3).

9 ÉCRIRE LES TEXTES, DÉFINIR LES TAGS ET SAUVEGARDER Prestashop propose un véritable module de traitement de texte (gestion des attributs, ajustement, etc.) pour écrire le résumé et le descriptif complet de l'objet. Vous trouverez en pages suivantes comment l'exploiter au mieux pour une présentation attrayante des produits. Remplissez précisément le champ Tags, avec le maximum de mots-clés, séparés les uns des autres d'une virgule (voir page 59). Ces tags serviront au moteur de recherche locale, afin que les visiteurs puissent trouver rapidement un objet précis (très utile si votre site dispose d'un catalogue étoffé). Une fois la fiche finalisée, n'oubliez pas de cliquer sur Enregistrer ou « Enregistrer et rester ». Sinon, toutes les modifications apportées seront perdues.

Site multilingue

Si vous vendez à l'international, il est judicieux de proposer les fiches en plusieurs langues. Pour cela, cliquez sur le petit drapeau français en regard de certains champs (nom, message en/hors stock, résumé, description et tag), choisissez une autre langue et renseignez à nouveau le champ.

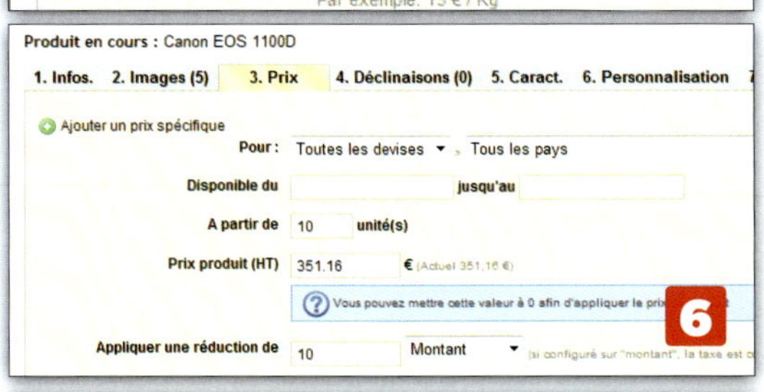

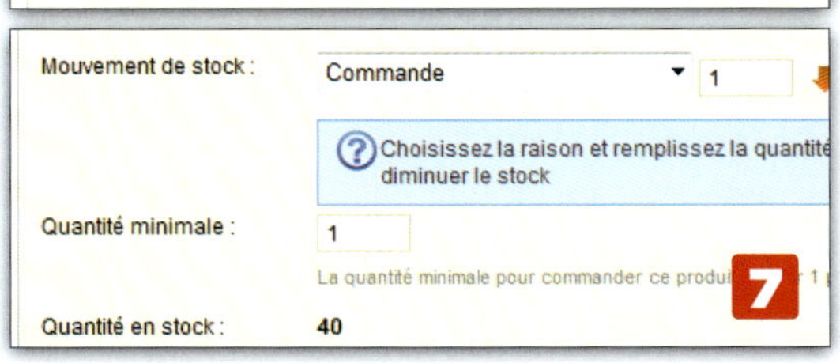

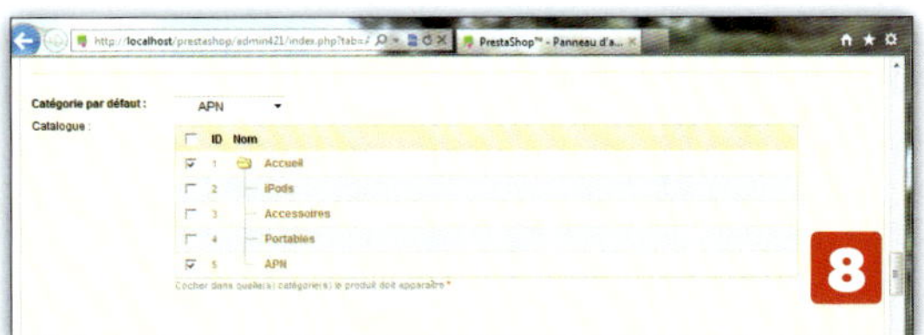

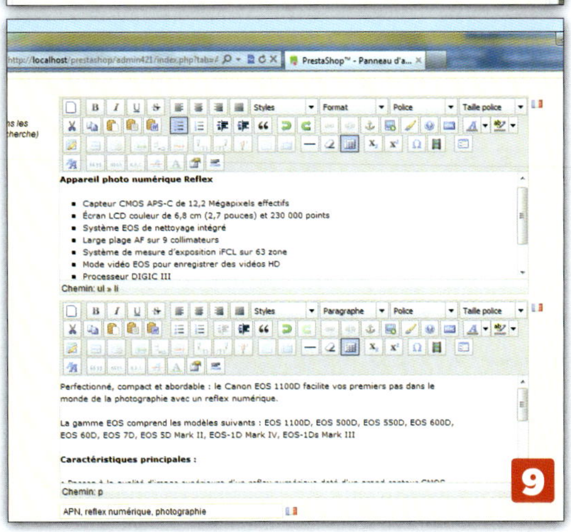

COMMENT... BIEN PRÉSENTER LES TEXTES DESCRIPTIFS

Vos clients potentiels doivent identifier rapidement les caractéristiques de vos produits. Pour mettre en valeur le texte des résumés et des descriptions, exploitez toutes les possibilités de l'éditeur de texte intégré.

L'éditeur de texte intégré au module de création des fiches de Prestashop offre beaucoup de fonctions d'édition. Vous allez découvrir comment en exploiter toutes les facettes.

1 TRAVAILLER EN PLEIN ÉCRAN

Pour taper rapidement du texte, l'édition directe dans la fiche peut convenir. En revanche, pour exploiter plus confortablement l'éditeur, passez en plein écran. Pour cela, cliquez sur la dernière icône de la troisième ligne d'outils. Recliquez dessus pour revenir à la fiche. Attention : si l'ascenseur est absent en mode plein écran, repasser en mode normal puis de nouveau en affichage plein écran.

2 CHOISIR LA POLICE ET SES ATTRIBUTS

Les choix suivants peuvent s'appliquer aussi bien au texte sélectionné qu'à celui qui va être tapé. Déroulez le menu Police et sélectionnez la police voulue dans la liste. Cette liste est indépendante des polices installées dans Windows. Choisissez la taille de la police dans la liste déroulante du même nom. Vous n'avez le choix qu'entre cinq tailles différentes, l'entrée directe (nombre de points) étant impossible. Vous pouvez modifier la couleur du texte et du surligné à l'aide des icônes de la deuxième ligne à droite, sous Taille police. Si l'éventail des teintes ne vous convient pas, cliquez sur Plus de couleurs pour accéder au nuancier, aux couleurs de la palette et aux couleurs « nommées ». Les icônes de la première ligne à gauche modifient les attributs (gras, italique, souligné), les icônes suivantes jouent sur l'ajustement. La liste Paragraphe permet, pour sa part, de créer aisément des titres.

3 CRÉER UNE LISTE

Prestashop gère les listes à puce et à numéro, mais cette dernière fonction peut être sujette à problème. Sélectionnez le type de liste et tapez votre texte : chaque nouvel appui sur la touche Entrée va créer une puce ou un numéro. La création d'une liste peut aussi s'appliquer à la volée sur le texte sélectionné. Les deux icônes à droite permettent d'ajuster l'indentation, vers la gauche ou la droite.

Copier et coller depuis Word

On peut copier et coller du texte depuis un traitement de texte vers la fenêtre d'édition de texte de Prestashop. Toutefois, si le texte lui-même est conservé ainsi que certains enrichissements, d'autres risquent de passer à la trappe ou d'être reproduits de manière bizarre. Depuis Word, en passant par la fonction de collage dédiée, les pertes sont moindres, mais toujours existantes.

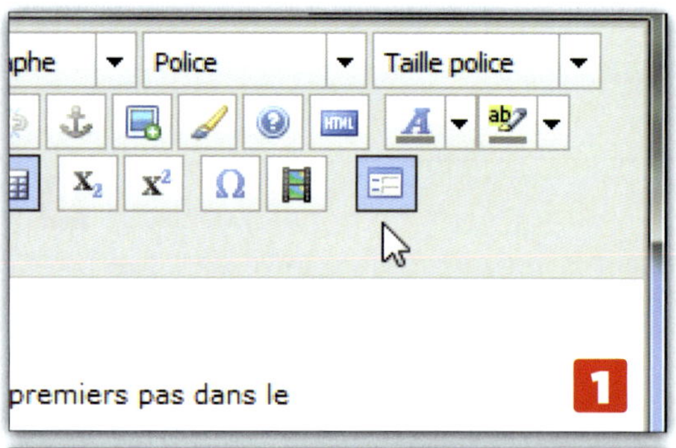

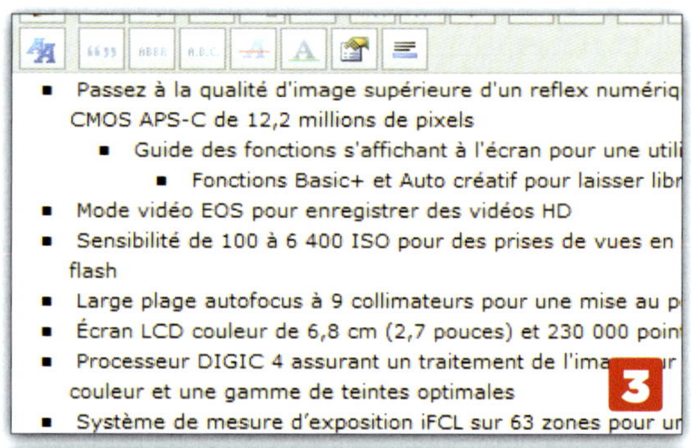

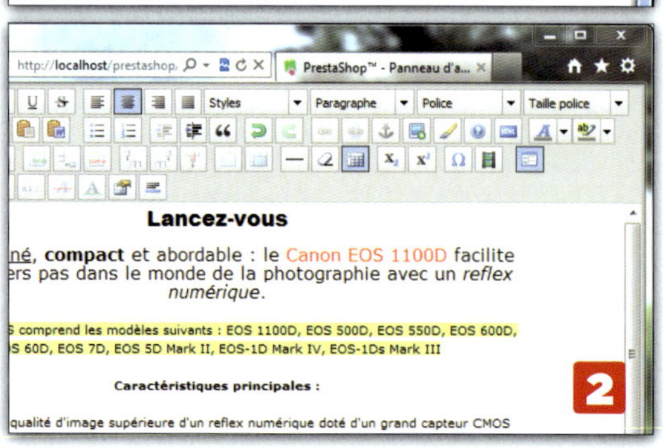

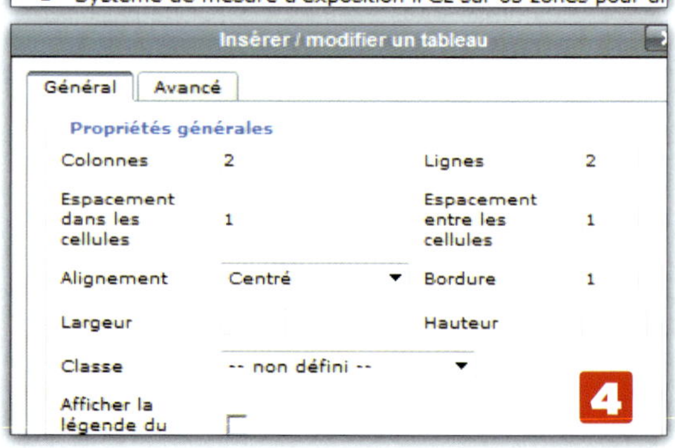

DIFFICULTÉ

4 CRÉER UN TABLEAU

Cliquez sur la première icône à gauche de la troisième ligne : une nouvelle fenêtre s'ouvre où vous pourrez définir les principales caractéristiques du tableau (nombre de lignes et de colonnes, espacement dans et entre les cellules, bordure, etc.). L'onglet Avancé permet d'ajouter une image de fond, de définir un cadre, des règles, et les couleurs de la bordure et du fond. Cliquez sur Insérer pour créer le tableau à la position du curseur. Ajustez ensuite la taille du tableau à l'aide des poignées.

5 MODIFIER UN TABLEAU

Les premières icônes de la troisième ligne permettent d'insérer une ligne ou une colonne avant/après la position du curseur et de supprimer la ligne/colonne courante. Vous pourrez aussi fusionner les cellules et, à l'inverse, scinder les cellules fusionnées. Les propriétés du tableau, de la ligne et de la cellule peuvent être éditées. Précisons que ces fonctions sont aussi accessibles d'un clic droit via le menu contextuel.

6 INSÉRER UN LIEN HYPERTEXTE

Commencez par sélectionner le texte du lien, puis cliquez sur l'icône Insérer/éditer un lien (deuxième ligne, sous Paragraphe). Tapez l'URL du lien (son adresse), définissez la cible (ouverture dans la fenêtre courante, dans une nouvelle fenêtre…) ainsi que le titre. Les autres onglets donnent accès à d'autres fonctions intéressantes : affichage dans une fenêtre surgissante, création d'événements (survol souris, clic, etc.) et paramètres avancés.

7 CRÉER UNE ANCRE

Une ancre permet au visiteur de se rendre à un point précis d'une page. Très utile si votre description est longue. Positionnez le curseur à l'endroit voulu, puis cliquez sur l'icône Insérer/éditer une ancre (deuxième ligne, sous Paragraphe). Nommez l'ancre et cliquez sur Insérer. Créez ensuite un lien dans la « table des matières » et sélectionnez l'ancre précédemment créée.

8 INSÉRER UNE IMAGE

Prestashop permet d'insérer une image dans une description, la procédure est toutefois particulière. Positionnez le curseur au point d'insertion et cliquez sur Insérer/éditer une image (deuxième ligne, sous Paragraphe/Police). Cliquez sur l'icône Parcourir, à droite du champ URL. Dans la nouvelle fenêtre, cliquez sur Upload (Charger) en haut à droite, cliquez sur Parcourir pour localiser l'image, puis sur Upload (Envoyer) et refermez la fenêtre. Cochez la case en regard de l'image dans la liste et cliquez sur Select, à gauche. De retour dans la première fenêtre, renseignez la description et le titre. Les onglets Apparence et Avancé offrent des possibilités complémentaires intéressantes : définition de l'alignement de l'image et de ses dimensions, espacement, bordure, image de remplacement, etc.

Exploiter la feuille de style

Pour modifier l'ensemble des caractéristiques du texte, cliquez sur l'icône Éditer la feuille de style (CSS) (première icône de la quatrième ligne). Vous pourrez définir précisément tous les éléments à l'aide des différents onglets (texte, fond, bloc, bordure, etc.) et tout appliquer en un clic.

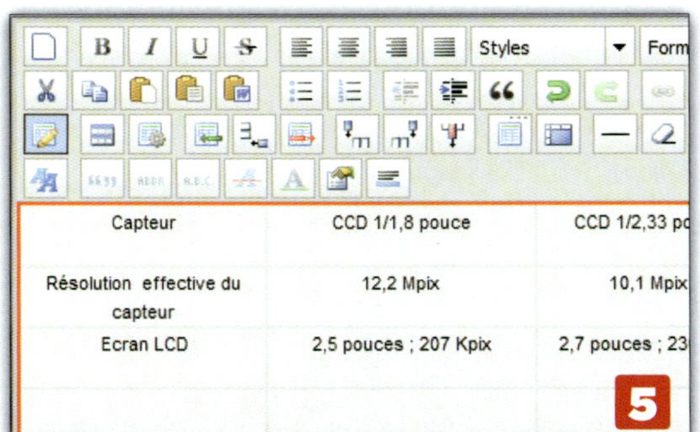

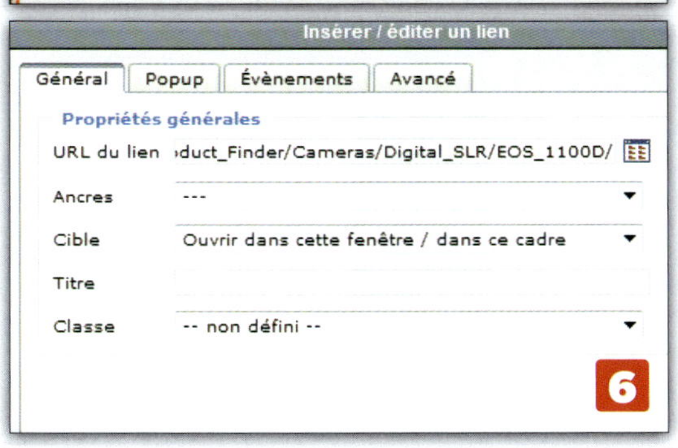

LOGICIELS, CHANSONS, PHOTOS... AVEC DES PRODUITS À TÉLÉCHARGER, VOUS N'AUREZ PLUS À VOUS PRÉOCCUPER DE LA GESTION DES STOCKS !

Vendre des produits multimédia que le client peut télécharger

Prestashop ne couvre pas que les biens physiques. Il peut aussi assurer la gestion et la vente de logiciels, de fichiers multimédia, de livres électroniques ou de tout autre fichier téléchargeable. Cette vente dématérialisée permet de s'affranchir des contraintes de stock, mais impose une configuration serveur beaucoup plus musclée qu'une simple vitrine en ligne (voir encadré).

MODIFIER LA TAILLE MAXIMALE AUTORISÉE

Par défaut, Prestashop limite à 2 Mo la taille maximale des fichiers joints, ce qui risque d'être bien trop juste pour une majorité de fichiers. Pour modifier cette valeur, ouvrez l'interface d'administration, sélectionnez l'onglet Préférences, localisez le champ idoine, tapez la nouvelle valeur et cliquez sur Enregistrer en bas.

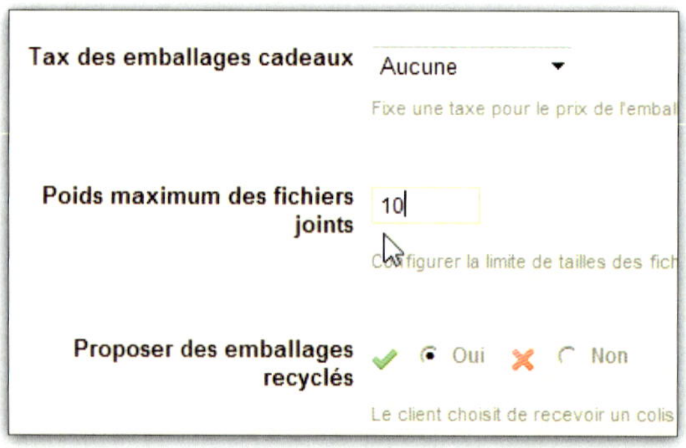

PRÉPARER LE FICHIER Ouvrez la fiche en mode administrateur et cochez la case Produit à télécharger, dans l'onglet Infos : la section correspondante s'ouvre. Cliquez sur Parcourir et localisez le fichier à proposer. Un message signale la réussite de l'upload. Si rien ne se passe, c'est que le fichier n'est pas accepté, un message signalant (mais pas toujours) pourquoi.

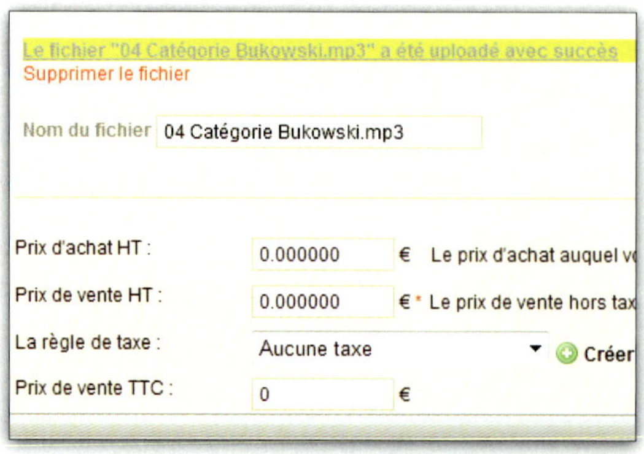

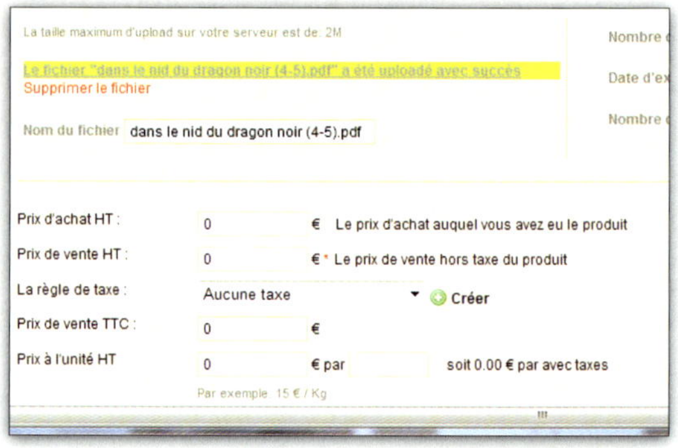

DÉFINIR LES CARACTÉRISTIQUES LIÉES AU TÉLÉCHARGEMENT Vous devrez encore remplir trois champs. Le Nombre de téléchargements correspond au nombre d'occurrences de téléchargement autorisées pour chaque achat. La Date d'expiration limite la validité de l'offre. Cette date doit être exprimée dans un format précis : année-mois-jour. Laissez le champ en blanc si vous ne désirez pas activer cette fonction. Enfin, le champ Nombre de jours correspond à la période durant laquelle le fichier restera disponible pour les acheteurs. Pour éviter les réclamations liées à des téléchargements incomplets ou incorrects, vous pouvez désactiver cette fonction en tapant « 0 » dans ce champ. Pensez aussi à désactiver l'affichage des quantités disponibles, dans Préférences, Produits.

COTÉ VISITEUR Pas de différence pour le chaland entre un objet réel et un objet virtuel à télécharger. Les fiches ont la même structure et la procédure d'achat est identique. C'est ensuite que les choses vont se différencier, un module de téléchargement étant à prévoir pour permettre aux acheteurs de récupérer les fichiers qu'ils ont acquis.

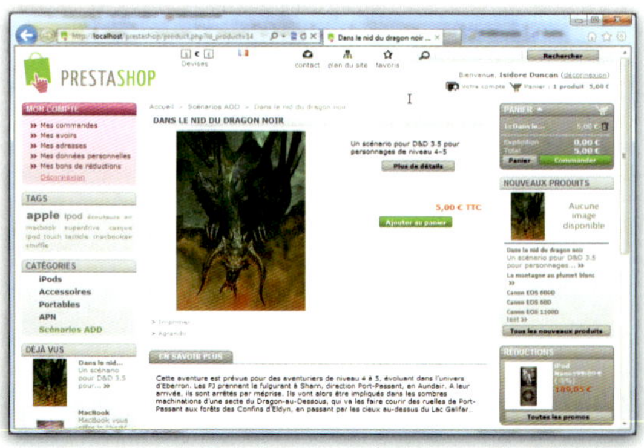

Dimensionner votre serveur

Les téléchargements réclament une bande passante serveur beaucoup plus importante que pour une vitrine marchande classique. Il est donc primordial de dimensionner le serveur en conséquence. Pour éviter que les pics de téléchargement ne se répercutent sur la consultation du site (un site marchand qui répond mal ou lentement sera vite abandonné), il peut être judicieux d'exploiter deux serveurs distincts, l'un pour le site marchand, l'autre pour le téléchargement. Les serveurs Cloud dynamiques, permettant un redimensionnement à la volée, sont une autre piste intéressante.

COMMENT... AJOUTER DES DOCUMENTS PDF

De nombreux fabricants proposent sur leur site des documents PDF traitant de leurs produits : argumentaire de vente, fiche technique très détaillée, document explicatif d'une technologie particulière, manuel d'utilisation, etc. Si ces documents ne remplacent pas la fiche produit, ils la complètent utilement et peuvent contribuer à la vente. C'est un service dont vos clients vous sauront gré pour dénicher, par exemple, dans le manuel d'utilisation une fonction qui les intéresse. Sur votre serveur, il faut toutefois disposer d'un espace de stockage conséquent.

1 RÉCUPÉRER LES DOCUMENTS

Même s'il est possible d'exploiter un lien renvoyant sur le document PDF du site du fabricant, il est nettement préférable, pour l'efficacité (pas d'erreur liée au changement d'adresse du document, par exemple) comme pour respecter la nétiquette (règles de conduite sur la Toile), de télécharger les documents PDF pour les placer ensuite sur votre serveur. À condition, bien sûr, d'en avoir l'autorisation. Pour télécharger un fichier PDF, ouvrez-le dans votre lecteur PDF par défaut (ce qui permet de vérifier la nature du document) et cliquez sur Fichier, Enregistrer sous. Vous pouvez aussi effectuer une sauvegarde directe en choisissant « Enregistrer la cible sous », dans le menu contextuel du lien, appelé par un clic du bouton droit.

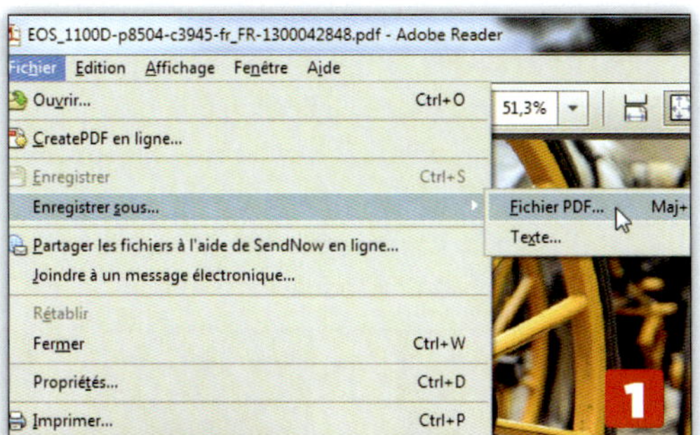

2 AJOUTER DES DOCUMENTS JOINTS

Éditez la fiche produit en mode administrateur et sélectionnez l'onglet Documents joints. Renseignez les différents champs et cliquez sur Ajouter un nouveau document joint (pensez à modifier avant la limite de taille d'upload, comme décrit en page précédente). Sélectionnez ensuite les fichiers voulus dans la liste Documents joints disponibles, cliquez sur Ajouter, puis sur Mettre à jour les documents joints.

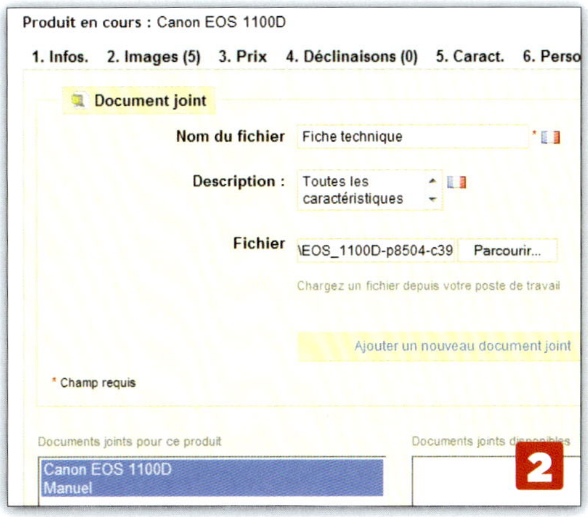

3 EXPLOITER LES DOCUMENTS JOINTS

Dans l'interface visiteurs, la liste des documents joints apparaîtra dans un nouvel onglet Télécharger, à côté de l'onglet En savoir plus (qui correspond à la description principale). La description du document est importante pour éviter que les visiteurs ne soient obligés de les ouvrir « à l'aveuglette ».

Tous types de documents

Prestashop ne contrôle pas les formats de documents téléchargeables. Vous pouvez donc proposer ici tous types de fichiers : photos haute définition, vidéos, etc. Et surtout, évitez les formats de fichiers exotiques que les clients auront du mal à ouvrir, voire pas du tout.

LE MOTEUR DE COMPARAISON DE VOTRE LOGICIEL D'E-COMMERCE SERA TRÈS UTILE À VOS VISITEURS. VOICI COMMENT L'EXPLOITER.

Ajouter des caractéristiques pour permettre les comparaisons

Pour pouvoir être comparées par le moteur, les caractéristiques techniques doivent être indiquées dans une section à part. Afin que la comparaison soit efficace, il est impératif de renseigner les mêmes caractéristiques pour des produits de la même famille.

DÉFINIR LA LISTE DES CARACTÉRISTIQUES

Au départ, la liste des caractéristiques de la boutique Prestashop ne comprend que quelques entrées : dimensions, poids et prise casque. Nous allons l'enrichir afin qu'elle convienne à notre usage. Ouvrez l'interface administrateur, sélectionnez l'onglet Catalogue, puis cliquez sur la section Caractéristiques. Cliquez sur Ajouter une nouvelle caractéristique. Indiquez le nom et cliquez sur Enregistrer. Puis répétez l'opération pour créer toutes les caractéristiques utiles.

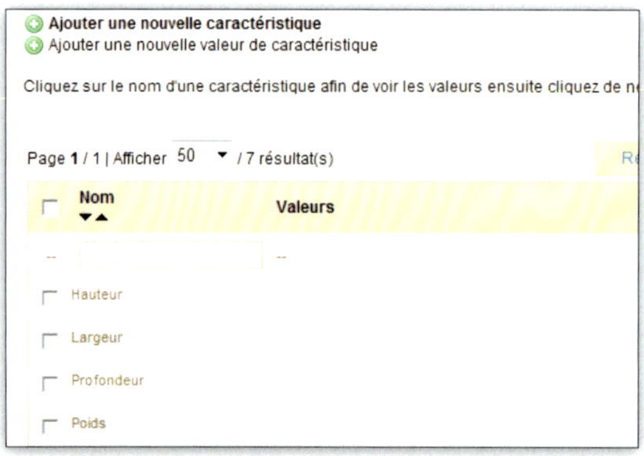

DÉFINIR UNE VALEUR PAR DÉFAUT

Si la majorité des produits d'une famille partagent une ou plusieurs valeurs pour une caractéristique donnée, vous pouvez les prédéfinir, la valeur pouvant toujours être tapée dans la fiche. Pour cela, dans l'écran précédent, cliquez sur Ajouter une nouvelle valeur de caractéristique. Renseignez la valeur, choisissez la caractéristique concernée dans la liste et cliquez sur Enregistrer. Ensuite, vous allez devoir répéter l'opération en sélectionnant la même caractéristique pour définir plusieurs valeurs possibles.

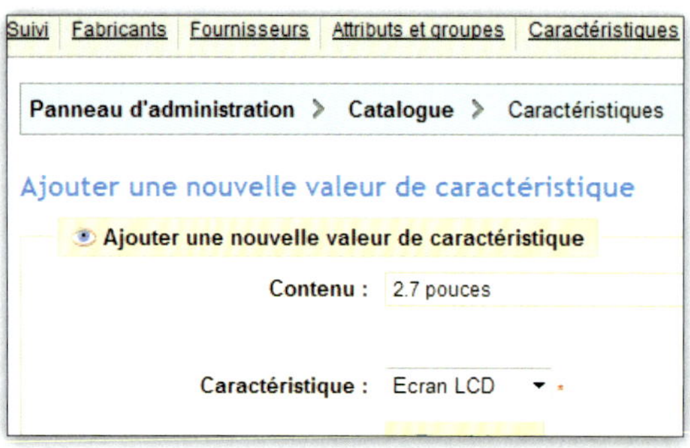

RENSEIGNER LES CARACTÉRISTIQUES

Ouvrez la fiche produit en mode administrateur et sélectionnez l'onglet « 5. Caract ». Renseignez les valeurs des différentes caractéristiques, soit directement, soit en exploitant la liste des valeurs prédéfinies. Les valeurs laissées en blanc n'apparaîtront pas dans la fiche.

CÔTÉ BOUTIQUE Le visiteur coche les produits à comparer puis clique sur le bouton Comparer. Les produits sont présentés côte à côte, avec leurs photo et résumé, suivis de la liste des caractéristiques. Des liens permettent d'ouvrir la fiche complète et d'ajouter un produit au panier.

Comparer plus de produits

Par défaut, Prestashop gère la comparaison de trois produits. Vous pouvez modifier cette valeur dans Préférences, Produits (tapez 0 pour désactiver la fonction). Toutefois, si vous augmentez cette valeur, vous devrez modifier le thème pour redéfinir les dimensions du bloc.

LES TAGS PERMETTRONT À VOS CLIENTS POTENTIELS DE TROUVER RAPIDEMENT CE QU'ILS CHERCHENT. NE LES OUBLIEZ PAS.

Faciliter les recherches en attribuant des mots-clés

Vos visiteurs doivent pouvoir trouver rapidement ce qu'ils cherchent, sous peine de vous faire rater des ventes. Cet impératif passe par un site bien structuré (lire le chapitre 3) et utilement complété d'un moteur de recherche interne pouvant afficher les produits correspondants à partir de termes plus généraux. C'est le rôle des tags de Prestashop, que nous analyserons ici.

CRÉER LES TAGS DANS LA FICHE Le champ Tags, sous la description, permet d'entrer directement les mots-clés correspondant à un produit, les tags étant séparés les uns des autres par une virgule. Les tags correspondants sont créés à la volée.

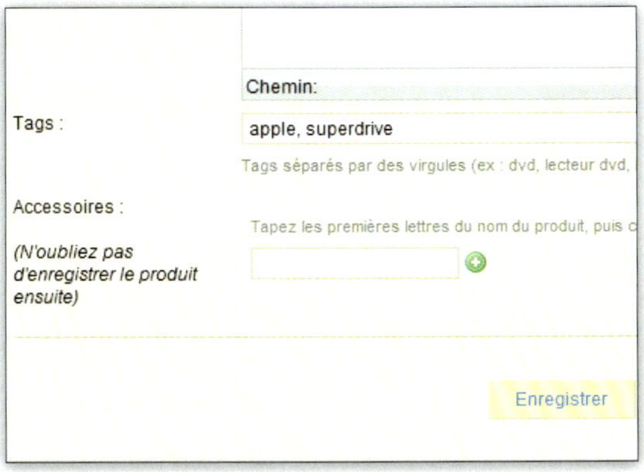

CRÉER LES TAGS DANS LE GESTIONNAIRE Il est préférable d'exploiter la section dédiée pour une gestion plus globale. Dans la console d'administration, sélectionnez l'onglet Catalogue, puis la section Tags. Cliquez sur Nouveau, indiquez le nom du tag (choisissez un nom générique susceptible d'être utilisé par les visiteurs) et la langue concernée (chaque tag est dédié à une langue). La liste de droite rassemble les produits du catalogue. Sélectionnez les éléments correspondant au tag (sélection continue par MAJ+clic et discontinue par CTRL+clic) : dans notre exemple, les différents iPod pour le tag « baladeur ». Cliquez ensuite sur Ajouter pour les basculer dans la liste de gauche récapitulant l'ensemble des produits correspondant à un tag, puis cliquez sur Sauvegarder. Si vous remarquez que vos visiteurs commettent souvent la même faute d'orthographe, par exemple « balladeur », n'hésitez surtout pas à ajouter ce tag.

GÉRER LES TAGS La liste des tags est classée par défaut selon leur numéro (ID). Si vous avez créé des tags en différentes langues, il est préférable de les rassembler par langue, d'un clic sur l'un des triangles de la colonne correspondante. Vous pourrez ainsi rapidement visualiser la liste des tags en français et les compléter.

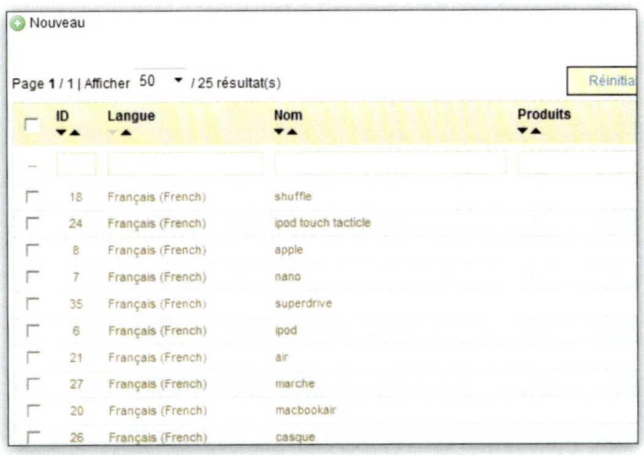

CÔTÉ BOUTIQUE Le visiteur tape le critère souhaité dans le champ de recherche en haut à droite. Le résumé de chacun des produits correspondant apparaît, les options de tri (prix, nom, produit en stock) sont également disponibles.

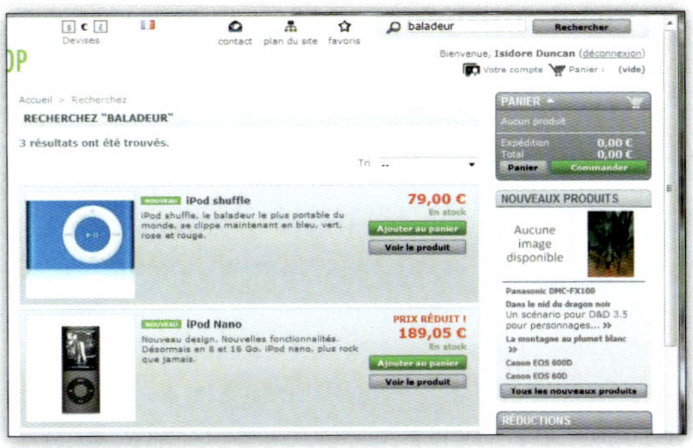

Deux types de mots clés

Prestashop gère deux types de mots clés. Ceux des tags serviront au moteur de recherche interne et permettront à vos visiteurs de retrouver plus aisément un produit une fois sur votre site. Les mots clés de la section SEO (voir page 106) sont destinés au référencement par les moteurs de recherche externes comme Google, afin que votre boutique apparaisse en bonne place lors de la recherche d'un produit sur le Web.

COMMENT… AJOUTER DES IMAGES À UNE FICHE PRODUIT

Les photos des articles ne servent pas uniquement à illustrer les pages de la boutique : elles jouent un rôle d'information important et interviennent souvent comme élément décisif d'achat.

Prestashop permet d'illustrer la fiche produit avec plusieurs photos que l'on peut même placer dans des fenêtres surgissantes au passage du pointeur et sur lesquelles le visiteur peut cliquer.

1 INSÉRER DES PHOTOS Ouvrez une fiche existante ou créez-en une nouvelle (vous devrez alors au moins indiquer le nom dans l'onglet Infos) et sélectionnez l'onglet Images. Cliquez sur Parcourir pour localiser la première photo (le programme reconnaît les formats graphiques JPEG, GIF et PNG), ajoutez une légende, et cliquez sur « Enregistrer et rester ». Répétez l'opération pour les images suivantes. Certes Prestashop autorise aussi l'ajout par lot, via un fichier ZIP (compressé) contenant plusieurs images, mais nous avons constaté des erreurs de redimensionnement.

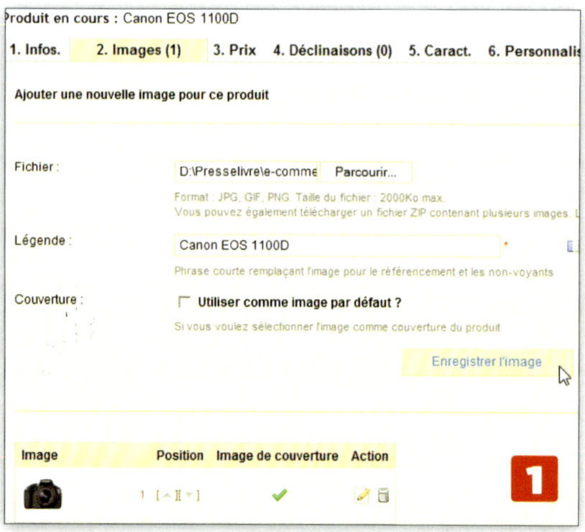

2 DÉFINIR L'IMAGE PRINCIPALE ET LE CLASSEMENT DES PHOTOS Pour changer l'image principale (celle qui illustre le produit et démarre le diaporama), cliquez sur le sens interdit dans la colonne Image de couverture, en regard de la photo voulue. Pour modifier l'ordre des photos du diaporama, utilisez les flèches haut/bas sur la ligne de la photo. Pour supprimer une photo, cliquez sur la corbeille correspondante. Tous les changements sont pris en compte immédiatement.

3 CRÉER UNE PHOTO POUR UNE SCÈNE La création d'une scène présente plusieurs avantages. Elle permet d'abord d'afficher dans une bulle les principales informations concernant un produit (résumé des caractéristiques et prix). Elle ouvre aussi directement la fiche correspondante d'un clic sur l'image. Une scène requiert une photo présentant plusieurs produits. Voici comment la créer avec Photoshop Elements. Ouvrez les photos détourées des différents objets et redimensionnez-les pour une hauteur de 200 pixels. Sélectionnez ensuite Nouveau, Fichier vide et nommez-le. Puis, attribuez la valeur 556 pixels pour la largeur et 200 pixels pour la hauteur (ce sont les valeurs par défaut des images-scène de Prestashop). Sélectionnez ensuite l'outil Déplacement (tout en haut) et cliquez-déplacez la photo du premier produit dans l'image vierge. Redimensionnez l'image au besoin à l'aide des poignées d'angle (appuyez

Rejouer la même scène

La création d'une zone taguée dans les scènes peut être sujette à quelques dysfonctionnements. Si la sélection ne se crée pas lors du glisser-déplacer, cliquez sur « Enregistrer la scène » et recommencez. Si c'est l'attribution de la zone qui pose problème, supprimez la scène et recommencez.

sur la touche MAJ simultanément afin que le redimensionnement conserve les proportions), et cliquez sur la coche verte. Il vous reste à répéter l'opération pour les autres photos et à sauvegarder la photo-scène finale.

4 **CRÉER UNE SCÈNE** Dans l'interface de gestion, sélectionnez l'onglet Catalogue, puis la catégorie Scènes. Cliquez ensuite sur Nouveau pour créer une nouvelle scène. Dans le nouvel écran, nommez la scène, cliquez sur Parcourir pour localiser sur le disque l'image-scène que vous venez de créer, et cliquez sur Envoyer l'image. Le programme revient à l'écran Scènes précédent. Un bandeau vous signale que la création est réussie, et la nouvelle scène s'ajoute à la liste.

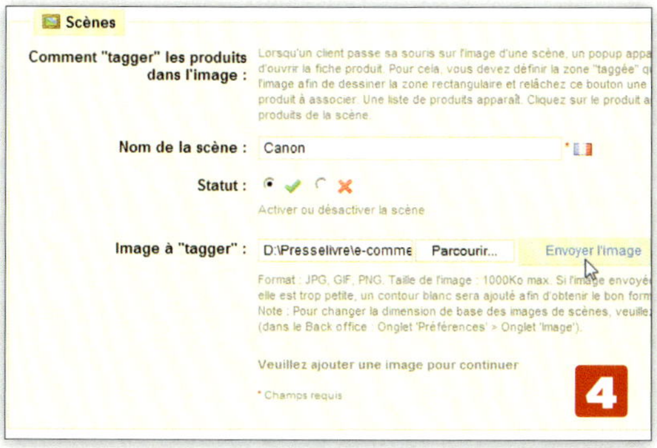

5 **TAGUER UNE ZONE** Il faut à présent définir les zones réactives de l'image-scène. Dans l'écran Scènes, cliquez sur le crayon (Modifier) en regard de la scène concernée. À l'aide d'un cliquer-déplacer avec la souris, définissez la première zone active (l'image s'affiche en grisé lors de cette opération, seule la zone sélectionnée s'affiche en clair). Tapez ensuite dans le champ sous l'image les premières lettres de la fiche souhaitée. Après quelques instants, la liste des fiches correspondant au filtre s'affiche. Cliquez sur la fiche adéquate et validez d'un clic sur OK.

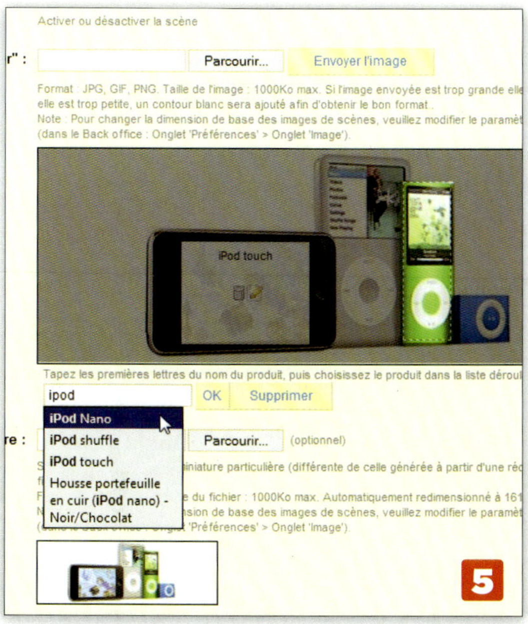

6 **MODIFIER LES PRÉFÉRENCES IMAGE** Prestashop exploite un certain nombre de formats prédéfinis pour les images, celles de taille différentes étant automatiquement redimensionnées. Mais il est possible de modifier ces formats. Par exemple, il peut être utile de disposer d'une fenêtre de zoom plus dimensionnée, la taille par défaut de 600 x 600 pixels pouvant s'avérer un peu juste pour l'observation des détails. De même, l'image-scène peut gagner à être agrandie pour réunir davantage de produits, tout en profitant d'une zone cliquable de taille suffisante.
Voici comment procéder. Dans l'interface d'administration, sélectionnez l'onglet Préférences, puis la section Images. La liste des différents formats s'affiche, thickbox correspondant à la fenêtre zoom et large_scene à l'image-scène. Cliquez sur le crayon en regard du format à modifier, adaptez sa taille, conservez les mêmes options puis validez d'un clic sur Enregistrer. Il faudra ensuite régénérer les miniatures afin qu'elles correspondent à ce nouveau format. Comme le signale la mention d'alerte, l'opération peut être longue, surtout si vous disposez d'une base importante d'images et que vous avez modifié plusieurs formats.

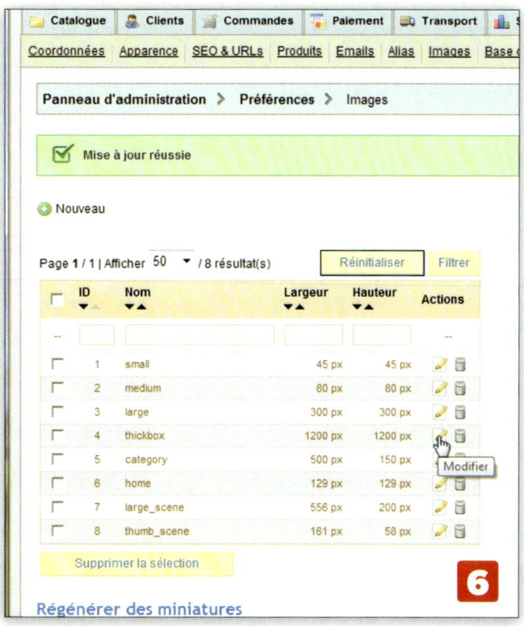

Ajouter des vidéos

Prestashop gère l'ajout de vidéos dans le résumé et le descriptif du produit, les formats Flash, QuickTime, Windows Media, Real Media et Iframe sont acceptés. Si vous avez des soucis avec le gestionnaire de téléchargement, placez directement vos vidéos dans le répertoire **prestashop\img\cms**. Pour proposer des vidéos accessibles directement dans la fiche, il faut passer par les différents modules payants (de 30 à 120 euros).

COMMENT... RETOUCHER VOS PHOTOS DE PRODUITS

Avant de publier les illustrations dans les pages de votre site de commerce, prenez le temps de vérifier leur qualité technique et, si nécessaire, de les retoucher. Tour d'horizon rapide des points à contrôler.

C'est l'évidence : des photos floues, mal cadrées, aux couleurs ternes, risquent de faire passer l'acheteur potentiel à un autre produit ou, sans doute, à un autre site. Remarquez le soin apporté à la présentation des articles dans les vraies boutiques : sur le Web, cela doit être pareil. Autre point capital : les fichiers image doivent rester d'un poids léger faute de quoi ils risquent de mettre du temps à s'afficher. Le chaland perdra patience et ira voir ailleurs... Notre démonstration s'appuiera sur Adobe Photoshop Elements, un logiciel très complet et d'un prix raisonnable (moins de 100 euros), des outils gratuits étant aussi disponibles (voir ci-contre).

1 **OUVRIR LA PHOTO** Lancez Photoshop Elements, sélectionnez Modifier dans le menu d'ouverture et ouvrez l'image dans l'éditeur, soit via le menu Fichier, Ouvrir, soit directement en glissant-déposant un ou plusieurs fichiers dans la fenêtre du programme.

2 **CORRIGER UNE DOMINANTE COLORÉE** La balance automatique des couleurs peut être mise en défaut par certains éclairages, conduisant à une dominante colorée. La photo ci-dessous présentait une dominante bleue à l'origine, nous l'avons réchauffée afin de rendre la peau du mannequin plus bronzée. Pour cela, sélectionnez le menu Accentuation, puis l'option Régler la couleur, Correction de la dominante couleur. Avec la pipette, cliquez sur une zone de couleur neutre de l'image (noire, blanche ou grise). Pour comparer la photo avant/après, jouez sur la coche Aperçu.

3 **RECADRER L'IMAGE** La photo doit illustrer le produit et non son environnement. Vous serez amené à recadrer pour ne retenir que l'objet. Sélectionnez l'outil Recadrage dans la colonne d'outils de gauche puis tracez un cadre autour de l'objet. Vous pourrez ajuster les dimensions de ce cadre en jouant sur les poignées. Pour déplacer le cadre, cliquez-glissez-le. Validez en cliquant sur la coche verte sous l'image. Pour que l'image recadrée occupe à nouveau tout l'écran, sélectionnez Affichage, Taille écran.

4 **AJUSTER L'EXPOSITION** Il est important que votre photo soit bien lisible, afin que les visiteurs distinguent tous les détails de l'image. Pour recaler globalement l'exposition, sélectionnez Accentuation, Régler l'éclairage, Niveaux. Poussez le curseur situé à gauche jusqu'au pied de la courbe et faites de même avec le curseur de droite. Vous pouvez aussi cliquer sur Auto pour un ajustement automatique. Pour moduler le gamma de l'image, jouez sur le curseur central.

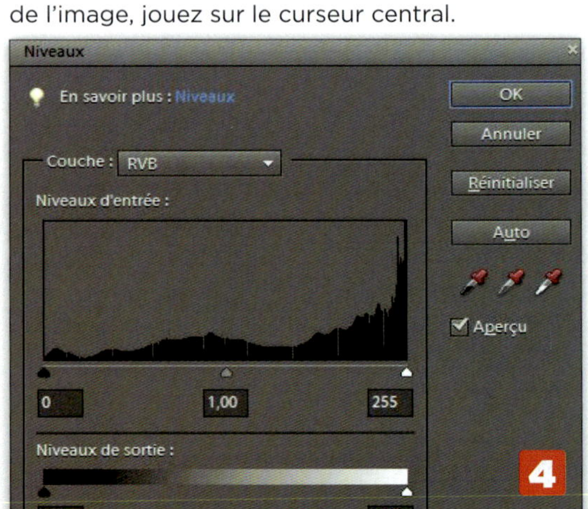

Les logiciels gratuits

Si vous n'avez que quelques produits à vendre, il n'est pas indispensable d'investir dans un logiciel de retouche payant. Vous pouvez ainsi exploiterles fonctions de retouche de Windows Live Photo Gallery (**http://explore.live.com/windows-live-photo-gallery**) ou vous tourner vers des logiciels libres tels que les excellents Paint.net (**www.getpaint.net**) ou, plus complexe à maîtriser, The GIMP (**www.gimp.org**).

5 AFFINER L'EXPOSITION

Dans certains cas, le calage global devra être complété d'un réglage plus spécifique des zones claires et/ou sombres. Pour cela, sélectionnez l'édition rapide, en haut

à droite. Dans la section Éclairage, jouez sur le curseur Tons foncés pour déboucher les zones trop sombres et sur le curseur Tons clairs pour donner de la matière aux zones les plus claires. Validez en cliquant sur la coche en haut de la section. Revenez ensuite à l'éditeur classique en sélectionnant Maxi en haut à droite.

6 NETTOYER LES POUSSIÈRES

Pour les petits objets photographiés de près, les poussières sont bien visibles, même si l'on a pris le soin de nettoyer l'objet avant. Pour les supprimer, sélectionnez l'outil Correcteur localisé, réglez sa taille (en haut) entre 30 et 40 pixels et cliquez sur les poussières. Vous pouvez les supprimer une à une ou plusieurs d'un coup par cliquer-déplacer. Pour revenir en arrière sur une correction malheureuse, appuyez sur la combinaison de touches d'annulation CTRL+Z.

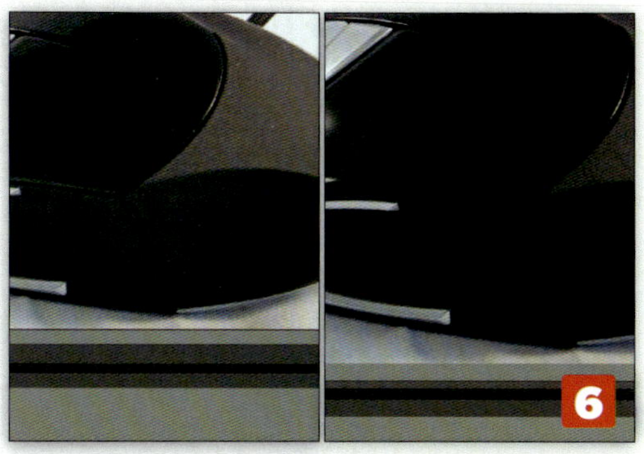

7 DÉTOURER L'OBJET

Si le décor a tendance à prendre trop d'importance sur l'objet, il est alors recommandé de détourer ce dernier. Cela peut aussi être un choix délibéré pour toutes les images de votre boutique. Le détourage peut être effectué de plusieurs manières. Si l'objet tranche sur le fond, vous pouvez exploiter la sélection rapide. Cliquez-glissez le pointeur sur le fond pour le sélectionner. Si la sélection a débordé sur l'objet, rectifiez-la par ALT+cliquer-glisser sur l'objet. Si l'objet tranche peu sur le fond, il faut recourir à une sélection manuelle. Cliquez avec le bouton droit sur l'outil Lasso et sélectionnez celui qui vous convient : Lasso simple pour un tracé à main levée, lasso polygonal ou encore lasso magnétique qui tente de découvrir les limites de l'objet. Dans tous les cas, travaillez lentement et exploitez la touche Retour arrière pour supprimer un point de sélection inadéquat. Une fois la sélection effectuée, il ne reste plus qu'à supprimer le fond. Si vous avez usé de la sélection rapide, appuyez simplement sur la touche SUPPR. Si vous avez opté pour une sélection manuelle, inversez la sélection (Sélection, Intervertir) avant d'appuyer sur la touche SUPPR. Désélectionnez enfin la sélection d'un CTRL+D et peaufinez au besoin le détourage avec la gomme et la goutte d'eau.

8 REDIMENSIONNER ET SAUVEGARDER

Les photos des appareils numériques sont trop volumineuses en taille (hauteur et largeur) et surtout en poids (plusieurs mégaoctets) pour être publiées telles qu'elles sur votre site. Voici une des nombreuses méthodes d'amincissement. Sélectionnez Image, Redimensionner, Taille de l'image. Déroulez la liste en bas et sélectionnez « Bicubique plus net ». Choisissez la plus grande dimension, réduisez-la (800 à 1200 pixels) et validez par OK. Sélectionnez ensuite Fichiers, Enregistrer sous, et réglez la qualité de l'image sur 8 à 10.

Marquer vos photos

Si vous voulez éviter que vos photos ne soient exploitées sans autorisation sur d'autres sites, il faut les marquer. Pour cela, sélectionnez Fichier, Traitement de fichiers multiples. Choisissez la source (dossier ou fichiers ouverts), et tapez le texte dans le champ de la section Libellés. Le traitement par lot peut aussi être exploité pour redimensionner les images ou appliquer une correction rapide.

COMMENT... GÉRER LES DÉCLINAISONS D'UN PRODUIT

Tailles, couleurs et autres caractéristiques des articles... la gestion des déclinaisons permet de proposer une gamme de produits diversifiés sans alourdir pour autant inutilement le catalogue.

De nombreux objets sont disponibles en différentes versions : couleur, taille, capacité mémoire, etc. Prestashop gère ces déclinaisons de produits, ce qui évite de créer une nouvelle fiche pour chaque variante.

1 CRÉER LES GROUPES ET LES DÉCLINAISONS

Pour ajouter une déclinaison dans la fiche produit, il faut que les différents éléments soient déjà créés. Pour cela, sélectionnez l'onglet Catalogue depuis la console d'administration et cliquez sur Attributs et groupes. Cliquez tout d'abord sur Ajouter un groupe d'attributs, nommez-le (nom Internet et nom public) et précisez s'il s'agit d'un coloris. Il faut encore créer toutes les déclinaisons du groupe. Dans le même écran, cliquez sur Ajouter une déclinaison, sélectionnez le groupe concerné dans la liste, nommez la déclinaison et enregistrez. Répétez l'opération pour l'ensemble des groupes et déclinaisons que vous exploiterez. Vous pouvez aussi enrichir cette liste à mesure que vous créez de nouvelles catégories de produits, un lien étant proposé tout en haut de l'onglet Déclinaisons.

2 AJOUTER UNE DÉCLINAISON DANS LA FICHE PRODUIT

Ouvrez la fiche produit en mode administrateur et sélectionnez l'onglet Déclinaisons. Sélectionnez tout d'abord le groupe et l'attribut correspondant, cliquez sur Ajouter, puis répétez l'opération si la déclinaison s'appuie sur plusieurs groupes (capacité et couleur, par exemple). Renseignez ensuite les différents éléments de la fiche : référence, prix, et image. Répétez l'opération pour les différentes déclinaisons, qui iront enrichir la liste en bas de la fiche. Pour faire d'une déclinaison le modèle par défaut, cochez la case « Faire de cette déclinaison celle par défaut pour ce produit » au moment de la création de la fiche ou cliquez sur l'étoile en regard dans la liste.

3 DANS LA BOUTIQUE

Grâce aux déclinaisons, le visiteur peut faire ses choix précisément, le prix et la photo sont mis à jour en conséquence. Le choix du coloris peut s'effectuer dans le menu déroulant, mais aussi dans l'outil de palette de couleurs si vous avez activé la palette de coloris, tout en bas de la fiche de déclinaison.

Stocks à suivre

Si vous avez introduit des déclinaisons pour un produit, vous ne pourrez plus modifier la quantité en stock dans l'onglet Infos. Il faudra passer par l'onglet Déclinaisons et modifier le stock des différentes déclinaisons.

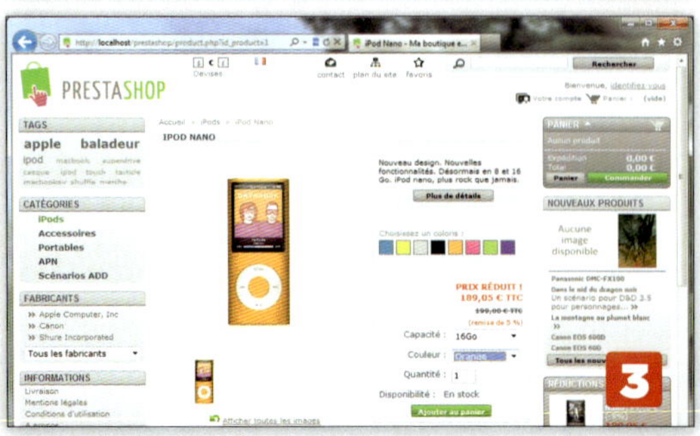

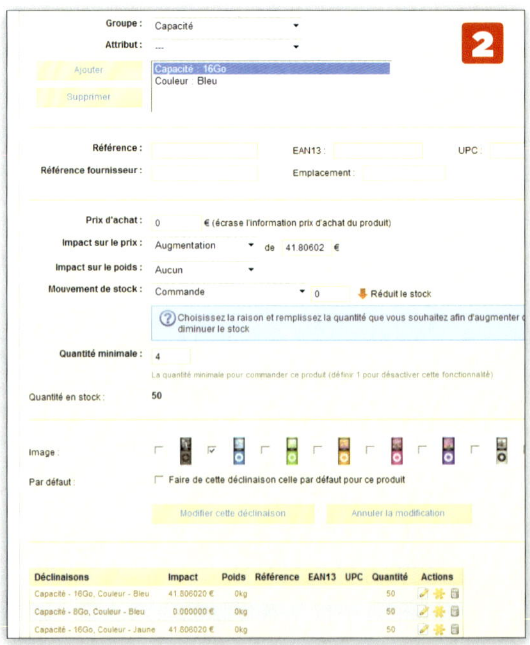

DIFFICULTÉ

COMMENT... AJOUTER DES ACCESSOIRES RECOMMANDÉS

Les ventes croisées représentent un moyen simple d'accroître vos revenus. Vous pouvez proposer à vos clients quelques accessoires de votre catalogue en accompagnement du produit consulté.

Les ventes croisées (*cross selling*, selon la dénomination anglo-saxonne), qui sont en quelque sorte l'équivalent des liens contextuels, permettent d'augmenter notablement les ventes d'un site avec des produits en rapport : accessoires d'un objet, mais aussi autres objets entrant dans la même catégorie (par exemple, proposer un lecteur Blu-ray et/ou un enregistreur numérique pour un visiteur intéressé par un téléviseur). Le but est d'inciter l'acheteur à compléter son panier, en lui révélant tout ce qui pourrait lui convenir. Cet achat multiple peut être la somme de tous les éléments sans ristourne, ou faire partie d'un pack, les acheteurs ayant tendance à investir d'avantage en fonction de la réduction proposée (avec, au final, plus de chiffre d'affaires pour vous). Nous verrons ici comment ajouter les accessoires recommandés à une fiche produit, l'éventail des ventes croisées pouvant être étendu (voir encadré ci-contre).

1 CRÉER LES FICHES DES ACCESSOIRES Pour ajouter des accessoires à la fiche d'un produit principal, il faut que les fiches de ces accessoires soient déjà existantes. Commencez donc par créer les fiches requises selon la méthode classique, décrite page 52. Rien ne vous empêche d'exploiter aussi les déclinaisons pour ces accessoires.

2 AJOUTER DES ACCESSOIRES À UNE FICHE Ouvrez la fiche produit en mode administrateur, sélectionnez l'onglet Infos et descendez tout en bas de la fiche. Dans le champ Accessoires, tapez les premières lettres de l'objet, attendez que le programme dresse la liste correspondant à ce filtre et cliquez sur l'accessoire voulu. Il ira s'ajouter à la liste des accessoires situés juste au-dessus. Répétez l'opération pour les différents accessoires proposés. Pour supprimer un accessoire (seul le lien sera supprimé, pas la fiche de l'accessoire), cliquez sur l'icône de la corbeille en regard, dans la liste. N'oubliez pas d'enregistrer la fiche.

3 DANS LA BOUTIQUE Les accessoires sont listés dans un onglet dédié de la fiche principale, avec pour chacun d'eux une photo, un résumé et les liens pour l'achat et la consultation de la fiche complète.

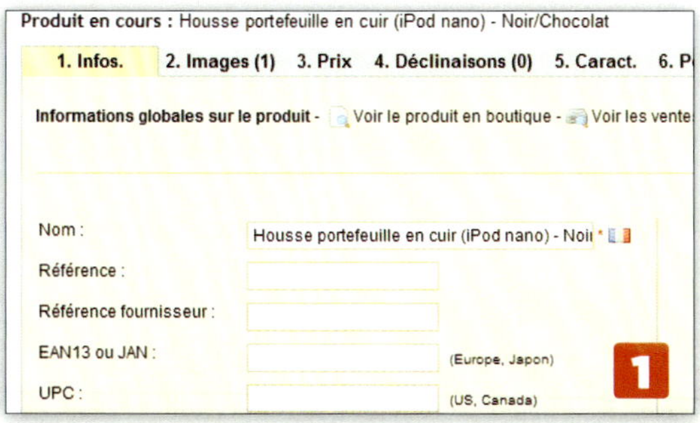

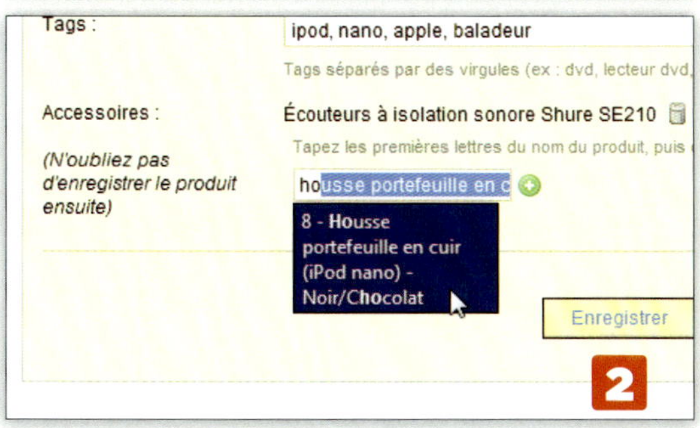

Élargissez vos propositions

Les ventes croisées ne se limitent pas aux seuls éléments que vous recommandez. Le module du même nom de Prestashop informe l'acheteur des autres objets acquis par les internautes ayant acheté le même produit que lui. Des propositions souvent judicieuses et automatiques. Vous pouvez aussi proposer la liste des produits dans la même catégorie que celui affiché. Ces deux modules sont livrés avec Prestashop 1.4, mais ils doivent être activés via l'onglet Modules, section Fonctionnalités Front Office, de la console d'administration.

CHAPITRE 5

Finaliser une vente

À DÉCOUVRIR DANS CES PAGES

Finaliser une vente et gérer les clients

Voilà une étape importante : le client a rempli son panier, il est prêt à payer ! Il entre alors dans ce que les professionnels appellent le « tunnel d'achat », autrement dit une succession de pages Web qui vont lui permettre d'indiquer ses coordonnées, de choisir le mode de livraison et le type de paiement. Facilitez-lui ces étapes car il suffit qu'une seule ne lui convienne pas pour qu'il s'échappe du tunnel… et que vous perdiez une vente. Voyons dans ce chapitre comment lui inspirer confiance.

UNE FOIS ENGAGÉ DANS LE TUNNEL D'ACHAT, L'ACHETEUR DOIT POUVOIR FINALISER SON ACQUISITION SANS ENCOMBRE ET JUSQU'À SON TERME !

Le tunnel d'achat : un chemin tout tracé, de la fiche au paiement

Le but d'un site marchand est de vendre. Pour cela, il doit présenter au mieux les articles (voir chapitre 4) et assurer aussi un cheminement aisé depuis la décision d'achat jusqu'au paiement final, afin que la vente ne soit pas ratée du fait d'une procédure complexe ou peu claire. Nous allons envisager point par point les différentes étapes de ce tunnel d'achat afin d'éviter les possibles écueils et présenter les différentes opportunités.

REMPLIR LE PANIER Le bouton Acheter ou Ajouter au panier doit être présent dans chaque fiche produit. Mais il doit aussi être proposé dans bien d'autres sections : produits mis en avant sur la page d'accueil, soldes, produits similaires, comparaison de produits, liste des accessoires, autres objets achetés par les internautes, etc. Le panier d'achat se remplira plus vite, le visiteur n'ayant pas à ouvrir systématiquement la fiche produit pour l'ajouter à son panier. Vous pourrez choisir entre deux méthodes pour signifier la validation de l'achat. Dans le premier cas, l'objet est ajouté au panier sans message complémentaire. Il faut alors que le contenu du panier soit visible, ou au moins le nombre d'éléments qu'il contient, afin que le visiteur puisse être sûr que son clic d'achat a bien été enregistré. Une autre solution consiste à ouvrir une fenêtre surgissante, ce qui peut être l'occasion de proposer des accessoires. Cette fenêtre « pop-up » pourra éventuellement agacer un peu les habitués des achats en ligne, mais rassurera les visiteurs moins experts. Elle devra proposer un bouton Continuer mes achats, qui fait revenir plutôt à la page précédente qu'à la page d'accueil.

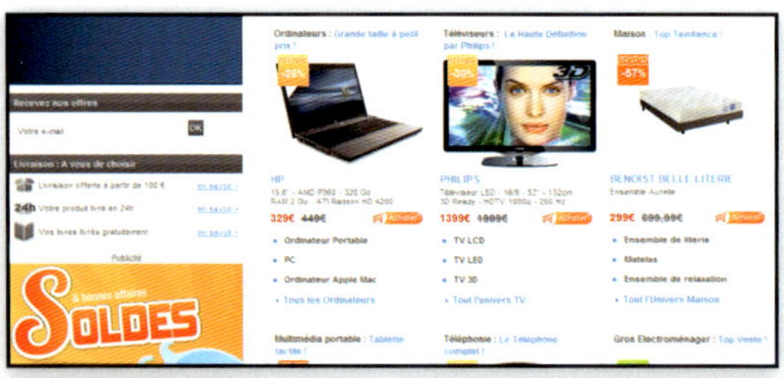

GÉRER LE PANIER Le visiteur doit pouvoir gérer les éléments mis dans son panier afin de commander plusieurs exemplaires d'un produit ou, au contraire, pouvoir en supprimer un, et éventuellement sortir un objet de la liste actuelle d'achat pour le transférer dans une liste d'achats futurs. Chaque objet doit disposer d'un lien vers sa fiche. Ce récapitulatif peut être l'occasion d'inciter le client à compléter ses achats : accessoires, assurances, achats des autres internautes, et autres éléments de vente croisée (lire page 65).

IDENTIFIER LE VISITEUR L'achat impose que le visiteur dispose d'un compte client et s'identifie. Certains sites réclament cette identification dès que le visiteur commence à remplir son panier. D'autres autorisent une identification plus tardive, lors du processus de commande lui-même, ce qui nous semble une meilleure option. Prestashop autorise les deux méthodes, la commande express (sans création préalable d'un compte) devant être activée dans les Préférences. Dans tous les cas, il faut prévoir aussi un processus d'inscription à la volée pour les nouveaux clients, l'acheteur devant revenir automatiquement à son panier d'achat une fois l'inscription achevée (certains sites obligent le visiteur à remplir à nouveau le panier, ce qui est une bien mauvaise idée). Il peut être judicieux de concevoir une inscription écourtée (identifiant et mot de passe seulement), les informations

Paramétrer le tunnel d'achat

Prestashop propose par défaut un tunnel d'achat en cinq étapes distinctes. Mais il est possible de réunir ces étapes en une même page dans la section Type de processus de commande, depuis l'onglet Préférences.

personnelles (nom et adresse) étant demandées lors des étapes suivantes. Selon les sites, l'identifiant sera un pseudo ou une adresse e-mail, les deux modes étant efficaces. Et surtout, prévoyez une procédure de secours en cas d'oubli du mot de passe (envoi sur l'adresse e-mail ou génération d'un nouveau mot de passe).

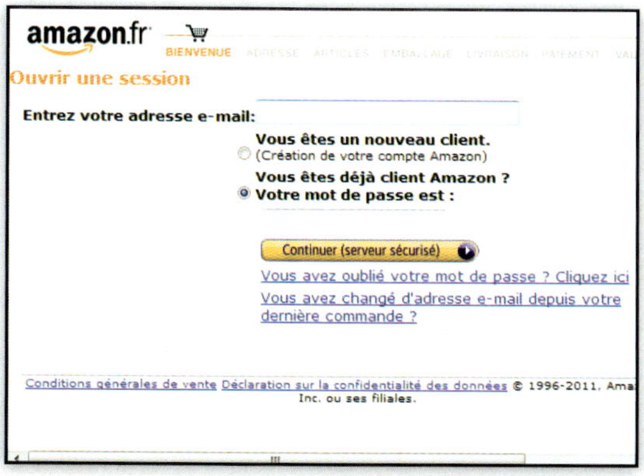

FAIRE VALIDER LES CONDITIONS GÉNÉRALES DE VENTE Si certains sites marchands font l'impasse sur cette opération, la plupart imposent de cocher la case correspondante pour valider l'achat. Cette précaution se révélera utile en cas de litige si l'affaire est portée devant les tribunaux. Selon les sites, cette acceptation est placée au début ou à la fin du tunnel d'achat. Dans le module par défaut de Prestashop, elle est demandée dans l'écran de choix du transporteur.

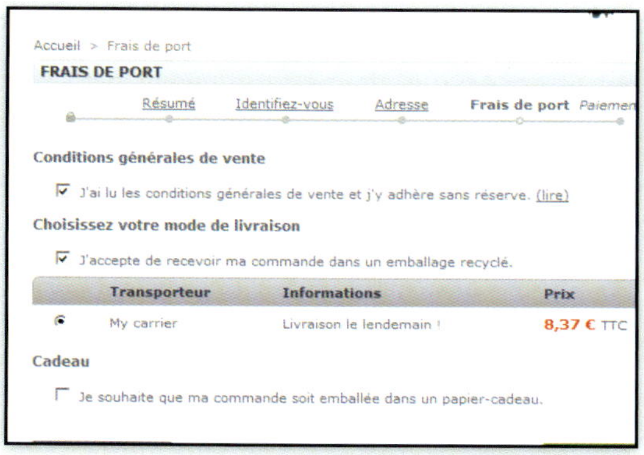

PRÉCISER LES INFORMATIONS DE LIVRAISON

Dans l'idéal, il faut proposer deux modes de livraisons : dans un relais Colis (option appréciée par les clients qui ne disposent pas d'une boîte pour colis) et à l'adresse postale. Dans ce dernier cas, l'adresse de l'acheteur doit être préremplie en fonction des informations du compte client. Mais l'acheteur doit pouvoir aussi se faire livrer à une autre adresse : résidence secondaire, cadeau fait à une tierce personne (avec éventuellement emballage cadeau), etc. Il est judicieux de retenir aussi ces adresses complémentaires, afin que l'acheteur n'ait plus qu'à cocher la bonne adresse parmi les différentes proposées. Il est intéressant de proposer aussi plusieurs délais de livraisons. La livraison standard sera le plus souvent choisie. Mais la livraison express le lendemain ou mieux encore la livraison par coursier le soir même peut faire pencher la balance pour un achat urgent ou simplement ardemment désiré.

PROPOSER PLUSIEURS MODES DE PAIEMENT

La diversité des modes de paiement jouera aussi en faveur de votre site marchand. Chèque, PayPal (qui n'est plus réservé aux petits sites ou à eBay et investit désormais les grandes enseignes), carte Visa, il est important que l'internaute comprenne bien qu'il peut payer rapidement par carte bancaire, car c'est son mode de paiement préféré. Le paiement en plusieurs fois est apprécié, car il permet d'étaler de gros achats. Outre les paiements électroniques, il est judicieux de proposer des paiements plus classiques, par chèque ou virement, ainsi que la possibilité de régler par téléphone. Dans ce cas, le paiement s'effectue toujours par carte bancaire en fournissant le numéro de la carte, mais ces informations ne transitent pas sur Internet, ce qui évite le risque de piratage par des spywares.

AFFICHER LE RÉCAPITULATIF Cette opération est facultative. En revanche, il est recommandé d'envoyer une confirmation de la commande par e-mail (Prestashop gère cette procédure en standard) qui pourra aussi faire office de récapitulatif.

Autoriser le retour

Il est vivement conseillé d'autoriser le retour à l'étape précédente dans le tunnel d'achat afin que l'acheteur puisse revenir sur un choix (mode de transport ou de livraison, par exemple) sans devoir tout recommencer. La plupart des logiciels de commerce en ligne prévoient cette fonction.

VOYONS DANS LE DÉTAIL LE DÉROULEMENT DES OPÉRATIONS EFFECTUÉES PAR LES ACHETEURS DANS VOTRE BOUTIQUE EN LIGNE.

La procédure d'achat en ligne du point de vue de vos clients

Nous avons passé en revue les différentes étapes de la procédure d'achat des sites marchands. Nous analysons à présent en détail la procédure par défaut de la boutique en ligne Prestashop.

VISUALISER LE PANIER Le montant du panier et son contenu sont affichés en permanence en haut à droite de la page. Vous pouvez donc supprimer le panneau gris Panier présent sur toutes les pages (voir page 28). Pour un récapitulatif précis, l'acheteur clique sur le bouton Panier. Tous les produits et leur déclinaison sont listés, avec un lien vers la fiche produit, et possibilité d'en modifier la quantité. Le prix est détaillé : prix HT, prix TTC, total des taxes et des frais de port. Les bons de réduction sont pris en compte.

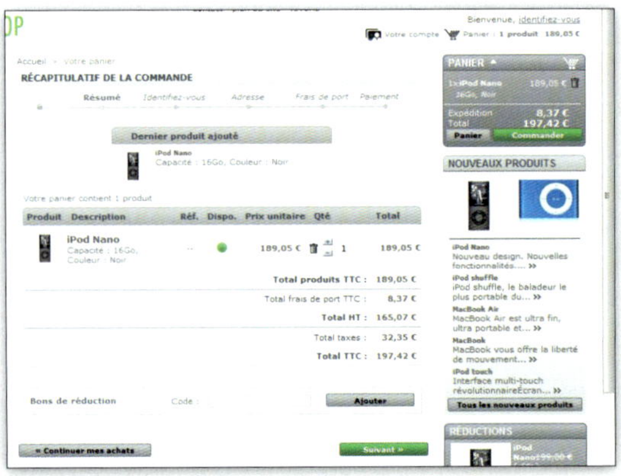

IDENTIFIER L'ACHETEUR L'identification de l'acheteur est demandée dès que celui-ci poursuit la commande. L'écran d'identification permet aux acheteurs déjà enregistrés de se faire reconnaître (adresse e-mail et mot de passe). Les autres débuteront la création de leur compte en indiquant leur adresse e-mail puis en cliquant sur le bouton du même nom.

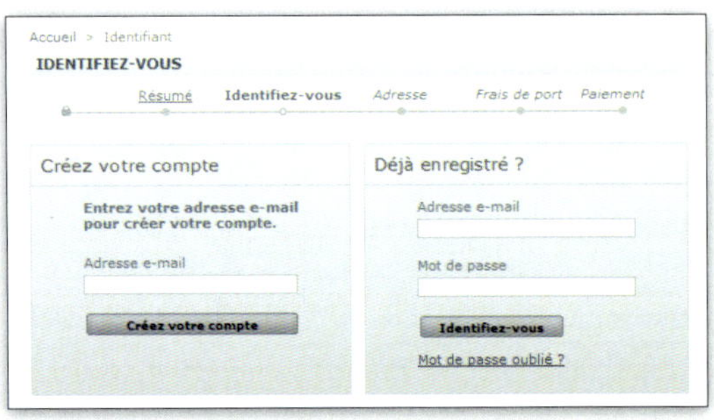

Commande express

Si vous activez la commande express dans les Préférences, les acheteurs pourront passer commande sans devoir créer un compte, les différentes informations utiles restant bien sûr toujours demandées.

CRÉER LE COMPTE La création du compte se poursuit dans l'écran suivant. Pour être validé, le formulaire requiert des informations personnelles (prénom, nom, adresse e-mail, mot de passe de cinq caractères au moins), l'adresse postale, un numéro de téléphone fixe ou mobile et un titre pour l'adresse.

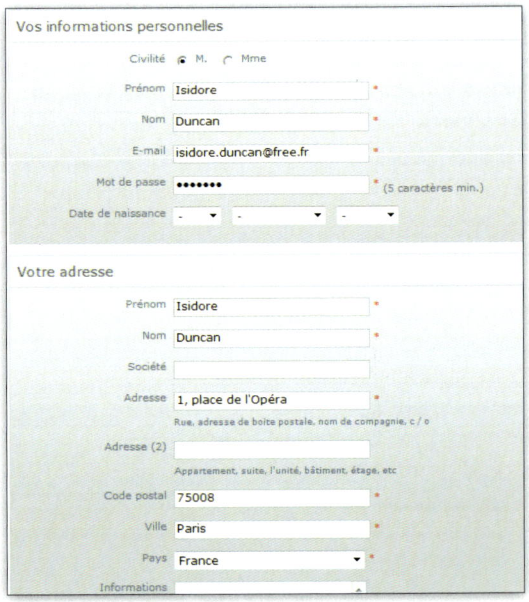

Un clic sur le bouton S'inscrire clôt la procédure et ouvre le compte client nouvellement créé. Dans ce compte, l'acheteur pourra consulter l'historique et le détail des commandes, modifier ses infos personnelles, enregistrer de nouvelles adresses, et consulter les avoirs et autres bons de réduction. Pour poursuivre la commande à l'issue de la création du compte, l'acheteur devra recliquer sur Commander/Suivant dans le panier d'achat, les acheteurs déjà enregistrés restent dans le tunnel d'achat.

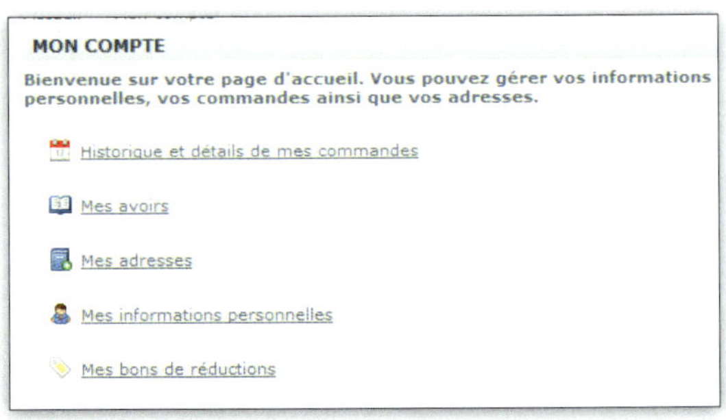

CHOISIR L'ADRESSE DE LIVRAISON ET CELLE DE FACTURATION L'étape suivante invite l'acheteur à préciser les informations de livraison. Il peut choisir une adresse dans la liste des adresses enregistrées, modifier une adresse existante en cliquant sur le lien correspondant (Mettre à jour) ou encore créer une nouvelle adresse à la volée. Par défaut, l'adresse de facturation est identique à l'adresse de livraison, ce qui est logique. Pour dissocier les deux adresses, l'acheteur décochera la case « Utiliser la même adresse pour la facturation », puis il choisira l'une de celles qui figurent dans la liste ou en créera une nouvelle.

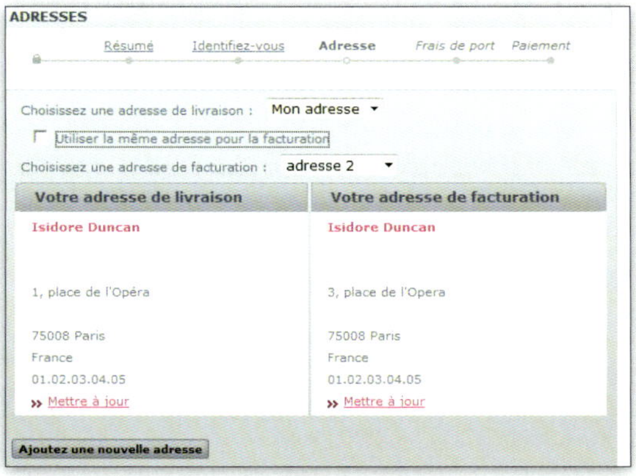

CHOISIR LE MODE DE LIVRAISON

L'étape Frais de port réunit des éléments divers. C'est notamment là que figure l'acceptation des conditions générales de vente, condition obligatoire pour poursuivre la commande. L'acheteur peut également choisir s'il accepte un emballage recyclé et s'il souhaite un papier cadeau. Par ailleurs, dans la boutique de démonstration, un seul transporteur est référencé, mais vous pourrez en définir plusieurs dans la vôtre, grâce à l'ajout de modules.

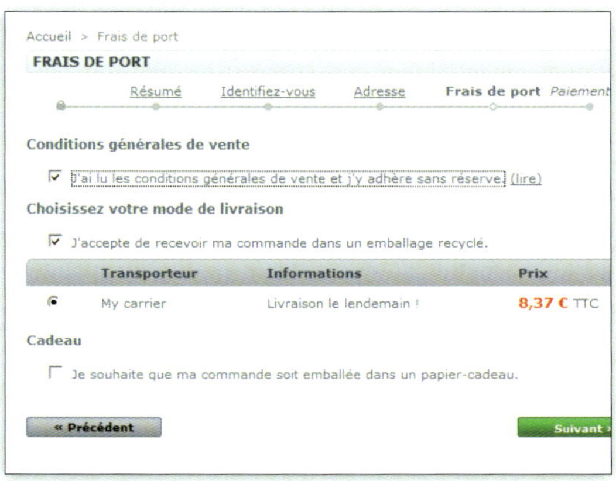

RÉGLER LA COMMANDE L'acheteur pourra aussi bien régler par des moyens classiques (chèque ou virement restent encore assez largement utilisés pour des achats en ligne) que par voie électronique. Dans ce dernier cas, il est conduit sur le site du partenaire de paiement en ligne Moneybookers.com. Ce site accepte

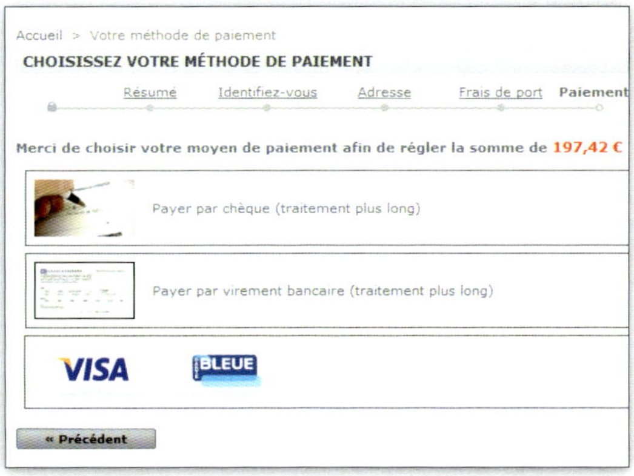

un large éventail de cartes de paiement : Carte Bleue, Visa, Mastercard, Diners, American Express, JCB… Notez qu'il existe d'autres modules pour le paiement.

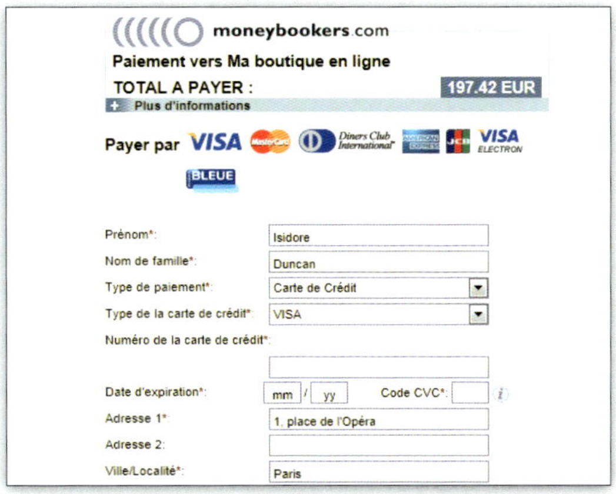

Inspirer confiance

Pour inspirer confiance à vos clients, il est impératif que votre page de paiement affiche des logos connus de tous (CB, Visa, etc.), voire celui de votre banque si vous l'utilisez. Pour rassurer, certains sites n'hésitent pas à afficher ces logos dans le pied de page. Ils les mentionnent aussi dans leur page Paiement sécurisé.

Un tunnel compact

La présentation du tunnel d'achat peut être modifiée dans la section Type de processus de commande des Préférences. Le mode One Page checkout affiche l'ensemble des opérations sur une seule longue page. Cette présentation permet, certes, de modifier n'importe quel élément sans être obligé de revenir à une étape antérieure, mais elle est moins lisible et beaucoup trop touffue pour les acheteurs novices. À déconseiller.

IL EST IMPORTANT DE CONNAÎTRE LES ACHETEURS DE VOTRE BOUTIQUE EN LIGNE. NOUS ALLONS VOIR COMMENT EXPLOITER LE FICHIER CLIENTS DANS PRESTASHOP.

Gérer votre fichier de clients et consulter leurs paniers

La console d'administration propose une gestion avancée des clients, avec des offres et affichages différenciés pour chaque groupe.

ACCÉDER AU FICHIER CLIENTS
Ouvrez l'interface d'administration et sélectionnez l'onglet Clients. Tous les clients enregistrés, qu'ils aient passés ou non commande, sont affichés avec pour chacun d'eux le sexe, les nom et prénom, l'adresse e-mail, l'âge (si l'information a été fournie), la date d'inscription et celle de dernière connexion au site de votre boutique. Les flèches en haut des colonnes permettent d'effectuer le tri selon le critère sélectionné.

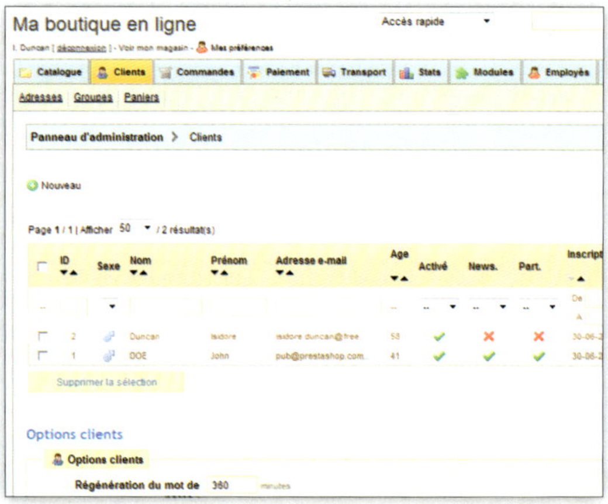

PARAMÉTRER LES OPTIONS Certains choix liés à un compte client peuvent être paramétrés dans la liste, sans devoir ouvrir la fiche correspondante. Vous pourrez ainsi activer et désactiver un compte et inscrire le client à la lettre d'information et aux offres des partenaires. Pour cela, cliquez sur la croix ou la coche correspondante du tableau. Les changements sont enregistrés à la volée.

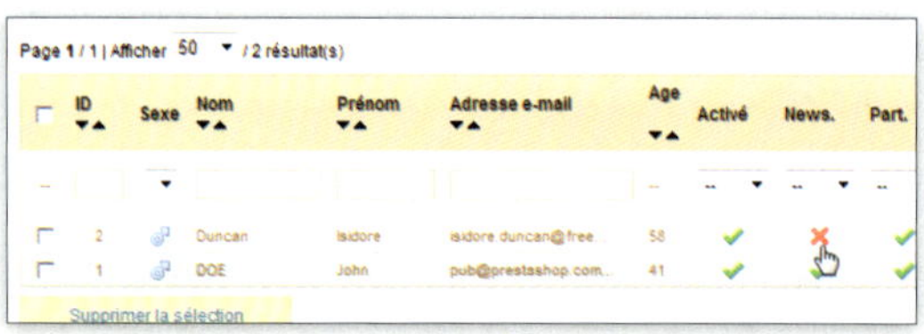

ÉDITER LA FICHE CLIENT Pour éditer une fiche client, cliquez sur l'icône crayon en regard ou double-cliquez sur son nom. Cette fiche rassemble un certain nombre d'informations. Les deux blocs supérieurs

reprennent les informations contenues dans la liste. Ces informations peuvent être éditées en cliquant sur l'une des icônes crayon (le mot de passe du compte ou l'adresse e-mail, par exemple). Vous pourrez ajouter une note privée, visible par vous mais pas par l'intéressé. La fiche renseigne aussi sur les messages envoyés par le client, les commandes en attente et réalisées, les adresses, les bons de réduction détenus, le contenu du panier et les informations de dernière connexion.

CRÉER UNE FICHE CLIENT Vous pouvez créer une fiche client directement dans l'interface administrateur. Cette fonction est utile si vous acceptez les commandes par téléphone, par exemple. Pour créer une fiche, cliquez sur le lien Nouveau, en haut de la liste. Le formulaire reprend les mêmes informations personnelles que lors de la création sur le site : sexe, nom et prénom, mot de passe, adresse e-mail et date de naissance (facultative). Il comporte aussi d'autres informations : statut, lettre d'information, publicités des partenaires et groupe.

Les messages des clients
Les messages laissés par vos clients peuvent être consultés via leur fiche individuelle. Vous pouvez aussi disposer d'une vue récapitulative dans l'onglet Commandes, section Messages clients.

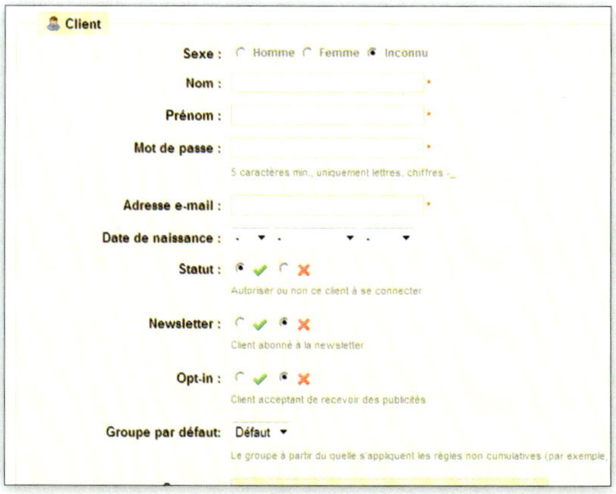

CONSULTER LES ADRESSES Vous pouvez visualiser l'ensemble des adresses enregistrées par vos clients. Pour cela, toujours dans l'onglet Clients, cliquez sur la section Adresses. Tout comme la liste précédente, cette liste peut être triée selon les intitulés de colonne et les entrées sont éditables.

CONSULTER LES PANIERS La section Paniers de l'onglet Clients dresse de la même manière la liste des différents paniers créés sur le site. En éditant le panier, vous pourrez connaître précisément son contenu et savoir s'il a débouché sur une commande.

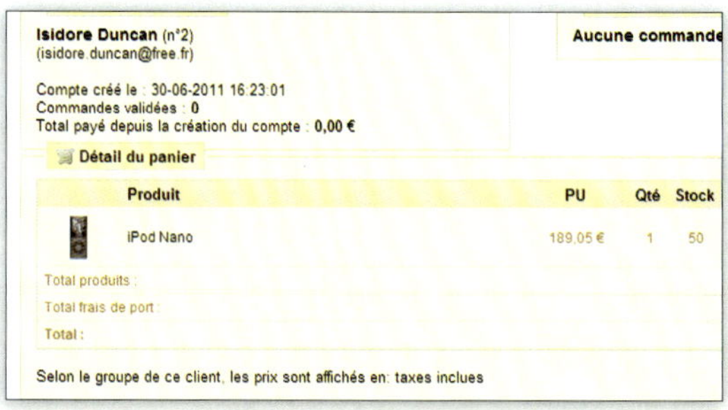

GÉRER LES GROUPES Au départ, tous les clients appartiennent au groupe Défaut et bénéficient des mêmes offres et des mêmes conditions. La création de groupes permet de scinder les clients en différentes catégories, qui auront leurs spécificités. Ainsi vous pouvez créer une catégorie Professionnels. Par exemple, les pros bénéficieront d'une réduction, accéderont à des offres dédiées pour lesquelles les prix seront affichés hors taxes. Voici comment procéder. Sélectionnez la section Groupes dans l'onglet Clients. Cliquez sur Nouveau, indiquez le nom du groupe, la réduction appliquée et le mode d'affichage des prix, et cliquez sur Enregistrer. En éditant un groupe, vous pourrez appliquer une réduction sur une catégorie précise. Un client peut appartenir à un ou plusieurs groupes, l'attribution s'effectuant dans la fiche client.

Des offres différenciées

Vous pouvez proposer sur votre site des catégories d'objets qui ne seront visibles que par les clients appartenant au groupe autorisé. Pour cela, dans l'onglet Catalogue, créez ou éditez une catégorie. Dans la section Accès groupes, cochez le ou les groupes qui pourront avoir accès à cette catégorie. La catégorie concernée restera invisible aux autres clients. En revanche, il n'est pas possible de créer des produits réservés à un groupe de clients.

Gérer les messages

Prestashop affiche un message lorsque l'exécution de la commande est retardée (pour produit en réapprovisionnement, par exemple). Le dialogue avec les clients étant important, vous pouvez créer d'autres messages pour limiter les contestations.
Ces messages prédéfinis sont à créer dans la section éponyme de l'onglet Commandes.

CHAPITRE 5

Finaliser une vente

COMMENT... VENDRE EN FRANCE ET DANS CERTAINS AUTRES PAYS

Les logiciels d'e-commerce permettent d'adapter automatiquement différents éléments de la boutique en fonction du pays concerné. Texte, devise, taxes, tout peut être personnalisé, y compris les pays qui auront le droit d'acheter.

Prestashop permet d'établir des règles selon la devise et le pays. Voici comment pratiquer pour limiter les ventes à l'Hexagone ou vendre aussi à l'international, tout en choisissant les langues et les pays concernés.

1 ACCÉDER AUX PARAMÉTRAGES GÉNÉRAUX Ouvrez l'interface de gestion de Prestashop et cliquez sur l'onglet Paiement. La page principale permet déjà d'ajuster certains paramètres. La section Devises récapitule les devises acceptées pour chaque type de paiement (dans l'ordre : virement bancaire, chèque et paiement électronique via MoneyBookers). Cochez/décochez en fonction de vos préférences. La section Restrictions de groupes permet de réserver un mode de paiement à un groupe particulier ou, au contraire, d'en interdire un autre groupe. La section Restrictions des pays permet de choisir précisément les pays qui seront autorisés à acheter sur votre site et, pour chacun, les modes de paiement auxquels ils auront accès. Chaque changement dans l'une de ces sections devra systématiquement être validé d'un clic sur le bouton Enregistrer correspondant.

2 GÉRER LES DEVISES Sélectionnez la section Devises de l'onglet Paiement. La boutique par défaut reconnaît l'euro, le dollar et la livre anglaise. Si vous ne vendez que dans l'Hexagone, vous pouvez désactiver ou supprimer les devises autres que l'euro. La section Préférences devises fixe la devise de référence (l'euro par défaut). Si vous modifiez ce choix (pour un site installé à l'étranger, par exemple), il faudra réattribuer manuellement le prix de chaque produit : une opération à effectuer avant la création de son catalogue produit. Quant à la dernière section, elle autorise la mise à jour des taux de change.

3 AJOUTER DE NOUVELLES DEVISES Dans l'écran précédent, cliquez sur Nouveau, en haut. Remplissez les différents champs, tous obligatoires (nom de la devise, codes ISO en lettres et chiffres, symbole et taux de conversion par rapport

Penser au transport

Si vous vendez à l'international, vous devrez alors proposer des moyens de transport adéquats. Le colis postal classique peut convenir pour des objets peu encombrants, mais il faudra trouver d'autres intermédiaires pour les objets volumineux.

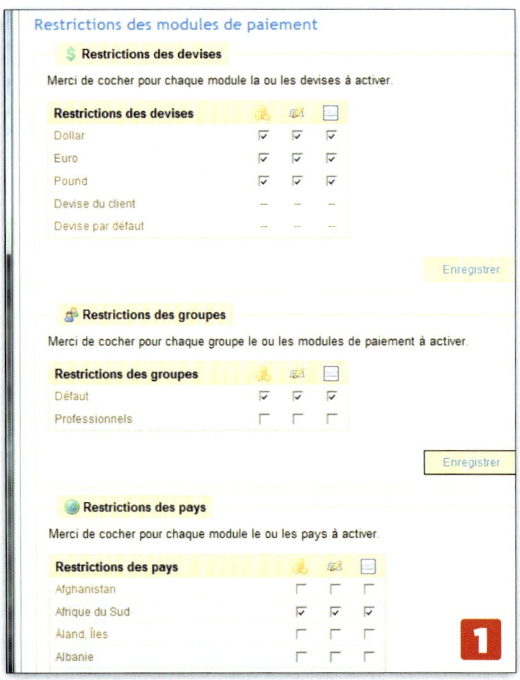

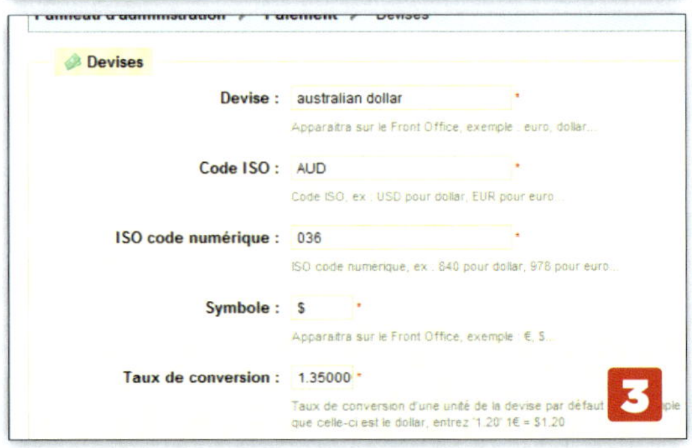

à la devise par défaut. Pour connaître les codes ISO, téléchargez le tableau sur la page **http://goo.gl/QAcwD**. Vous pourrez également ajuster l'affichage : format, décimales, espace entre le symbole de la devise et le prix. Enfin, cochez Activé en bas puis validez l'ensemble des modifications d'un clic sur Enregistrer.

4 GÉRER LES TAXES

Sélectionnez la section Taxe de l'onglet Paiement. La liste des différentes TVA s'affiche avec, pour chacune, le taux correspondant. La section suivante permet de paramétrer la gestion de ces taxes : activation de la TVA, affichage des taxes dans le panier, taxe basée sur l'adresse de livraison ou de facturation. Pour créer une nouvelle taxe (pour des ventes à l'étranger ou si un nouveau taux apparaît en France), cliquez sur Nouveau en haut, nommez la taxe, précisez son taux, cochez Activé, puis validez en cliquant sur Enregistrer.

5 APPLIQUER DES TAXES DIFFÉRENTES SELON LES PAYS

Prestashop permet de moduler automatiquement le niveau des taxes en fonction du pays. Pour cela, sélectionnez la section Règles de taxes dans l'onglet Paiement et créez ou éditez une taxe. Sélectionnez tout d'abord la zone géographique, puis appliquez la taxe correspondant à chaque pays (vous pouvez vous limiter aux pays que vous avez autorisés à l'étape 1). Pour certains pays (Italie, Canada, États-Unis, Mexique et Argentique), vous devrez préciser quelle taxe s'applique (pays et/ou région) et préciser au besoin le taux de la taxe régionale. Pour appliquer rapidement une même taxe à tous les pays d'une même région, sélectionnez la taxe en regard de Tous (en haut de la liste) et cliquez sur Appliquer. Cliquez sur Sauvegarder tout en bas une fois tous les changements effectués.

6 EXPLOITER LA GÉOLOCALISATION

Le système de géolocalisation de Prestashop ne s'appuie évidemment pas sur un GPS mais sur l'adresse IP du visiteur (elle permet d'identifier le pays d'où se connecte l'internaute). Cette fonction nécessite d'être activée. Pour cela, sélectionnez l'onglet Préférences, section Géolocalisation. Cliquez sur le lien « ce fichier » dans le bandeau jaune supérieur et téléchargez-le. Décompressez l'archive (avec 7.zip par exemple, téléchargeable sur **www.7-zip.org**) et copiez le fichier GeoLiteCity.dat dans le dossier tools\geoip de Prestashop. Cochez ensuite la case Activé, dans la rubrique Géolocalisation par IP. La rubrique Options va permettre de caler le comportement de Prestashop en fonction des pays. Choisissez le comportement des pays « interdits » et des pays non reconnus : pas d'accès au catalogue ou pas d'accès aux commandes. Sélectionnez ensuite, dans la longue liste, les pays autorisés (avec une coche). Indiquez enfin les adresses IP autorisées et validez d'un clic sur Enregistrer.

Site multilingue

Si vous vendez à l'international, il est impératif que votre site soit multilingue. Utilisez les options internes à Prestashop plutôt que la traduction automatique de Google. À minima, le français et l'anglais (qui est devenu la langue « universelle » du Web) peuvent suffire.

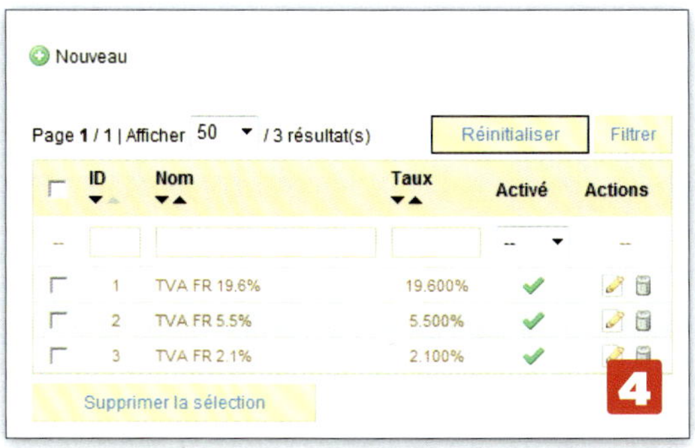

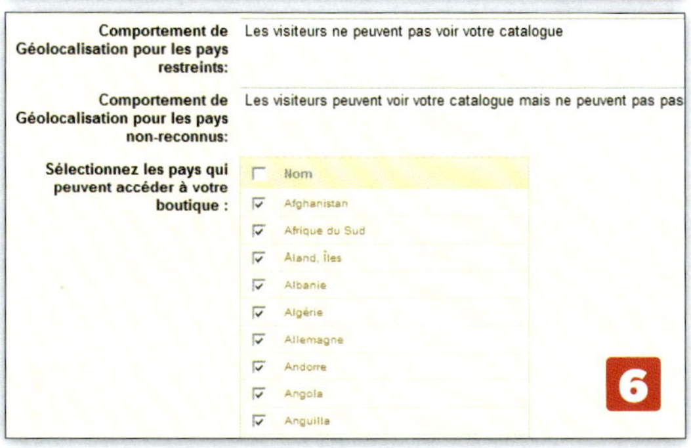

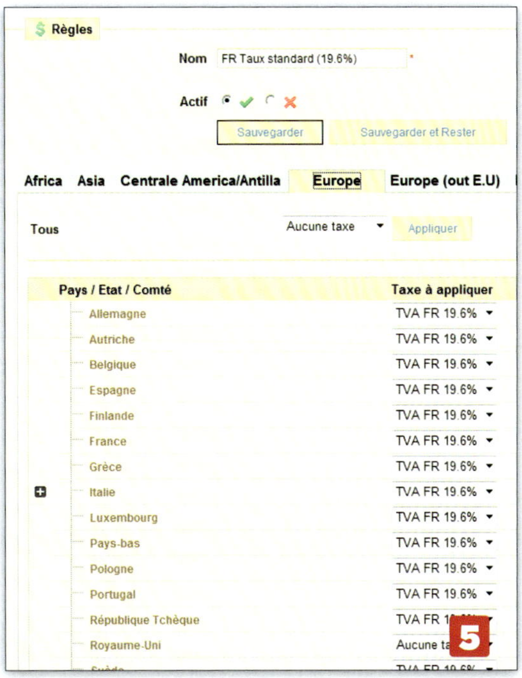

CHAPITRE 5

Finaliser une vente

COMMENT… PARAMÉTRER LES MODES D'EXPÉDITION

Posterez-vous vos colis ou comptez-vous passer par un transporteur ? Dans les deux cas, Prestashop propose une gestion précise des modes d'expédition avec, là encore, de nombreuses options.

La diversité des modes et le coût des frais d'expédition sont des éléments cruciaux de satisfaction des clients. Prestashop n'offre pas de solution clés en main par défaut, mais il vous propose d'activer le module SoColissimo au moment de son installation. Il offre tout ce qu'il faut pour une gestion avancée et dispose de nombreux modules gratuits à activer.

1 RÉGLER LES PARAMÈTRES GÉNÉRAUX

Ouvrez l'interface de gestion de Prestashop et cliquez sur l'onglet Transport. La rubrique Manutention permet d'ajuster les frais de préparation et de définir la gratuité des frais de port à partir d'un certain seuil d'achat ou de poids (cette dernière option ne nous semblant guère judicieuse). La rubrique suivante permet de choisir si la facturation par tranche s'effectue en fonction du prix total ou du poids total. Cette décision vous appartient, le choix du bon critère dépendant de la nature des objets. La dernière rubrique permet de définir les coûts de chaque transporteur selon les différentes zones couvertes. Pour cela, sélectionnez dans la liste le premier transporteur, indiquez les montants des frais par région, enregistrez et recommencez avec le transporteur suivant. Chaque changement dans une rubrique doit être validé d'un clic sur le bouton Enregistrer correspondant.

2 CRÉER UN TRANSPORTEUR

Contrairement aux autres éléments, la création d'un transporteur n'est pas rassemblée dans une seule fenêtre mais éparpillée sur plusieurs sections. Voici comment procéder. Cliquez tout d'abord sur la section Transporteurs de l'onglet Transport, puis sur Nouveau, en haut. Indiquez le nom de la société, chargez l'image de son logo, précisez les délais de livraison, l'éventuel adresse Internet de suivi, la zone couverte et les groupes concernés. Définissez aussi s'il faut appliquer des frais de transport, des taxes, des frais de manutention et si le choix de la tranche s'effectue en fonction du prix total ou du poids. Il ne vous reste plus qu'à définir le comportement de Prestashop si la valeur (prix total ou poids) dépasse la valeur

1

2

3

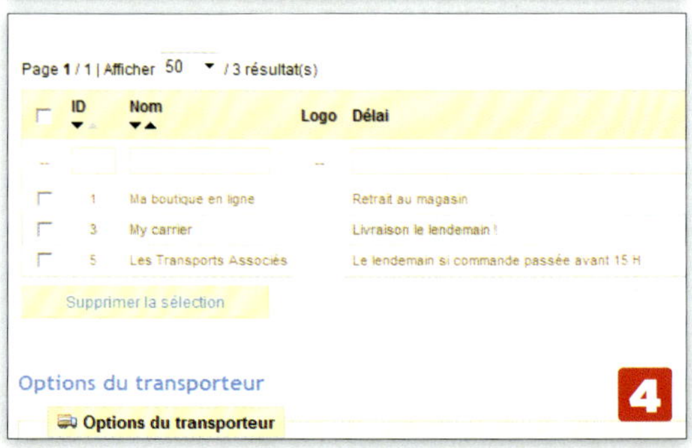

4

Enrichir les lieux

Prestashop dispose d'une base étendue de pays, états, comtés et autres zones. S'il vous manque tout de même un élément, vous pourrez le créer dans la section correspondante de l'onglet Transport.

maximale de la tranche : cliquer sur la tranche la plus grande ou désactiver le transporteur. Cliquer sur Enregistrer pour valider cette étape.

3 **DÉFINIR LES TRANCHES DE PRIX OU DE POIDS** Sélectionnez la section adéquate et cliquez sur le bouton Nouveau. Déroulez la liste Transporteur, sélectionnez le transporteur que vous venez de créer, établissez les bornes de la tranche et cliquez sur Enregistrer.

4 **TERMINER LA CRÉATION DU TRANSPORTEUR** Cliquez sur l'onglet Transport pour revenir aux réglages généraux et définissez les frais à appliquer, comme décrit à l'étape 1. Cliquez ensuite sur la section Transporteurs pour définir le transporteur par défaut.

Comment établir des coûts de livraison différents

Prestashop ne permet pas d'établir des coûts de livraison différents par tranche de poids ou de prix chez un même transporteur. À la place, il propose d'établir une liste de transporteurs avec leur « domaine de compétence », le ou les bons transporteurs étant automatiquement sélectionnés en fonction de la tranche visée. Pour faire varier les coûts chez un même transporteur, il faut tricher en créant plusieurs copies du transporteur en lui conservant le même nom, mais chaque fois avec des compétences de tranche différentes.

Pensez à activer les modules complémentaires

À l'installation, Prestashop ajoute une centaine de modules annexes. Mais bon nombre d'entre eux ne sont pas activés, en particulier pour le transport. Dans la console d'administration, sélectionnez l'onglet Modules et cliquez sur le « + » en regard de Transporteur & Logistique. Plusieurs modules de transport sont disponibles : La Poste, UPS, FedEx, Dejala et Mondial Relay, complétés de Envoimoinscher, qui est un comparatif des offres de transporteurs. Pour activer un ou plusieurs transporteurs, cliquez sur le bouton Installer correspondant. Pour notre démonstration, nous avons installé le module SoColissimo de La Poste, qui assure des services variés : livraison à domicile avec ou sans rendez-vous, dans un bureau de poste ou dans un point de retrait. Il reste encore à configurer le module en cliquant sur le lien éponyme sous le module. Commencez par ouvrir un compte SoColissimo. Entrez ensuite dans le formulaire les informations demandées et tenez compte des alertes. Une fois la configuration bouclée, le transporteur sera disponible dans Prestashop.

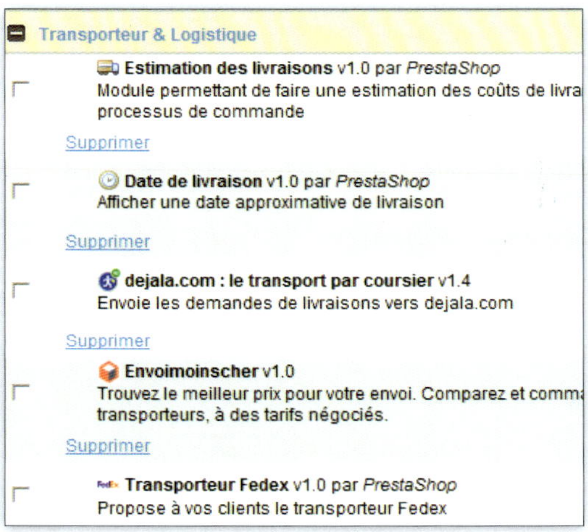

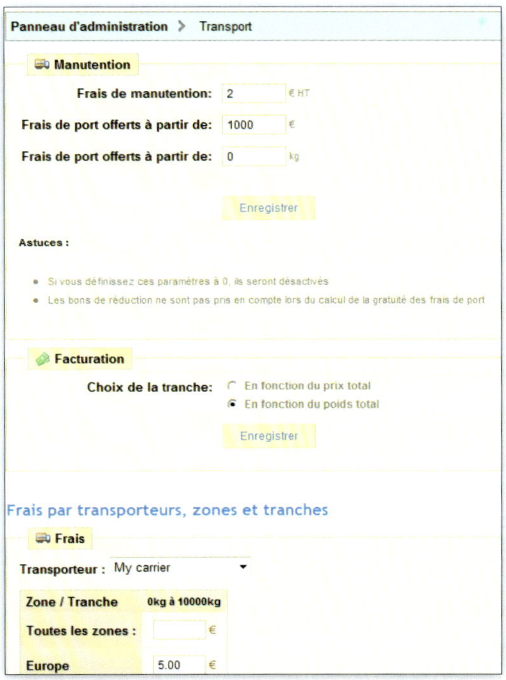

D'autres transporteurs

Si les modules gratuits ne vous conviennent pas (ces modules sont gratuits, mais les comptes des transporteurs sont payants), vous pouvez vous tourner vers les nombreux modules payants proposés sur **www.prestashop.com/fr**, section Addons, Transport & Logistique. Certains peuvent être coûteux (950 euros pour Kiala, par exemple).

CHAPITRE 5

Finaliser une vente

COMMENT... SÉDUIRE VOS CLIENTS AVEC DES BONS DE RÉDUCTION

Un bon de réduction, c'est un bon plan pour vos clients et un excellent moyen pour vous d'accroître votre chiffre d'affaires. De nombreuses options vous permettent de préciser qui peut en bénéficier et à quelles conditions.

Dans Prestashop, la création d'un bon de réduction s'effectue dans la section Paiement. Vous pouvez proposer des remises calculées en pourcentage ou d'un montant fixe, ou bien offrir les frais de transport. Dans la version 1.4 que nous testons, il peut concerner une ou plusieurs catégories, mais pas un seul produit. Voici comment contourner cette contrainte.

1 CRÉER UN BON DE RÉDUCTION Dans le panneau d'administration, cliquez sur l'onglet Paiement puis, en dessous, sur le lien Bons de réduction. Au bas de la page, vous pouvez activer ou désactiver tous les bons : vérifiez qu'ils sont autorisés. Puis pressez le bouton Nouveau.

2 GÉNÉRER UN CODE Tapez d'abord un code correspondant à ce bon de réduction : par exemple PROMO, si vous souhaitez que le code soit simple. Vous pouvez aussi en générer un plus compliqué en cliquant sur le bouton New. Ici, Prestashop génère le code SGSH22DE.

3 CHOISIR LE TYPE DE RÉDUCTION Prestashop vous donne le choix entre trois types de réduction.

Un pourcentage sur la commande : inscrivez alors la valeur, comme ici 5 %.

Un montant : indiquez la valeur et la devise, par exemple 20 euros. Si le client ne commande que 18 euros, vous pouvez soit réduire la valeur du bon à celle de la commande (il « perd » 2 euros), soit lui faire générer un nouveau bon de réduction de 2 euros (le code s'affichera la prochaine fois qu'il consultera son panier), soit faire une « facture négative » (auquel cas il n'a évidemment rien à payer).

Les frais de livraison gratuits : quel que soit le montant de la commande. Indiquez une description compréhensible par vos clients, par exemple « Réduction de 5 % sur toutes les robes ».

4 FIXER LES CONDITIONS D'UTILISATION DU BON Sélectionnez la ou les catégories de produits concernées, par exemple les Robes. Nous verrons à l'étape 7 comment ne traiter qu'un seul produit. Précisez

Frais de port offerts si...

Pour offrir les frais de port à partir de 300 euros ou 5 kg commandés, il ne faut pas créer un bon de réduction. Cliquez plutôt sur l'onglet Transport. Le formulaire vous permet de préciser ces options qui concernent tous les clients (tapez le chiffre 0 pour les désactiver).

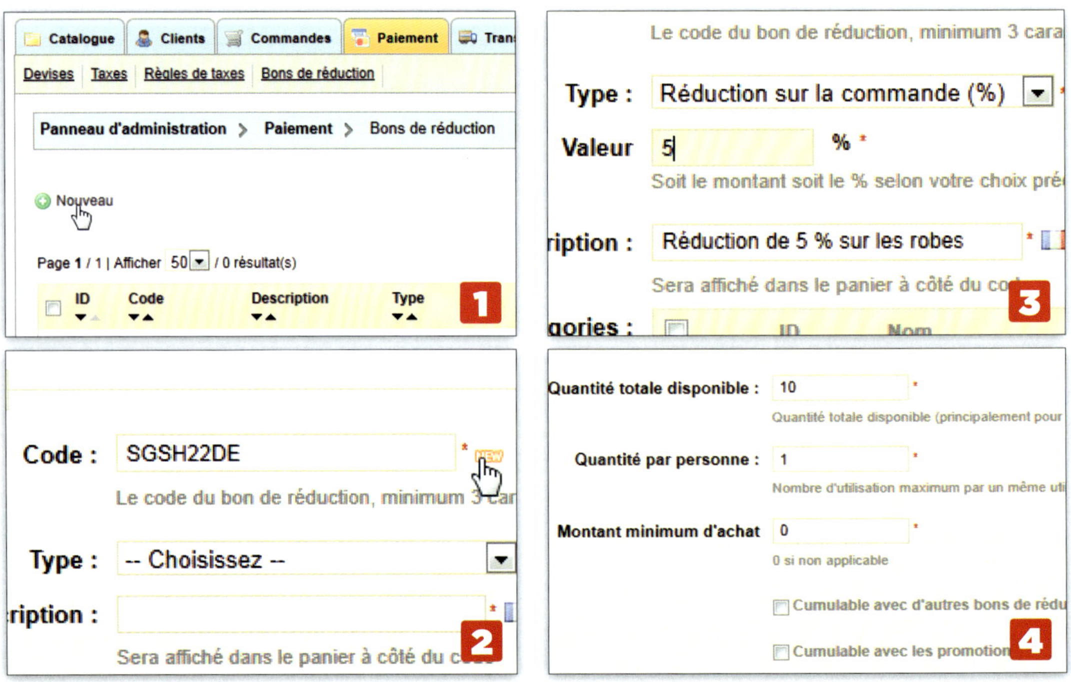

le nombre de fois que ce bon peut être utilisé (si vous laissez 0, il sera inactif). Indiquez si un même client peut l'utiliser plusieurs fois, et s'il ne s'applique qu'à partir d'un montant minimal de commande. Vous pouvez aussi décider de le rendre cumulable avec d'autres bons de réduction ou des promotions.

5 CHOISIR LES CLIENTS ET LA DURÉE DE VALIDITÉ Pour le choix des clients, vous précisez « Tous », ou un seul dont vous sélectionnez le nom dans la liste, ou Groupe (voir le chapitre 7 pour créer un groupe de clients). Cochez enfin la case « Afficher le bon de réduction sur le résumé du panier », vérifiez que le statut de ce bon est Actif et pressez le bouton Enregistrer pour valider la modification.

6 CE QUE VOIT VOTRE CLIENT Le client découvre ce bon de réduction à deux endroits. D'abord lorsqu'il clique sur Votre compte, Mes bons de réduction. Ensuite lorsqu'il ajoute des produits à son panier puis consulte ce dernier. Le code du bon s'affiche en rouge, il clique dessus puis sur le bouton Ajouter, et le montant s'inscrit dans la facture en déduction de la somme à payer.

7 CRÉER UN BON POUR UN OU QUELQUES PRODUITS SEULEMENT Puisque Prestashop ne permet pas pour l'instant de créer un bon pour un seul produit (ce sera peut-être le cas dans une prochaine évolution), nous allons créer une catégorie spéciale que nous n'afficherons pas. Cliquez tout en haut sur l'onglet Catalogue. Presser le bouton « Ajouter une nouvelle sous-catégorie ». Nommez précisément votre catégorie (ici « Réduction 5 % Robes décembre 2011 »), car vous générerez sans doute plusieurs bons de réduction. Ajoutez une petite description. Inutile d'y associer une image puisque cette catégorie ne s'affichera pas.
Si vous aviez créé un groupe de clients concernés par le bon de réduction, sélectionnez-le, sinon laissez coché le groupe Défaut. Décochez impérativement « Affichée » et pressez Enregistrer. C'est cette catégorie qu'il faudra préciser dans le bon de réduction.

8 SÉLECTIONNER LES PRODUITS CONCERNÉS Maintenant que votre catégorie est créée, il faut y associer des produits. Sous l'onglet Catalogue, éditez un produit et, à la section Catégories, cochez cette nouvelle catégorie. Naturellement, il ne faut pas décocher la ou les autres catégories auxquelles ce produit appartient, sinon il n'apparaîtrait plus dans votre boutique. Répétez l'opération avec autant de produits que vous le souhaitez.
Quelle que soit votre solution d'e-commerce, avant de diffuser un bon de réduction, nous vous conseillons de le tester avec des comptes clients à vous. Et de vérifier comment vous pourrez gérer le cas d'un client qui commande trois produits avec un bon de réduction puis vous en retourne un, car cela risque d'arriver.

Opération lourde

Nous contournons ci-contre une contrainte imposée par la version 1.4 de Prestashop. Mais il se peut fort bien qu'elle saute avec la version 1.5 ou 1.6 car ses développeurs sont très réactifs. Pour autant, vous ne pourrez pas adopter facilement une nouvelle version si votre boutique est déjà en ligne. Changer de version de logiciel est une opération lourde. Voyez si un module ne réglerait pas votre problème. Avantage, donc, aux boutiques louées de type Oxatis : ses développeurs peuvent ajouter une fonction ou une correction de bug et l'appliquer à votre boutique en toute connaissance de cause.

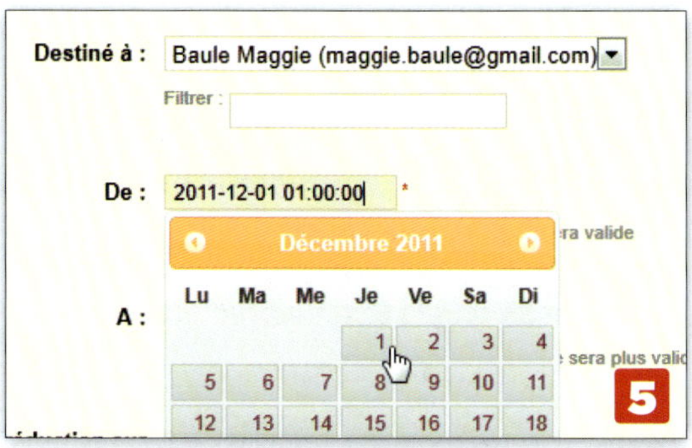

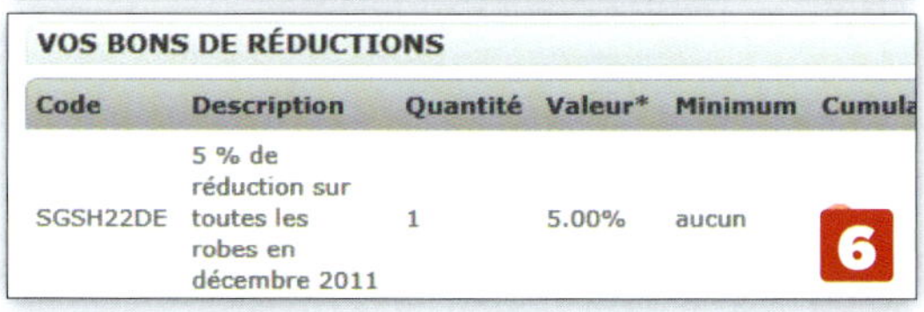

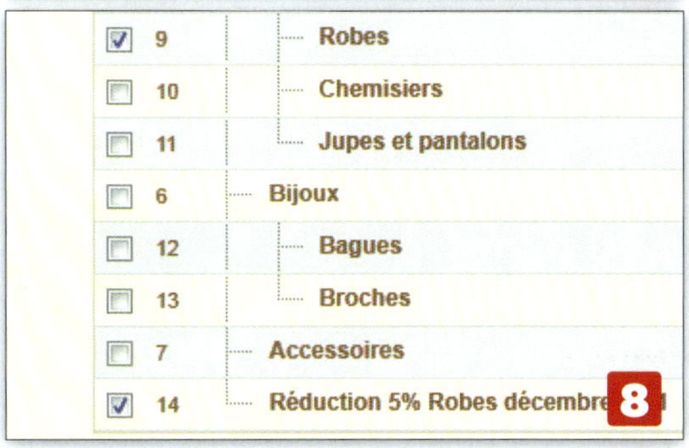

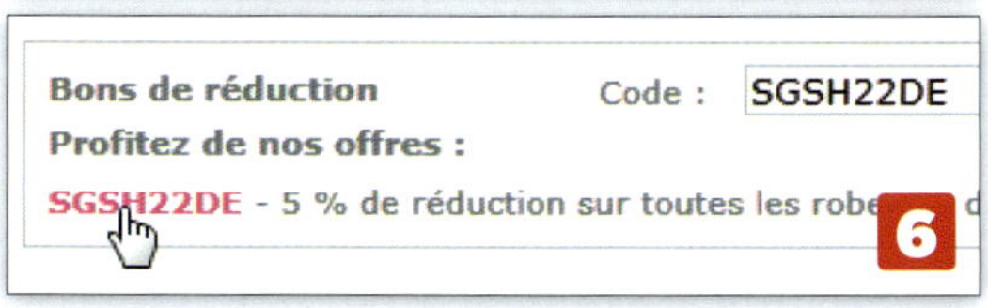

Simplifier le passage en caisse

À DÉCOUVRIR DANS CES PAGES

Simplifier le passage en caisse

Le client a rempli son panier, il a même cliqué sur le bouton « Je confirme ma commande ». Dernière étape de son parcours, choisir un mode de règlement. Du paiement express par carte bancaire au compte PayPal en passant par des solutions de crédit, toutes les formules sont prévues. Nous avons débroussaillé pour vous aider à choisir celles qui vous conviendront le mieux. Enfin, quelques précautions s'imposent pour ne pas que votre client s'envole juste avant d'avoir pressé le bouton « Payer ».

La carte bancaire, moyen d'achat préféré des internautes

Le paiement par carte bancaire en trois clics est le meilleur moyen de conclure une vente vite fait bien fait. Vous allez devoir passer par un organisme agréé. Une banque ? Pas forcément.

Quand un internaute achète sur les sites Fnac.com ou Sephora.fr, il ne se pose pas de questions. La notoriété de ces enseignes est telle qu'il dégaine sa carte bancaire sans hésiter. Mais quand il se retrouve sur une boutique inconnue, forcément, il y regarde à deux fois. Dur métier que celui de jeune e-commerçant ! Après avoir réussi à faire venir un visiteur, puis à le convaincre de garnir son panier, il faut maintenant le rassurer. Vos atouts, cette fois, seront la possibilité de payer la commande avec quelques modes de règlements pratiques, dont l'indispensable paiement par carte bancaire, simple et rapide. Afficher sur votre site des logos d'établissements bancaires renommés ne peut pas faire de mal non plus.

LE PRINCIPE DU PAIEMENT PAR CARTE

Il faut d'abord comprendre comment se passe un paiement par carte bancaire sur le Net. Le client fait ses emplettes sur votre site puis, à la dernière étape de validation de la commande, vous le renvoyez momentanément vers le site d'un organisme agréé qui établit une connexion sécurisée (le fameux https://) afin de récupérer les identifiants de la carte et vérifier sa validité. Non, cet intermédiaire technique n'est pas forcément votre banque, il peut s'agir d'une société spécialisée dans les « terminaux de paiement virtuels » (ou processeurs de paiement). La banque, elle, se charge des flux financiers. Le terminal de paiement virtuel vous indique donc que tout s'est bien passé

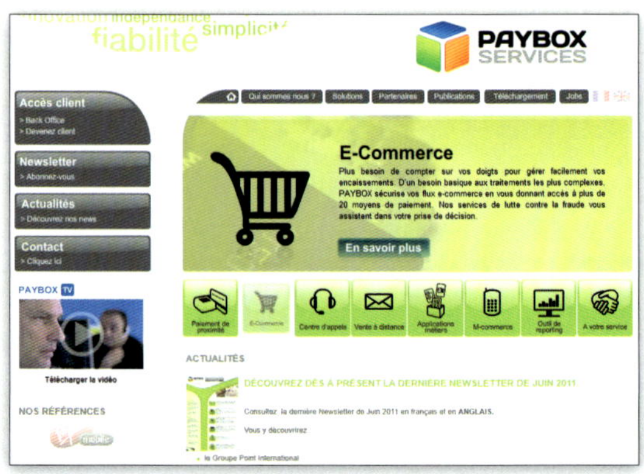

Notre conseil

Faites jouer la concurrence pour obtenir votre contrat de Vente à distance, et donc accepter les paiements par carte bancaire. Mais n'ouvrez un compte dans une banque que lorsque vous êtes sûr qu'elle vous accordera ce fameux contrat VAD.

Le bon module

Les logiciels d'e-commerce prévoient tous le paiement par PayPal et via les grandes banques françaises. Pour les solutions locatives (voir pages 10 et 85), votre interlocuteur vous guidera. Pour un logiciel en open source, les modules se bousculent ! Ils nécessitent parfois une intervention technique facturée.

(ou pas), et vous reprenez la main et affichez une page de succès ou d'échec au client, sans jamais avoir détenu ses codes CB. Ces deux intermédiaires peuvent n'en faire qu'un seul, ce sera alors votre banque.

INDISPENSABLE CONTRAT VAD

Mais, dans les deux cas, il faut que votre banque soit d'accord pour assurer la transaction. Pour cela, vous devez signer avec elle un contrat de Vente à distance (VAD). Et là, ça se corse. Dans la mesure où vos clients peuvent demander à être remboursés, et qu'entre-temps vous-même pouvez ne plus être solvable, la banque considère qu'elle prend un risque. Elle peut donc vous refuser ce contrat VAD si elle estime que vous n'avez pas les reins solides, ce qui arrive souvent pour les micro-entreprises. Il vous faudra donc aussi être persuasif pour convaincre... un banquier. Mais pourquoi passer par un intermédiaire s'il est déjà compliqué d'avoir l'accord d'une banque ? Parce qu'à service égal, les conditions financières sont parfois plus intéressantes pour le commerçant. C'est ce que vous devrez évaluer en contactant plusieurs banques et terminaux virtuels de paiement tels que Paybox et Ogone. Même si leur nom ne vous dit rien, il s'agit de sociétés sérieuses par lesquelles transitent d'ailleurs certaines banques et de grands sites marchands (dont Sephora.fr) pour valider les paiements en ligne. À vous de faire jouer la concurrence. Mais retenez que Paybox ne pourra rien pour vous si vous n'avez pas un contrat VAD avec votre banque.

LE CONTRAT VAD, ON PEUT S'EN PASSER

Et si vous n'arrivez pas à obtenir de contrat VAD ? Il y a quand même des moyens pour proposer un paiement par carte bancaire. Le plus célèbre est PayPal, solution de paiement rachetée par eBay et qui a la confiance de 150 millions d'utilisateurs dans le monde. PayPal assume le risque que la banque ne veut pas prendre, sans contrat, sans frais d'installation ni de résiliation, avec une inscription en ligne gratuite. En contrepartie, le pourcentage que vous payez sur chaque transaction risque d'être plus important. Tout dépend du chiffre d'affaires mensuel. PayPal est donc choisi comme solution unique par ceux qui lancent leur activité et n'ont pas trop de visibilité sur la progression de leur volume d'affaires. Notez qu'il n'est pas nécessaire de se créer un compte PayPal pour régler, ce qui rebute certains clients, on peut directement payer par carte en deux clics. S'il est bon d'offrir l'option PayPal sur sa boutique (il y a plus de 9 millions de comptes en France), n'avoir que ce mode de paiement peut faire tiquer, car cela signifie que vous n'avez pas réussi à avoir un contrat VAD auprès d'une banque.

COMBIEN ÇA COÛTE ? Chaque organisme prévoit plusieurs solutions. Le forfait PayPal pour démarrer une petite activité vous coûte 0,25 euro par transaction, plus 3,4 % du chiffre d'affaires mensuel s'il est inférieur à 2 500 euros, ou 2 % entre 2 500 et 10 000 euros. Penchez-vous aussi sur les conditions tarifaires de son concurrent Moneybookers (0,19 euro par transaction et 2,9 % pour un C.A. inférieur à 1 000 euros). Avec une banque, vous paierez, la première année, l'installation du module de paiement dans votre logiciel de commerce, à partir de 100 euros, et les frais d'ouverture qui vont de 150 à plus de 300 euros. Puis, chaque mois, un abonnement de 15 à 30 euros, un fixe de 0,15 à 0,50 euro par transaction et une commission de 0,5 à 1,5 %. Pour estimer la solution la plus rentable pour vous, il faudra avoir une idée de votre C.A. mensuel et du panier moyen. À partir de 2000 euros de chiffre d'affaires par mois, la banque devient généralement plus intéressante, mais ne nous croyez pas sur parole : si vous vendez des graines de plantes exotiques, le panier moyen ne sera pas le même que si vous vendez des meubles ou de l'art africain. Fort de vos premiers chiffres d'affaires réalisés, vous aurez plus de poids pour obtenir un contrat VAD. Ce qui ne vous empêchera pas de continuer à proposer PayPal pour satisfaire ceux de vos clients qui le préfèrent.

Pour une boutique qui se lance, PayPal et son concurrent Moneybookers sont des solutions de paiement en ligne privilégiées. Elles permettent, sans trop de contraintes, de proposer le règlement par carte bancaire. Tous les logiciels d'e-commerce les prévoient. En complément, un contrat de Vente à distance avec une grande banque peut rassurer les clients.

MULTIPLIER LES MODES DE PAIEMENT, C'EST SATISFAIRE LE PLUS GRAND NOMBRE D'INTERNAUTES. VOICI CE QU'IL VOUS EN COÛTERA.

Quels modes de paiement et services proposer ?

Si vous acceptez les paiements par chèque, carte bancaire et PayPal, vous proposez déjà un bel éventail de solutions à vos visiteurs pour qu'ils règlent leur panier. Selon votre activité, les services et le public que vous visez, vous prévoirez d'autres modes de règlement et différents prestataires.

PAR CARTE BANCAIRE Nous l'avons vu en pages précédentes, sur les sites de vente en ligne, le paiement par carte s'effectue avec ou sans obtention d'un contrat de Vente à distance (VAD) auprès d'un établissement qui joue le rôle de banquier. En option, selon les banques et les forfaits, vous pourrez offrir également un étalement des paiements, comme le « 3 fois sans frais » (Caisse d'Épargne, CIC...). Ou même le paiement à la réception, avec ou sans crédit, grâce à la solution Kwixo de Crédit Agricole, LCL et Fia-net. Dans le cas d'une demande de paiement étalé, votre client reçoit une réponse de principe en temps réel et il ne saisit ses coordonnées qu'une seule fois, lors de l'achat ; il n'a pas à revenir valider les mensualités suivantes, elles sont automatiquement débitées par la banque. Selon les contrats, vous accepterez également les cartes Aurore et Cofinoga en plus des classiques Carte Bleue, Visa, MasterCard et American Express.

PAR CHÈQUE ET VIREMENT Si votre client préfère vous payer par chèque, la validation de la transaction se fera manuellement, par vos soins, après réception et encaissement du chèque. Cette procédure, comme celle du virement, est évidemment prévue par tous les logiciels d'e-commerce, qui marquent la commande en attente. Un formulaire vous permet de préciser le message qui s'affichera sur l'écran du client, notamment la raison sociale et l'adresse de votre société, et vos coordonnées bancaires dans le cas d'un virement. Précisez éventuellement un montant minimum pour le paiement par chèque, une information que vous rappellerez dans votre page « Conditions générales de vente ». Vous y indiquerez aussi un délai raisonnable (par exemple, 7 jours ouvrés) pour que le client vous adresse son chèque, sinon la commande sera annulée. Certains sites marchands n'autorisent pas les virements et chèques provenant d'établissements bancaires étrangers ou monégasques, et n'acceptent de livrer qu'à l'adresse mentionnée sur le chèque, pour éviter les fraudes.

Proposé avec plusieurs logiciels d'e-commerce, le module de paiement de Moneybookers vous laisse sélectionner les cartes bancaires locales et internationales que vous souhaitez accepter. Comment savoir si beaucoup de visiteurs étrangers atterrissent sur votre site ? Grâce à l'analyse de votre audience, qui vous est expliquée au chapitre 9.

Démarrer en première

La multiplication des modes de paiement et des modes de livraison peut conduire à des situations que vous n'aviez pas prévues et qui rognent votre marge. Pour lancer votre activité, ne proposez qu'une ou deux facilités destinées au public français. Il sera toujours temps de se préoccuper de l'international.

PAR TRANSFERT DE FONDS Nous connaissons un marchand de coquillages exotiques qui n'a souvent pas d'autre choix que d'acheter et vendre par transferts de fonds de type Western Union. Sans doute à cause de l'eau de mer, les commissions sont salées, surtout lorsqu'il s'agit de petites sommes. Là encore, des modules font la jonction. La commande reste en attente jusqu'à ce que vous saisissiez le code fourni par le client. Comme la plupart des modules évoqués dans ces pages, celui-ci envoie automatiquement un mail à votre client pour lui préciser vos coordonnées et toute information nécessaire au paiement.

PAR CHÈQUE CADEAU C'est la mode, pourquoi ne pas les proposer ? Le fonctionnement est proche de celui des bons de réduction (voir page 78) puisque le client doit saisir son code, et qu'il faut prévoir le cas où le montant de la commande soit inférieur à celui du chèque cadeau et le cas des produits retournés, qui donnent lieu à des avoirs ou à la génération de nouveaux bons de réduction.

PAR MICROPAIEMENTS AUDIOTEL ET SMS Si vous vendez de petits services à télécharger, regardez du côté des micropaiements par Audiotel ou SMS surtaxés. Les modules de Allopass et Rentabiliweb assurent notamment le lien avec votre logiciel d'e-commerce. Exemple de partage des revenus : pour un SMS à 2 euros envoyé depuis la France, il vous sera reversé entre 0,73 et 0,80 euro.

ET BIEN D'AUTRES... Vous pouvez ajouter, par exemple, le paiement comptant à la livraison. Plus généralement, dans le cas de clients étrangers, il est indispensable d'étudier en parallèle les modes de livraison, et de vérifier si l'on peut facilement associer une tarification particulière pour le transport lorsque le client choisit tel ou tel mode de règlement ; cela ne va pas toujours de soi, il faut parfois savoir ruser avec les options de votre logiciel.

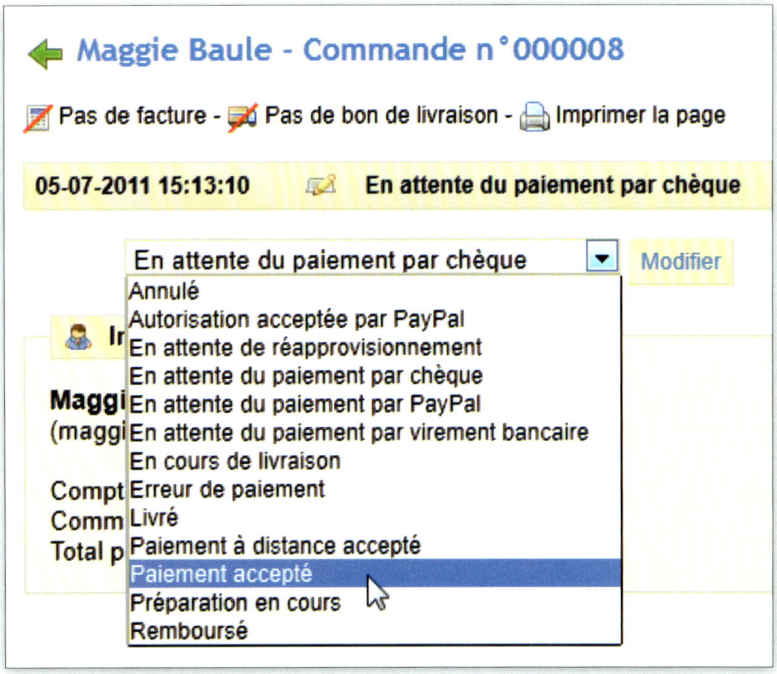

Les règlements par chèque et virement sont systématiquement proposés par les logiciels de gestion de boutiques. La commande reste en attente de paiement. Vous précisez manuellement son état d'avancement : paiement accepté, préparation de la commande, en cours de livraison, etc.

POUR LES BOUTIQUES LOUÉES

Les solutions d'e-commerce locatives vous sont fournies avec plusieurs de ces modules pré-activés, ils nécessitent juste que vous vous inscriviez sur le site du prestataire et/ou que vous souscriviez un contrat comme le VAD. Autre atout, l'éditeur de votre logiciel configure pour vous le module qui interagit avec votre banque. Certes, il vous proposera moins de modes de paiement qu'un logiciel gratuit en open source, mais les solutions retenues (CB, PayPal...) s'appuient sur des partenaires solides et renommés, répondent bien au business des commerçants, artisans et TPE, et l'éditeur négocie parfois pour vous des conditions tarifaires préférentielles pour les transactions. La création ou l'adaptation d'un module reste envisageable.

POUR LES BOUTIQUES GRATUITES

Les grands logiciels d'e-commerce en open source, eux, affichent jusqu'à une centaine d'extensions dédiées au paiement, dont beaucoup couvrent des spécificités étrangères inutiles aux commerçants français. Quelques-unes sont pré-installées (PayPal, Paybox, Ogone, Moneybookers...) et ne demandent qu'à être configurées par vous en trois clics, après souscription classique d'un contrat, ou paramétrées par le concepteur du module, moyennant une centaine d'euros. Bien entendu, ce n'est pas parce que le logiciel Magento vous est livré avec l'extension du CIC que vous ne pourrez pas confier vos transactions à BNP Paribas, vous activez et désactivez les modules comme vous le souhaitez. À noter que le module Atos SIPS, présent sur de nombreux logiciels d'e-commerce, s'interface avec toutes les grandes banques françaises et offre des dizaines d'options de paiement.

PRATIQUE POUR LES CLIENTS, SIMPLE ET RAPIDE POUR LES NOUVEAUX COMMERÇANTS, PAYPAL EST ADOPTÉ PAR LA PLUPART DES BOUTIQUES.

Créer un compte PayPal pour encaisser les paiements

PRESQUE INCONTOURNABLE PayPal a réussi son coup. Même de grands sites marchands proposent aujourd'hui ce mode de paiement, preuve que ces grandes enseignes du Web préfèrent s'acquitter d'une commission plus élevée que celle consentie à leur banque plutôt que de rater des ventes. Rappelons-le, en tout cas, avec certaines de ses formules, PayPal permet au consommateur de payer directement en indiquant son numéro de carte bancaire, sans avoir besoin de se créer un compte. Son concurrent et outsider Moneybookers, dont les tarifs sont attractifs, procède de la même manière.

PLUSIEURS FORMULES PROPOSÉES
Quant à vous, commerçant, vous devrez, bien sûr, créer gratuitement un compte PayPal afin qu'il soit crédité des sommes versées par vos clients. Avec les formules basiques (Option+ et Express pour les clients ayant un compte, ou Intégral pour ceux qui paient aussi par CB), le géant américain se rémunère uniquement à l'acte. Sa formule Intégral Évolution y ajoute un abonnement mensuel de 25 euros pour bénéficier de la garantie des paiements, ainsi que de commissions moins élevées. Cela va sans dire, PayPal, qui appartient à eBay, vous permet également de commercer sur la plus célèbre des places de marché. Si vous avez déjà un compte PayPal en tant que particulier, vous pouvez facilement le convertir en compte Business en cliquant sur le lien Surclasser. Mais ce n'est pas forcément une bonne idée de mélanger vos transactions personnelles et professionnelles...

SIMULER DES ACHATS AVEC UN COMPTE DE TEST Si vous voulez tester votre boutique en simulant des achats, créez-vous un compte de test sur **developer.paypal.com** (site en anglais). Les informaticiens appellent ça une *sandbox*, autrement dit un *bac à sable*, dans lequel vous pouvez jouer. La connexion à ce compte de test s'effectue uniquement sur ce site pour développeurs, non sur PayPal.fr. Dans ce compte, créez un premier « faux » compte préconfiguré de type Vendeur (choix *Website Payments Pro*), puis un autre de type Acheteur (*Buyer*). Une adresse mail factice sera générée pour chacun d'eux ; indiquez des mots de passe plus faciles à retenir que ceux proposés ! Dans la section Test Accounts, vous découvrez ces deux comptes, et notamment (choix *View Details*) le faux numéro de carte bancaire qui vous permettra de payer (le cryptogramme n'est pas indiqué, tapez 000). Retournez dans votre boutique, paramétrez-la comme ci-contre à l'étape 4 pour indiquer les paramètres d'authentification du compte de test. Effectuez vos achats comme n'importe quel client et choisissez de payer par PayPal.

Logo sécurisé

Quand votre client valide une transaction, il se retrouve sur le site de PayPal, qui récupère votre logo à une adresse Web que vous lui indiquez. Or, la connexion étant sécurisée entre le client et PayPal (l'adresse débute par https://), elle doit l'être aussi pour le logo. Faute de quoi, le client verra s'afficher un message d'erreur au plus mauvais moment... alors qu'il s'apprêtait à payer ! Demandez à votre hébergeur comment stocker le fichier logo sur un serveur sécurisé. Il existe aussi des serveurs SSL gratuits tels que **www.sslpic.com** mais nous ne sommes pas fans du principe.

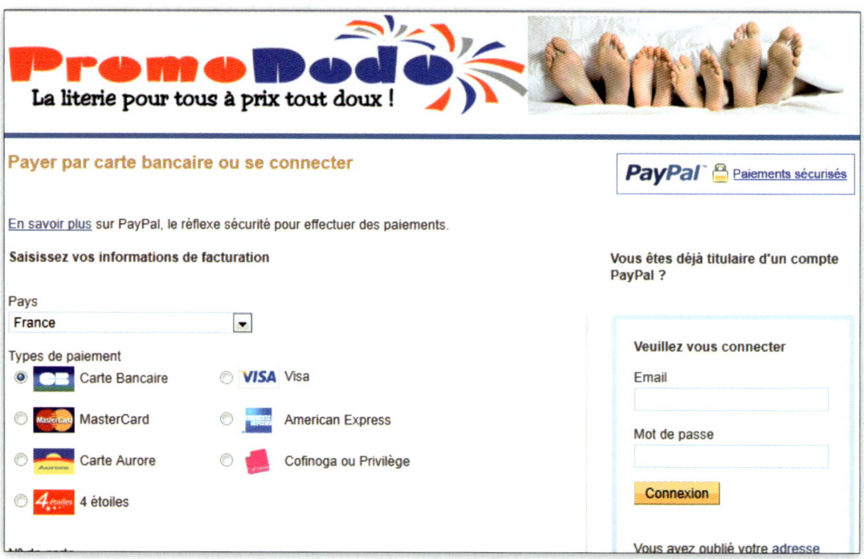

Effectuons un achat sur notre boutique de test. Pour valider le paiement, nous sommes transférés sur le site sécurisé de PayPal, qui habille sa page avec notre logo PromoDodo. On peut soit payer directement en tapant les coordonnées de la carte bancaire, soit se connecter à un compte PayPal si on en a un. Nous payons par CB. De retour dans le panneau d'administration de la boutique, la commande est marquée comme Acceptée.

COMMENT… CONFIGURER VOTRE COMPTE PAYPAL DANS LA BOUTIQUE

1 CRÉER UN COMPTE GRATUIT Rendez-vous sur **PayPal.fr** et cliquez sur le bouton Ouvrir un compte, puis sur Pour les professionnels. Remplissez les formulaires avec vos nom, prénom, etc. Vous recevez un mail de confirmation : cliquez sur le lien reçu pour valider votre adresse mail. Pour choisir votre formule, cliquez sur Configurer ma solution de paiement.

2 CHOISIR SA FORMULE Afin que vos clients puissent payer par carte bancaire ou via leur compte PayPal, sélectionnez par exemple PayPal Intégral. Vous pouvez ensuite vous rendre dans Personnaliser l'interface de paiement pour mes clients. Ne touchez pas à la TVA et aux frais de livraison, votre logiciel d'e-commerce va s'en charger. Il fournit à PayPal la somme exacte que le client doit payer. En revanche, personnalisez le logo, si vous le souhaitez.

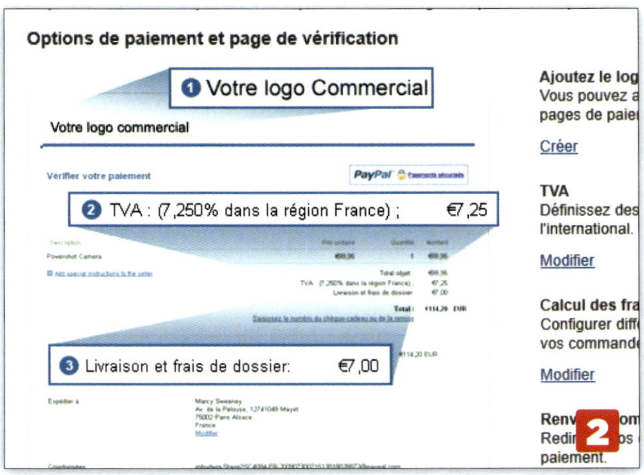

3 PERSONNALISER LA PAGE DE PAIEMENT Sur cet écran, indiquez où se trouve le fichier logo de votre boutique, ainsi que le bandeau qui s'affichera en haut de la page de paiement. Vous pouvez aussi préciser les couleurs qui agrémenteront le panier PayPal, et qui rappelleront la tonalité de votre site. Pour connaître le code d'une couleur, cliquez sur le lien « Code hexadécimal HTML » puis sur une couleur qui vous plaît : son code s'affiche, il reste à le recopier dans la case correspondante. Faites aussi un tour dans les Préférences du compte afin de vous familiariser avec ses options.

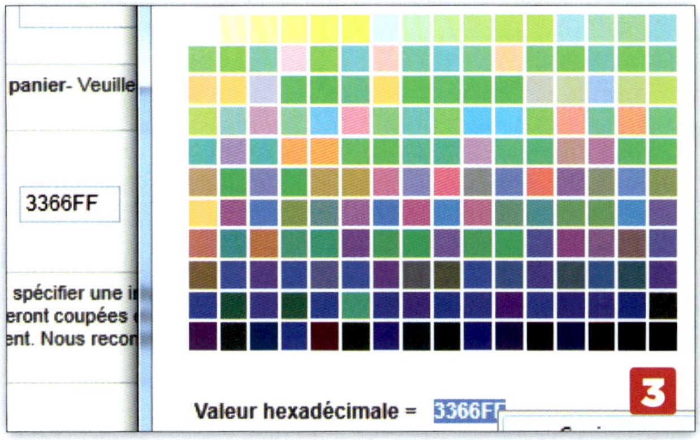

4 LIER LE COMPTE PAYPAL À VOTRE BOUTIQUE L'éditeur de votre logiciel vous donnera la marche exacte à suivre, mais il faudra sûrement vous rendre dans les Préférences de PayPal, Infos perso, Accès à l'API, pour demander une Signature API. Cette « signature » permettra à votre logiciel de vous identifier sur PayPal. Dans Prestashop, sous l'onglet Modules, catégories Paiement, repérez le module Paypal, pressez le bouton Installer puis Configurer. Sous l'onglet Solution, cochez la formule que vous aviez choisie à l'étape 2, par exemple Intégrale. Sous l'onglet Paramètres, copiez-collez les trois informations qui vous ont été données dans la signature API (vérifiez qu'il n'y a pas d'espaces ajoutés quand vous faites les copier-coller). Validez. Vos clients peuvent à présent payer par PayPal. Faites donc des essais sur des produits vendus une somme modique, puis remboursez-vous dans PayPal. Si vous avez créé un compte de test comme expliqué ci-contre, indiquez la signature API de ce compte factice pour vos essais.

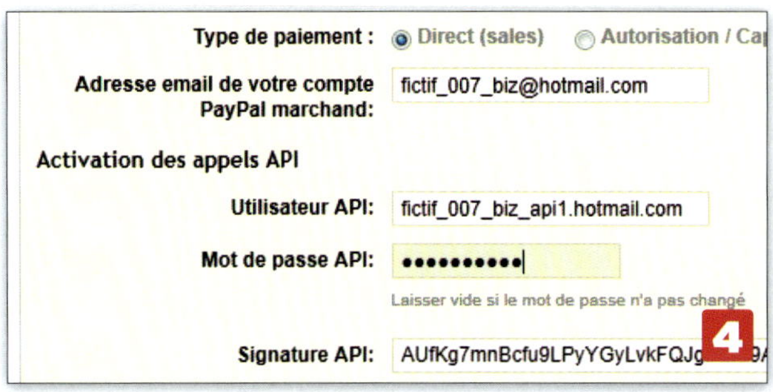

CHAPITRE 6

Simplifier le passage en caisse

COMMENT… RESPECTER LES DROITS DE VOS CLIENTS

Vos clients ont des droits, et vous, des devoirs. Voici comment concilier les deux. Votre but : transformer vos obligations légales en de véritables atouts, des garanties de sérieux qui les convaincront de sortir leur carte bancaire.

Faciliter le passage en caisse, c'est d'abord donner l'assurance à votre client que vous méritez sa confiance. Une fois qu'il a repéré des produits qui l'intéressent et rempli son panier, ultime hésitation… il ira faire un tour dans les pages présentant votre société, les modalités de livraison et de paiement, voire les mentions légales. Vous devez donc soigner ces pages pour qu'elles soient claires et correctement rédigées, sans ajouter de clauses abusives pour tenter de limiter inutilement votre responsabilité. Et jouer la transparence, aussi. Si vous planquez votre numéro de téléphone au fin fond du site pour ne pas avoir à répondre de vive voix aux clients mécontents, c'est sûr, vous n'aurez pas de râleurs, mais vous n'aurez pas de clients du tout !

Spécial SAV

Dans votre logiciel, un formulaire est généralement prévu pour que les clients puissent vous laisser des messages dont la liste s'affiche dans votre panneau d'administration pour vous aider à en assurer le suivi.

1 INDIQUER VOS COORDONNÉES

Indiquer les coordonnées postales et téléphoniques où l'on peut vous joindre est obligatoire. Précisez-les dans vos conditions générales de vente (CGV) et dans la page « Qui sommes-nous ? ». Attention, le numéro de téléphone pour le suivi de la commande et le SAV ne doit pas être surtaxé. Et vos clients seront rassurés s'il s'agit d'un numéro de téléphone fixe plutôt que mobile. Précisez des horaires réalistes auxquels vous êtes joignable.

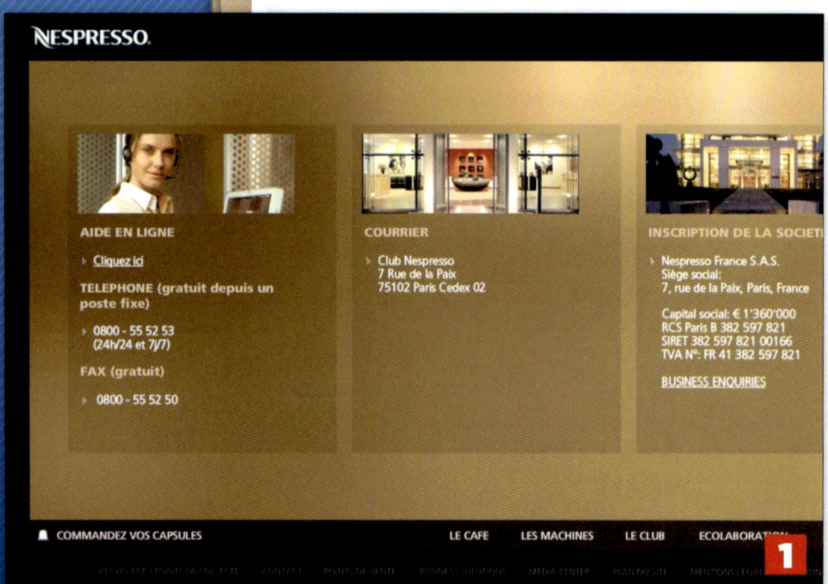

2 RAPPELER LES CONDITIONS DE RÉTRACTATION

Pour la vente à distance, le client dispose d'un délai de rétractation de sept jours (ou plus, si vous êtes prêt à faire un geste commercial) après réception de la commande, pour vous renvoyer, à sa charge, le ou certains des articles, complets, en bon état, dans l'emballage d'origine. La législation française vous oblige à lui rembourser les frais de livraison, pas ceux de retour. Selon la Fevad, le taux de

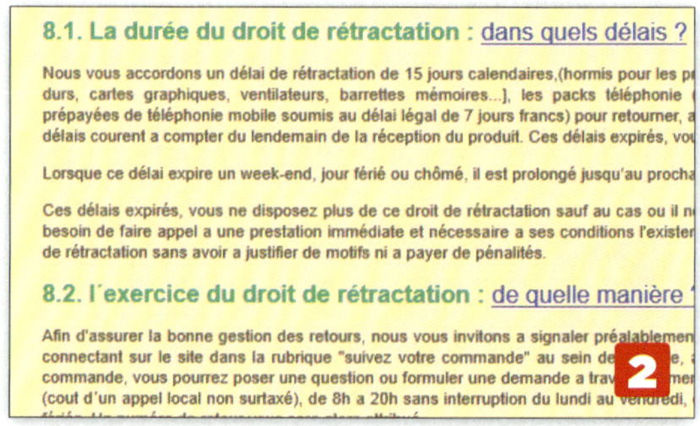

retour varie de 2 à 15 %. Notez qu'il existe certains domaines où le droit de rétractation ne s'applique pas : pour les CD et DVD, l'hébergement et les voyages, etc. En cas de rétractation du client ou de non-conformité du produit, vous ne pouvez pas imposer un bon d'achat si le client réclame le remboursement, lequel doit intervenir dans un délai maximum de trente jours.

3 PRÉCISER LA DATE DE LIVRAISON

La loi Chatel oblige à préciser la date limite de livraison. Elle doit donc être calculée en fonction de la date du jour, du type de transporteur et du mode de paiement. Il ne s'agit pas d'une information indicative ni d'une valeur moyenne mais bien d'une date qui vous engage, comme 23 décembre 2011. Sur la fiche produit, la mention d'une durée « Livré en 2 jours » semble tolérée, mais mieux vaudrait qu'une date plutôt qu'un délai soit précisée au client avant la conclusion du contrat. Ne soyez pas trop optimiste, il en va de votre réputation qui peut vite être entachée sur le Net. Et si vous promettez une livraison express dans votre ville, précisez bien que la commande doit intervenir, par exemple, avant 15 heures.

Les logiciels d'e-commerce étant souvent conçus par et pour des étrangers, le calcul de la date de livraison (qui n'est pas obligatoire dans tous les pays) n'est pas forcément prévu d'office à l'installation du logiciel. Il vous faut l'activer, comme c'est le cas dans Prestashop, module Date de livraison ; créez une règle par transporteur. Le calcul devrait tenir compte des samedis et dimanches, mais aussi des jours fériés (c'est moins sûr) censés décaler la livraison. Au fait, tenez compte aussi du temps de préparation de la commande, une option est prévue.

4 PRÉSENTER VOS CGV

Afficher ses conditions générales de vente est une autre obligation. Elles doivent mentionner les informations déjà citées et bien d'autres, comme la mise en œuvre de la garantie ou la gestion des retours. Inspirez-vous des CGV d'un grand site marchand français, dont vous adapterez les clauses. Eh oui, il faudra les lire ! Conservez une copie de chaque version de CGV quand vous les faites évoluer. Il y sera fait mention d'une déclaration simplifiée à la CNIL de votre fichier client. Rendez-vous sur **Cnil.fr** dans l'espace professionnel, section Déclarer.

5 IRRÉPROCHABLE SUR LE SERVICE APRÈS-VENTE

Nous vous l'avons dit, trouver de nouveaux clients coûte plus cher que de remotiver ceux qui vous ont déjà fait confiance. Soyez clair sur le SAV. Un accueil cordial pour le SAV et une issue rapide, a fortiori si votre interlocuteur est de bonne foi, seront perçus comme un « plus » pour votre site. Le SAV est considéré comme le point faible des petites e-boutiques, faites mentir les statistiques ce sera bénéfique pour votre chiffre d'affaires !

6 SOIGNER L'ORTHOGRAPHE

On peut être un garçon génial et collectionner les zéros en dictée. Le problème, c'est que sur Internet, vous n'avez que le texte pour convaincre vos clients. Si vous avez des lacunes, prenez le temps de faire relire les pages et les fiches produit de votre boutique, en particulier la page « Qui sommes-nous ? ».

7 PRÉVOIR DES PAGES « LIVRAISON » ET « PAIEMENT SÉCURISÉ »

Même si vous n'avez rien de plus à raconter que les autres sites marchands, mettez en avant les garanties que vous offrez à vos clients : la livraison, d'une part, et le paiement sécurisé. Nous y revenons plus en détail en pages 90-91. Voilà, le panier du client est rempli, vos objectifs le sont aussi, vous avez mis toutes les chances de votre côté pour qu'il passe à la caisse.

Plus

Les sociétés qui louent des boutiques en ligne accompagnent chaque année des milliers de commerçants et des centaines de métiers. Elles vous fourniront des Conditions générales de vente que vous pourrez adapter.

COMMENT... PERSONNALISER LA PAGE « PAIEMENT SÉCURISÉ »

Dans votre logiciel, les pages présentant les modalités de paiement et de livraison sont déjà prêtes. Il vous faudra les remplir avec soin si vous souhaitez que vos clients passent à la caisse. Éditons-en une.

Certaines boutiques jouent la complicité avec leurs visiteurs à travers leur blog ou la page « Qui sommes-nous ? ». Mais les pages de présentation des modalités de paiement et des Conditions générales de vente méritent une sobriété exemplaire. Votre logiciel marchand prévoit ces pages, il ne vous reste plus qu'à les remplir et à préciser où figureront les liens qui pointent vers elles. Vous pourrez en créer d'autres si vous le souhaitez (voir page 46). Les paiements sécurisés et la livraison sont souvent mis en valeur sur la page d'accueil du site. Toutes ces pages « légales » sont également présentes dans le pied de page qui s'affiche tout le site. Voyons comment les personnaliser dans Prestashop.

1 LA PAGE FINALE Voici la page telle que nous souhaitons l'obtenir. Une petite puce graphique bleue, quelques logos dont on vérifiera qu'il s'agit bien des logos officiels, du texte auquel on applique des styles de paragraphe prédéfinis, et un petit tableau.

2 OUVRIR L'ÉDITEUR DE PAGES Ces pages, dont la structure diffère de celles des fiches produit, Prestashop les appelle des pages CMS (pour *Content Management System*). Pour les consulter, cliquez sur l'onglet Outils puis sur le lien CMS. Un clic sur une page l'affiche dans la boutique. Pour l'éditer, cliquez plutôt à droite sur l'icône crayon. L'éditeur est le même que celui vu en pages 54-55.

3 RENOMMER LA PAGE Laissez la page liée à la catégorie Accueil et renommez-la éventuellement. Les champs META et URL Simplifiée se destinent aux moteurs de recherche comme Google (lire page 46).

4 OÙ STOCKER VOS IMAGES ? Placez vos images et logos dans le dossier **/prestashop/img/cms** ou dans l'un de ses sous-dossiers. Dans l'éditeur de page, cliquez sur le bouton Passer en mode plein écran, ce sera plus confortable. Quand vous insérez une

Sécurité bien ordonnée...

Pour vous, commerçant, la sécurité des paiements, c'est être sûr que vos clients honoreront leurs factures. Fia-Net assure la détection de fraude et vous informe de la « qualité » des acheteurs par un système de notation. ClicProtect vous rembourse en cas de litige non résolu.

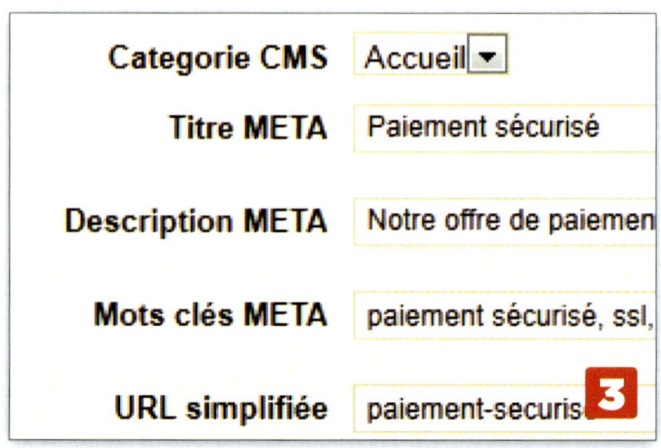

image, une première boîte de dialogue s'affiche, cliquez sur l'icône Parcourir. Sélectionnez l'image et pressez Select. Vous êtes de retour dans la première boîte de dialogue.

5 **MODIFIER LES OPTIONS DE L'IMAGE** Inscrivez un court descriptif pour cette image, puis passez à l'onglet Apparence. C'est là que vous indiquez si l'image doit être cadrée à gauche, par exemple, avec le texte qui s'affiche à côté. Jouez sur l'espacement horizontal pour que le texte ne soit pas collé à l'image, et sur l'espacement vertical pour centrer l'image par rapport au texte. Ici, vous redimensionnerez aussi l'image au pixel près, sans la déformer. Le redimensionnement peut également s'effectuer directement dans l'éditeur de page, en tirant sur les poignées. Et pour modifier rapidement ses options, cliquez sur une image avec le bouton droit de la souris. Enfin, notez qu'à la différence des JPEG, les images détourées aux formats GIF et PNG peuvent comporter un fond transparent.

6 **PERSONNALISER UN TABLEAU** Essayez maintenant d'ajouter un tableau. Si vous voulez fixer précisément la largeur d'une colonne, on vous le dit, c'est dans les propriétés de la Cellule qu'il faut aller (par exemple, la première cellule de la colonne). Et les bordures ? Notre tableau à l'étape 1 n'en a pas, mais le vôtre, si. Ne vous escrimez pas à mettre *Bordure = 0* dans les propriétés du tableau, cela ne sert à rien. C'est le thème graphique de votre boutique qui fixe cette règle. Mais au chapitre 2 vous avez vu qu'avec Firefox et son extension Firebug, vous pouviez facilement savoir où sont codés les attributs dans la feuille de style (voir page 36). Vous voulez essayer ? Voici comment faire. Pressez le bouton Enregistrer pour ne pas perdre vos modifs, affichez la page « Paiement sécurisé » dans la boutique, inspectez le tableau entier, vous constatez que la bordure est définie dans le fichier Global.css, chez nous en ligne 327. On édite le fichier avec le logiciel Notepad++, on entoure l'instruction *border: 1px #e5e6e7 solid;* par des signes /* et */ pour qu'elle soit ignorée, elle passe en vert comme toutes les lignes ignorées du fichier, et comme ça, on la retrouvera plus facilement si on regrette plus tard la modif. Et juste au-dessus, donc, on inscrit *border: 0px;* pour supprimer la bordure (zéro pixel). On enregistre, puis on actualise (touche F5) la page Paiement de la boutique pour vérifier.

7 **SE FAIRE AIDER** Nous avons corsé la manip dans cette 6e étape. Le plus souvent, les icônes de l'éditeur devraient vous suffire. Cela dit, n'abandonnez pas trop vite si vous ne parvenez pas à obtenir ce que vous souhaitez. Les forums sont là pour vous aider, et d'ailleurs constatez : en tapant la question dans Google, la première réponse est la bonne !

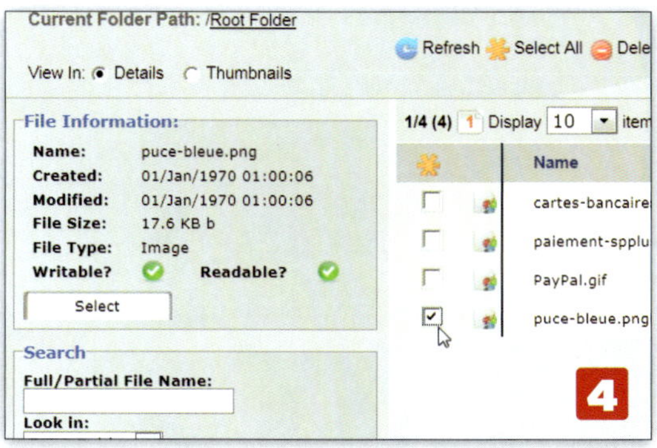

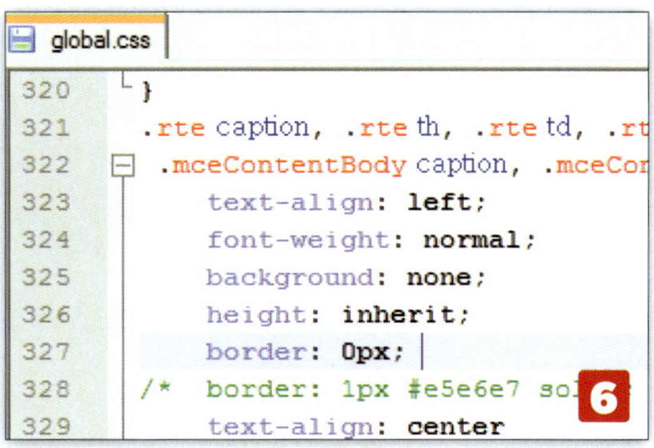

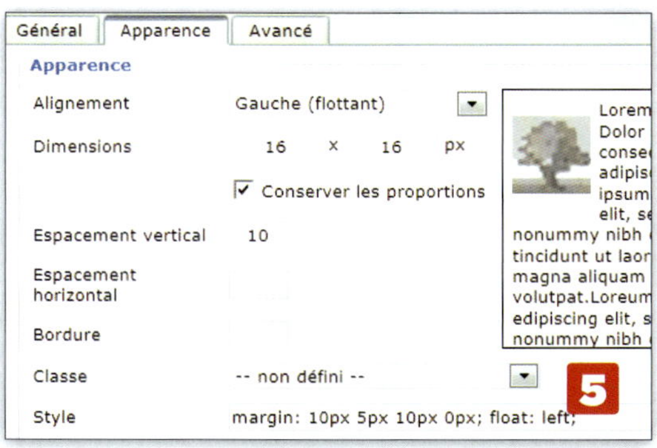

Où est le copier-coller ?

Dans l'éditeur de pages, sélectionnez du texte, des paragraphes, des images, et cliquez dessus avec le bouton droit de la souris. Vous pouvez alors copier ou coller ces éléments ailleurs dans la page. Pour des raisons de sécurité, cela ne fonctionne pas avec le navigateur Firefox, du moins sans une intervention de votre part, qui est expliquée (en anglais) quand vous cliquez sur OK. Mais les copier-coller fonctionnent dans Internet Explorer.

CHAPITRE 7

Maîtriser vos outils de gestion

À DÉCOUVRIR DANS CES PAGES

Maîtriser vos outils de gestion

Quel type de vendeur êtes-vous ? Adepte des flux tendus, vous êtes prêt à vendre un produit que vous n'avez pas sur vos étagères ? Ou au contraire, du genre ceinture et bretelles, vous préférez empêcher l'achat d'un article provisoirement en rupture de stock ? Il n'y a pas de bonne ou de mauvaise réponse, tout dépend de votre capacité à vous réapprovisionner rapidement, et de votre politique commerciale. Mais avant d'ouvrir votre boutique, vous devrez réfléchir à la manière dont vous allez gérer votre stock et vos clients, en profitant de tous les outils présents.

LES COMMANDES DÉFILENT, IL FAUT GÉNÉRER LES FACTURES, PRÉPARER LES COLIS, IMPRIMER LES BONS DE LIVRAISON, SANS PERDRE LA CADENCE.

La gestion et la préparation des commandes clients

Le meilleur moyen de vous familiariser avec les outils de gestion de votre boutique, c'est encore de passer des commandes pour voir comment le logiciel réagit. Vous constaterez que beaucoup d'opérations sont automatiques, comme l'envoi d'e-mails ou l'établissement de la facture, à condition que vous paramétriez bien ces éléments au préalable.

LA COMMANDE, CÔTÉ CLIENT... Quand un internaute ajoute un produit à son panier, ce panier est sauvegardé et lui sera reproposé même s'il revient deux jours plus tard. Le visiteur valide sa commande ? Automatiquement, il reçoit une notification par mail. En attendant la livraison, il peut repasser sur votre boutique et se connecter à son espace Mon Compte. Par exemple, pour récupérer ou imprimer la facture au format PDF, ou plus probablement pour découvrir l'état d'avancement de sa commande. Pour le rassurer, vous avez prévu que le franchissement de certaines étapes donnerait lieu à l'envoi d'un nouveau message : « Préparation en cours », puis « Votre colis a été pris en charge par notre transporteur »... Voilà votre client rassuré. N'empêche, après réception de son colis, il garde la possibilité de vous retourner un ou plusieurs articles en vous prévenant par téléphone, ou directement en vous renvoyant les produits accompagnés d'un petit mot.

... ET CÔTÉ COMMERÇANT Depuis votre logiciel, vous avez connaissance de tous les paniers en cours, qu'ils aient ou non été remplis par un visiteur enregistré, et qu'ils se concrétisent ou non par une commande ferme. Et vous parcourez bien entendu la liste des commandes passées. Vous pouvez les éditer une par une pour en connaître le détail et modifier leur état d'avancement. Dommage, toutes les solutions d'e-commerce ne disposent pas d'outils de traitement par lot pour faciliter le changement d'étape pour un groupe de commandes, ou l'impression de 20 fiches pour préparer les colis de la matinée. Une PME, elle, doit s'assurer que son logiciel prévoit la création de « comptes salariés » qui n'offrent éventuellement qu'un accès restreint à l'administration du site, par exemple des comptes pour les gestionnaires de stock et d'autres pour les préparateurs de commandes.

CONSULTER UNE COMMANDE Affichez donc le détail d'une commande... Vous y consultez la facture et le bon de livraison, un clic sur le nom du client dévoile sa fiche. Là, aussi, vous découvrez les commentaires laissés par le client et pouvez y répondre par l'envoi de réponses types (libre à vous d'enrichir la liste). Il y a notamment un message type indiquant que l'un des produits est en cours de réapprovisionnement et risque de retarder l'envoi.

Date	Statut
18-07-2011 00:12:41	Paiement accepté

Commande : n°000002
Transporteur : My carrier
Méthode de paiement : PayPal
Téléchargez votre facture au format PDF
Vous avez accepté de recevoir votre commande dans un emballage recyclé.

Facture	Livraison
Jeanne Azerty 5, avenue Boyer 06500 Menton France 04 93 00 00 00	Jeanne Azerty 5, avenue Boyer 06500 Menton France 04 93 00 00 00

Référence	Produit	Quantité	Prix unitaire
--	Masque de Venise Renaissance	1	550,00 €
--	Chandelier Marquise	1	70,00 €

Le client qui passe une commande peut en suivre l'état d'avancement dans son espace privé. Lorsqu'il reçoit le colis, une option s'affiche pour lui permettre de retourner un produit.

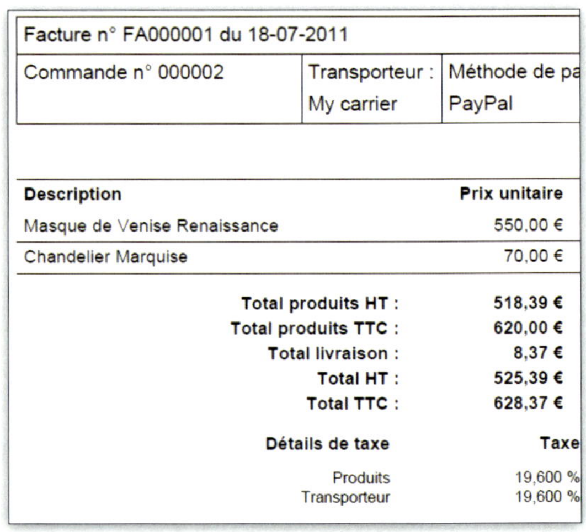

Facture n° FA000001 du 18-07-2011

Commande n° 000002	Transporteur : My carrier	Méthode de pa[...] PayPal

Description	Prix unitaire
Masque de Venise Renaissance	550,00 €
Chandelier Marquise	70,00 €

Total produits HT :	**518,39 €**
Total produits TTC :	**620,00 €**
Total livraison :	**8,37 €**
Total HT :	**525,39 €**
Total TTC :	**628,37 €**
Détails de taxe	**Taxe**
Produits	19,600 %
Transporteur	19,600 %

La facture générée reprend votre logo et mentionne le détail de la commande : mode de paiement, prix HT et TTC des articles, adresse et coût de la livraison, transporteur.

En direct du SAV

Dans Prestashop, comme chez la plupart de ses concurrents, un formulaire spécial « Contactez-nous » permet aux visiteurs de déposer un message. Dans l'onglet Employés, section SAV, vous découvrez les messages et disposez de fonctions pour y répondre ou placer la demande en attente de résolution.

LA PRÉPARATION ET L'EXPÉDITION

La préparation et l'expédition se gèrent sans trop d'encombres avec un petit nombre de colis quotidien. Mais tous les logiciels n'assurent pas si facilement, par exemple, l'impression d'étiquettes avec les coordonnées de livraison du client. Et puis, quand le rythme des commandes s'accélère, mieux vaut se faire aider pour la logistique. Il existe alors des passerelles facilitant le transfert des coordonnées des clients dans le logiciel Expeditor I-Net de la Poste, pour des envois par Colissimo : vous imprimez les étiquettes, conservez l'historique de vos envois, gardez un œil sur le budget consacré à l'expédition ; et en réimportant les numéros de colis dans votre logiciel d'e-commerce, vos clients pourront « suivre » leur colis. Selon le module greffé à votre panneau d'administration (ou prévu par votre boutique clé en main), le statut de la commande se met à jour grâce aux informations fournies par le transporteur, vous n'aurez pas à le faire manuellement. Pour aller encore plus vite, vous pourriez même préparer vos commandes à l'aide d'une « douchette laser USB » qui lit des codes à barres sur la facture, mais cela demande des développements spécifiques.

SUIVRE LES STOCKS L'un de vos produits phares mériterait d'être réapprovisionné dare-dare ? Pas de panique, différents outils et tableaux de bord vous l'indiquent. Et si vous n'avez pas le temps de les consulter, un mail automatique viendra vous en rappeler l'urgence. De même, si vous vendez certains de vos produits sur eBay (mais au fait, avez-vous créé une boutique eBay pour ne pas payer de frais d'insertion à chaque ajout de produit ?), tout changement dans vos stocks est répercuté d'office sur la place de marché. Idem pour les commandes validées sur eBay : elles sont rapatriées et gérées dans le panneau d'administration de votre boutique.

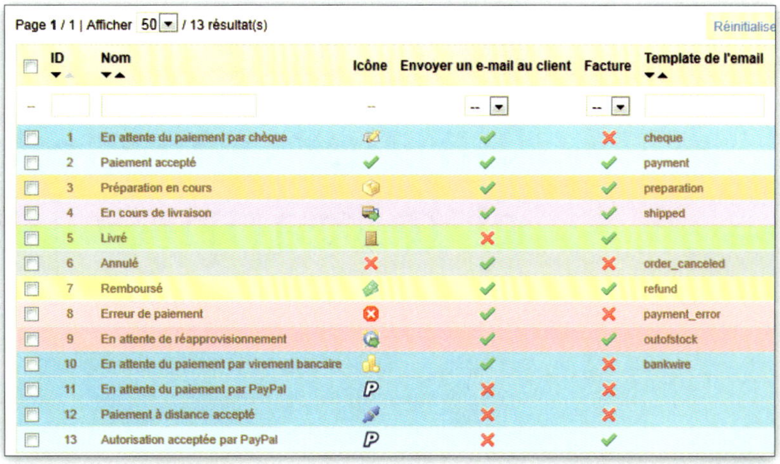

ID	Nom	Icône	Envoyer un e-mail au client	Facture	Template de l'email
1	En attente du paiement par chèque		✓	✗	cheque
2	Paiement accepté		✓	✓	payment
3	Préparation en cours		✓	✓	preparation
4	En cours de livraison		✓	✓	shipped
5	Livré		✗	✓	
6	Annulé		✓	✗	order_canceled
7	Remboursé		✓	✓	refund
8	Erreur de paiement		✓	✗	payment_error
9	En attente de réapprovisionnement		✓	✓	outofstock
10	En attente du paiement par virement bancaire		✓	✗	bankwire
11	En attente du paiement par PayPal	P	✗	✗	
12	Paiement à distance accepté		✗	✗	
13	Autorisation acceptée par PayPal	P	✗	✓	

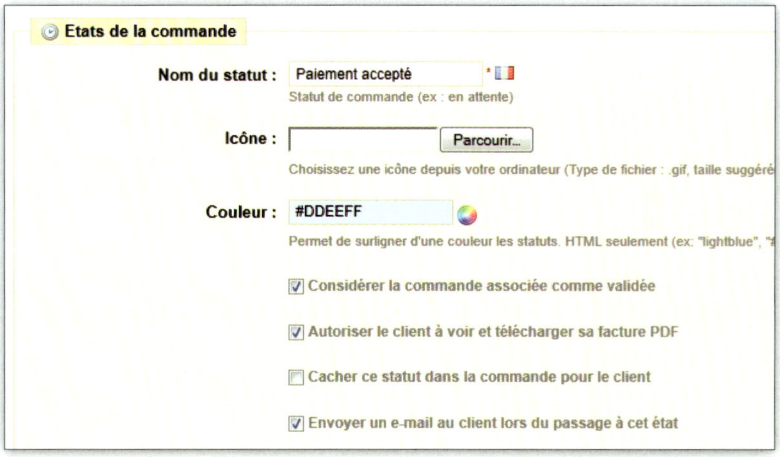

Paiement accepté, puis Préparation en cours, puis En cours de livraison... la commande respecte une suite d'étapes qui dépend des modes de règlement et de livraison. Vous précisez si le passage à chaque étape doit s'accompagner d'un e-mail au client.

GÉRER LES RETOURS DE PRODUITS

Un problème de taille ou de couleur, un colis abîmé... il se peut que vos clients vous retournent tout ou partie de la commande reçue et réclament, soit un remboursement, soit un bon d'achat. Comme nous allons le voir en page 98, ces aléas sont heureusement prévus par votre logiciel d'e-commerce.

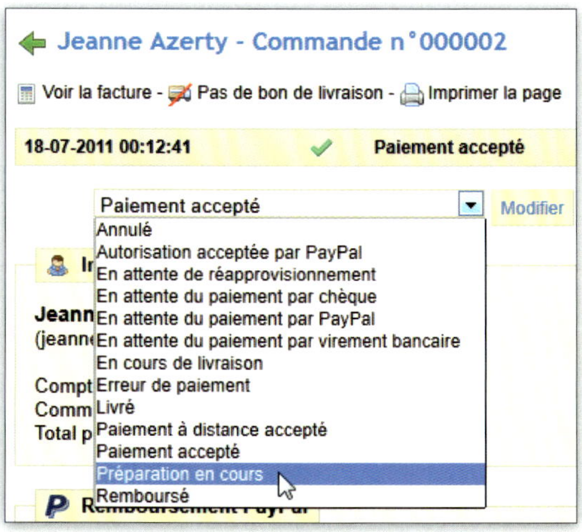

Le règlement par carte bancaire via PayPal s'est correctement déroulé, ce que vous indique le statut « Paiement accepté ». Vous pouvez donc lancer la préparation de la commande...

Ici, vous consultez le détail de la commande ainsi que les éventuels commentaires laissés par le client. Vous y répondez par un message personnalisé ou prédéfini.

MÊME SI VOTRE CATALOGUE NE COMPORTE QUE QUELQUES DIZAINES DE PRODUITS, VOUS DEVREZ DÉFINIR UNE POLITIQUE DE STOCK.

Garder un œil sur les stocks et le réapprovisionnement

Quand on lance son activité sans savoir précisément quels produits vont séduire les visiteurs, il peut y avoir quelques ratés dans les réapprovisionnements. Selon la rareté des articles que vous vendez, vos clients seront plus ou moins patients. Mais plutôt que de compter sur leur souplesse, mieux vaut définir d'emblée votre politique de gestion des stocks.

LE PRODUIT N'EST PAS EN STOCK

Un produit est à votre catalogue, mais il n'est pas en stock. Votre logiciel vous permet de définir au niveau de tout le catalogue ou de chaque article si un internaute pourra quand même le commander. Vous aurez généralement le choix entre masquer la fiche (au risque que l'article soit déréférencé par les moteurs de recherche comme Google, est-ce vraiment une bonne idée ?), garder la fiche visible mais en interdire l'achat, ou autoriser quand même l'achat. Dans ce dernier cas, il faut alors que la fiche produit indique clairement les délais de réapprovisionnement. Cette mention sera tout aussi indispensable si, en tant qu'artisan, vous avez besoin de temps pour réaliser vos créations.

LE PRODUIT DEVRAIT ÊTRE EN STOCK

Il devrait l'être… mais il n'y est pas. Le stock informatique et le stock réel ne correspondent, hélas, pas toujours exactement. Parce qu'un article a été abîmé, ou parce qu'il a « disparu » de son étagère. Les professionnels de la vente à distance incitent à la plus grande transparence avec le client. Dès que vous constatez qu'un produit va manquer pour compléter une commande, alertez le client par mail ou par téléphone. Proposez-lui, par exemple, de transmettre la première partie de la commande et de la faire suivre par un second envoi dont il ne paiera pas les frais de livraison. Ou alors, s'il semble pressé, proposez de supprimer le produit manquant de sa commande. N'oubliez pas au passage de réduire votre stock afin qu'un autre client ne subisse pas la même mésaventure.

LE PRODUIT PASSE SOUS LE SEUIL D'ALERTE Votre logiciel comporte aussi sûrement une option pour vous informer par mail lorsqu'un produit passe sous un seuil que vous fixez. Ce seuil peut être commun à tout le catalogue ou spécifique à chaque produit, pour une gestion des stocks plus fine. C'est le moyen le plus efficace d'être alerté de la nécessité d'un réapprovisionnement sans avoir besoin de scruter continuellement l'état du stock. Mais, soyons réalistes : si vous démarrez avec un petit catalogue, un coup d'œil régulier à vos catégories suffira à éviter les bévues. Quand votre catalogue grossira et que les commandes afflueront, familiarisez-vous avec les autres outils, comme les statistiques de vente, qui vous aideront à estimer l'intérêt suscité par un produit et à adapter son seuil d'alerte.

Alertes SMS

Pour être tenu au courant par SMS de toute nouvelle commande ou mouvement de stock dans Prestashop, activez le module SMS TM4B (Text-Messaging for Business). Le module est gratuit mais le service est payant.

	ID	Photo	Nom	Prix de base	Prix final	Quantité	Position	Statut	Actions
	35		Coffret Dominos	100,33 €	120,00 €	-1	7		
	33		Malle aux trésors	376,25 €	450,00 €	1	5		
	10		Coffre cuir et bois	250,00 €	299,00 €	2	1		
	11		Coffret écrin	66,89 €	80,00 €	4	2		
	34		Petit coffre Rustica	37,63 €	45,00 €	5	6		
	12		Coffret rustique	108,70 €	130,00 €	7	3		
	13		Coffret bois auburn	37,63 €	45,00 €	20	4		

Quand on consulte une catégorie de produits, on clique sur la Quantité pour trier les articles sur leur stock et découvrir quels produits devraient être réapprovisionnés. Ci-contre, le Coffret Dominos est à – 1, un client l'a donc commandé mais le produit n'est pas en stock. En revanche, même si la Malle aux trésors n'est qu'à 1, rien ne dit qu'il faille en recommander d'autres. Peut-être ne se vend-elle pas… Quand on gère un gros catalogue, un détour par les statistiques de vente s'impose.

COMMENT… ÉVITER LA RUPTURE DE STOCK ET GÉRER LE SEUIL D'ALERTE

1 VOIR LES STOCKS D'UNE CATÉGORIE Dans Prestashop, plusieurs indicateurs vous éclairent sur la situation de vos stocks. Lorsque vous consultez une catégorie (onglet Catalogue), la liste des produits vous dévoile le stock actuel de chacun. Pour les trier par ordre croissant, cliquez sur le petit triangle noir pointant vers le haut, juste sous le libellé Quantité. Les articles les moins fournis apparaîtront en premier. Pour revenir au classement initial (l'ordre d'apparition des produits tels qu'ils sont vus par le client), cliquez sur le petit triangle noir dans la colonne Position.

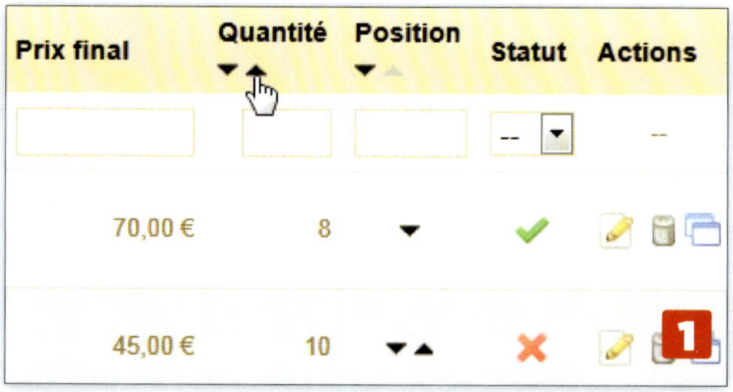

Prix final	Quantité	Position	Statut	Actions
			--	--
70,00 €	8			
45,00 €	10			

1

2 FIXER UN SEUIL D'ALERTE Contrairement à Magento, Oxatis et d'autres, Prestashop ne permet pas pour l'instant de préciser un seuil pour chaque produit. Pour indiquer un seuil d'alerte commun à tout le catalogue, il vous faut d'abord activer le module « Alerte e-mail » qui se trouve dans la section Administration. Une fois pressé le bouton Installer, cliquez sur le lien Configurer. Les notifications s'adressent à vous, le marchand, pour toute nouvelle commande et/ou si un produit passe sous le seuil indiqué ; mais aussi aux visiteurs qui sont intéressés par un produit temporairement indisponible (voir étape 3).

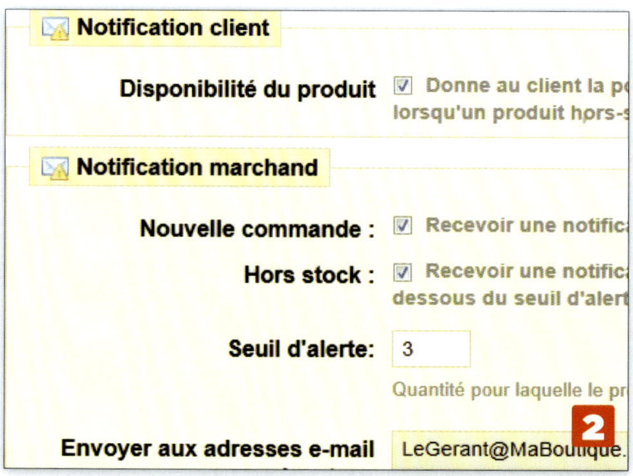

3 CHOISIR UNE STRATÉGIE Si un produit est indisponible, laisserez-vous le client le commander tout de même ? Vous le précisez à titre collectif dans les Préférences, section Produits. Dans la fiche de chaque article, vous pouvez également modifier ce choix et indiquer un message précis quand le produit est en rupture. Ci-dessous, voici ce que le client verra sur la fiche suite aux paramétrages de nos étapes 2 et 3.

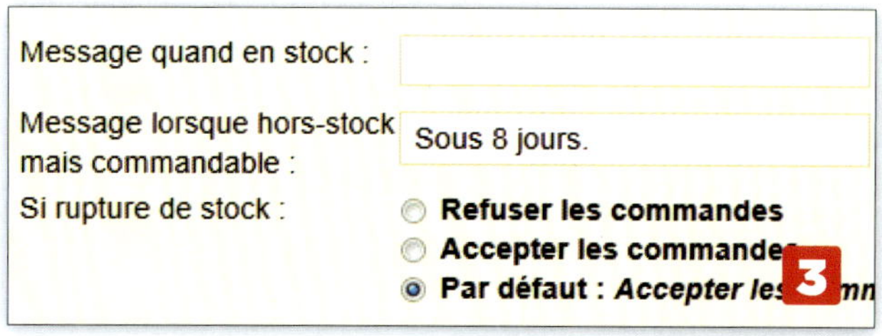

4 STATS À GOGO Dans l'onglet Catalogue, section Mouvements de stock, vous découvrirez également toutes les variations de stock dues à une commande ou à l'action de l'un des salariés intervenant dans l'administration de la boutique. Ne manquez pas également l'onglet Stats, très instructif. Consultez notamment les rubriques Statistiques catalogue, Détail produit, Meilleurs produits, Meilleures catégories, Stats stock, et Tableau de bord statistiques. Chacun vous livrera des indicateurs précieux pour gérer vos stocks.

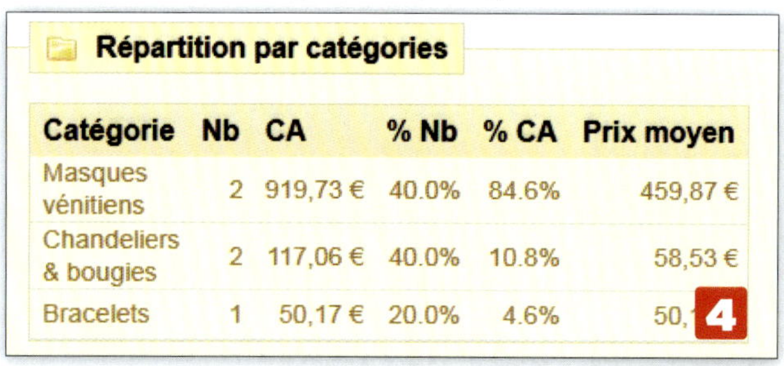

Répartition par catégories

Catégorie	Nb	CA	% Nb	% CA	Prix moyen
Masques vénitiens	2	919,73 €	40.0%	84.6%	459,87 €
Chandeliers & bougies	2	117,06 €	40.0%	10.8%	58,53 €
Bracelets	1	50,17 €	20.0%	4.6%	50,[illegible]

4

COMMENT... REMBOURSER DES PRODUITS À UN CLIENT

Cela vous arrivera forcément : qu'il s'agisse du droit de rétractation légal ou d'une erreur de votre part, un client vous renvoie des produits et en réclame le remboursement. Prenez la chose du bon côté, voici comment procéder.

Hormis pour quelques catégories de produits tels que les logiciels et les CD/DVD, un consommateur qui achète par correspondance dispose d'un délai de sept jours pour se rétracter et renvoyer les articles qui ne lui conviennent pas. Il n'a aucune justification précise à vous donner, mais doit en revanche retourner chaque article complet et dans son emballage d'origine. La loi française vous impose de lui rembourser également les frais de livraison, mais pas les frais de retour qui sont à sa charge (sauf s'il s'agissait d'une erreur de votre part). Si le client conserve certains produits commandés, le retour sera donc partiel. Certains commerçants ne remboursent alors que partiellement les frais de livraison, ce qui semble logique si l'internaute a commandé une armoire normande et un petit napperon puis vous réclame le remboursement du napperon... Hélas, il est peu probable que votre logiciel d'e-commerce gère ces subtilités de fractionnement de frais de livraison, vous devrez donc vous-même faire le calcul. Vous disposez d'un délai de 30 jours pour rembourser la somme.

1 AUTORISER LES RETOURS

Lorsque vous installez Prestashop, les retours de produits ne sont pas gérés. Rendez-vous alors dans l'onglet Commandes, lien Retours produits, cochez la case Activer les retours. Si vos conditions générales de vente prévoient un délai de rétractation supérieur à sept jours, précise-le : quinze jours, par exemple.

2 LE RETOUR, CÔTÉ CLIENT

Dans Prestashop, le client peut vous informer d'un prochain retour en se connectant à son espace Mon Compte. Cette

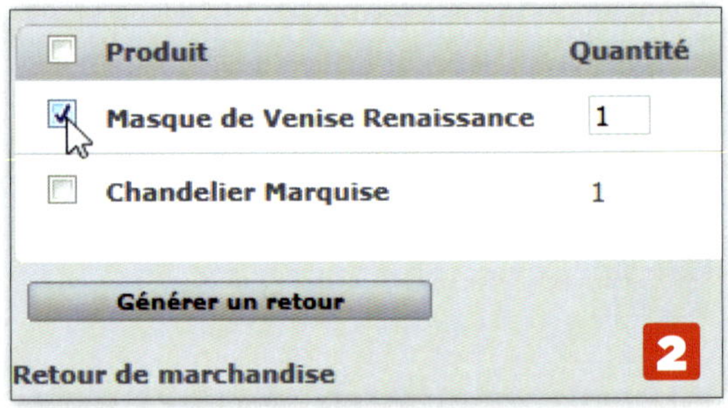

possibilité ne lui est toutefois offerte que lorsque la commande a atteint le statut « Livré ». Dans ce cas, quand il consulte le détail de sa commande, des cases à cocher en regard de chaque produit lui permettent d'en retourner certains après un appui sur le bouton « Générer un retour ». Si un client vous prévient du retour par téléphone, incitez-le à remplir ce formulaire. S'il ne le fait pas et que vous ne le faites pas à sa place (en vous connectant avec son compte), passez à l'étape 4.

3 LE RETOUR, CÔTÉ BOUTIQUE

Les demandes de retour des clients s'affichent dans la liste de l'onglet Commandes, dans la section Retours produits.

Première phase : la demande figure en attente de confirmation. Dès que vous aurez reçu le colis du client, vérifiez s'il est complet. Cliquez sur la

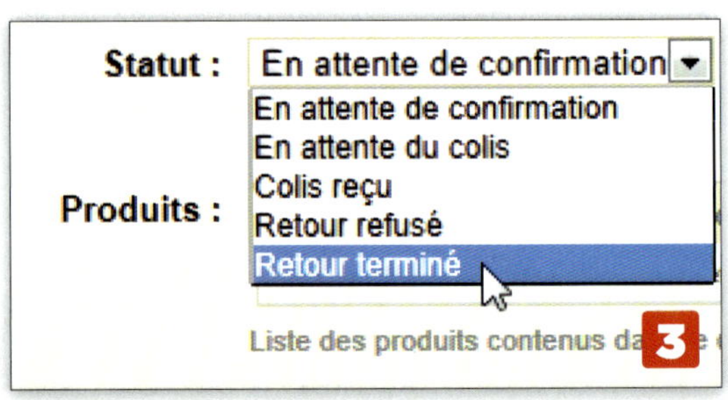

Liaisons commerciales

Renseignez-vous. Des modules inclus ou optionnels sont sûrement prévus afin d'injecter automatiquement le détail des stocks, des commandes, des factures dans votre logiciel de gestion comptable ou commerciale, par exemple les programmes édités par Ciel et EBP. Prévoyez de nombreux tests et vérifications, car ces passerelles fonctionnent rarement du premier coup.

demande de retour et changez son statut. On suppose ici que la restitution est justifiée et l'on souhaite régler rapidement l'affaire. On coche donc le statut Retour terminé, puis on édite la commande dans la foulée.

4 GÉRER LE RETOUR

Nous voici à présent dans la commande. N'intervenez à ce stade que lorsque vous avez reçu et vérifié le colis. Cochez les cases des produits rendus, sous la colonne Retour, précisez éventuellement le nombre de produits renvoyés.

5 GÉNÉRER UN AVOIR OU UN BON DE RÉDUCTION

Juste en dessous, la case à cocher « Réinjecter » sert à remettre le ou les produits en stock. Vous ne la cocherez que si, après vérification, les articles ne sont pas défectueux ou impropres à la vente. Vous avez ensuite la possibilité de générer un avoir ou un bon de réduction, voire les deux.
En créant un avoir, vous produisez un document officiel indiquant au client le montant que vous comptez lui rétrocéder. Du coup, certains commerçants pensent que le remboursement est effectif : la réponse est non. Cet avoir n'est rien d'autre qu'une intention formelle, un document comptable, il n'y a pour l'instant aucun flux financier. En revanche, si le client est d'accord pour recevoir un bon de réduction à utiliser sur votre site, ce bon devient un moyen de paiement, il sera crédité de la somme à rembourser. Quand vous cochez l'une de ces deux cases, une quatrième case apparaît : « Inclure frais de port ». Cochez-la si vous devez également rembourser la totalité des frais de livraison. Enfin, cliquez sur le bouton « Retourner les produits ».

6 REMBOURSER LE CLIENT

Votre logiciel d'e-commerce serait bien incapable d'effectuer un virement sur le compte du client : à aucun moment, vous n'avez détenu ses coordonnées bancaires. Vous pouvez au mieux lui établir un chèque puisque vous connaissez son nom et son adresse (c'est ce que font la plupart des e-commerçants, avec mention dans leurs CGV). Ou, si le client vous fournit un RIB, effectuer manuellement un virement sur son compte. Le remboursement peut toutefois être simplifié si votre client vous avait payé via PayPal. Dans ce cas, tout en haut de la commande, un bouton Remboursement PayPal est prévu. Le compte client sera recrédité.

7 CONSULTER LES AVOIRS

Dans l'onglet Commandes, sous la section Avoirs, vous consultez la liste des avoirs générés et pouvez en afficher un en cliquant sur son nom. Le client a, lui aussi, l'opportunité de consulter l'avoir au format PDF depuis son espace perso.

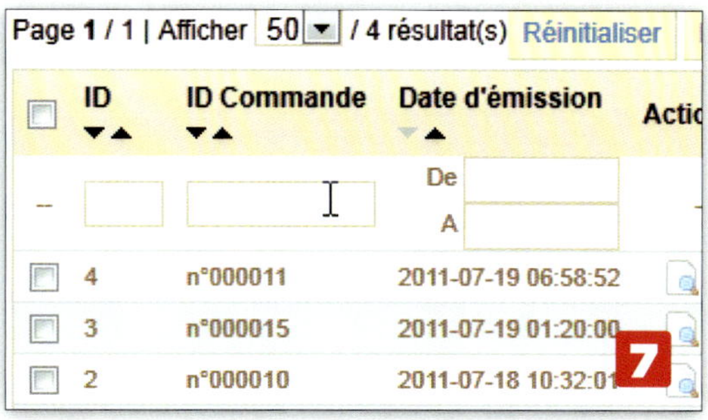

8 VOIR LE BON DE RÉDUCTION

Si le client a accepté un remboursement par bon de réduction, le code de ce bon s'affiche dans son espace Mon Compte. Vous-même pouvez consulter tous les bons de réduction dans l'onglet Paiement.

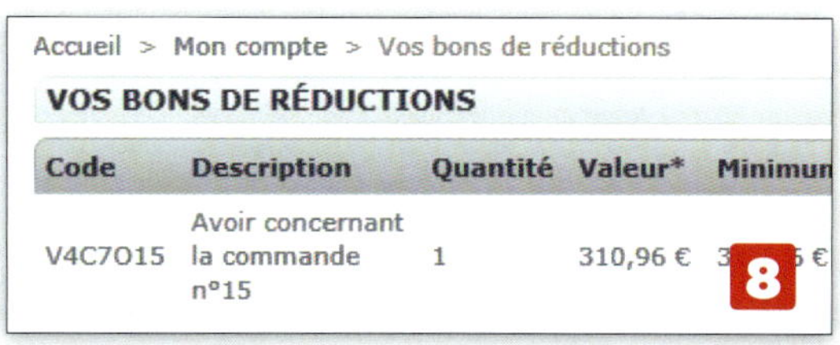

Soyez bon !

Si le client a accepté un remboursement par bon de réduction à dépenser sur votre boutique, vérifiez-en les conditions d'utilisation dans l'onglet Paiement. Durant nos essais, Prestashop générait en effet un bon dont le comportement était : « Réduire la valeur du bon à celle de la commande ». Autrement dit, vous remboursez 300 euros à un client, il fait une nouvelle commande de 100 euros avec ce bon… il perd donc 200 euros ! Dans la liste des comportements, mieux vaudrait choisir « Créer un nouveau bon de réduction avec le montant restant ». Si vous voulez faire un geste commercial, augmentez aussi la valeur du bon (lire également page 78).

COMMENT... PRIVILÉGIER DES GROUPES DE CLIENTS

Profitez des « groupes de clients » pour récompenser vos meilleurs acheteurs ou pour adapter le site aux visiteurs professionnels. Votre logiciel permet de créer autant de groupes que vous le souhaitez.

Regrouper vos clients est une autre facilité offerte par les logiciels d'e-commerce. Vous n'afficherez ainsi à vos acheteurs professionnels que des prix hors taxes au lieu de TTC. À vos clients étrangers, vous ne vendrez peut-être que certaines catégories de produits. Et à vos meilleurs clients, vous souhaiterez par exemple accorder une remise commerciale de 5 % sur toute la boutique ou sur une simple catégorie de produits.

1 LES ABONNÉS À LA NEWSLETTER Écartons d'abord un cas particulier : la lettre d'information. Pour elle, inutile de créer de groupe, tous les internautes qui s'y abonnent sont automatiquement recensés. Vous devez cependant activer et configurer le module Lettre d'information de Prestashop afin de demander l'exportation des abonnés dans un fichier au format CSV, lisible par Excel et tout logiciel de diffusion de mailing. Ce logiciel n'est pas nécessairement intégré à votre solution d'e-commerce (lire page 128).

2 CRÉER UN GROUPE Pour créer un groupe, activez l'onglet Clients puis cliquez sur le lien Groupes situé juste en dessous. Un seul groupe est créé au départ, il se nomme Défaut et rassemble tous les visiteurs qui s'inscrivent sur votre site. Cliquez maintenant sur le bouton Nouveau.

3 PRÉCISER LES AVANTAGES DU GROUPE Ici, nous créons un groupe d'acheteurs professionnels. Nous pourrions ainsi leur accorder un pourcentage de réduction sur l'ensemble de la boutique. Mais nous choisissons plutôt d'afficher pour eux les prix hors taxes. Seul hic, ce n'est pas le visiteur lui-même qui peut demander à adhérer à un groupe, il vous revient de sélectionner chaque membre du groupe. En revanche, dès qu'un visiteur se rend sur votre site et se connecte en indiquant ses adresse e-mail et mot de passe, Prestashop vérifie s'il appartient à un groupe et adapte l'affichage du site en conséquence.

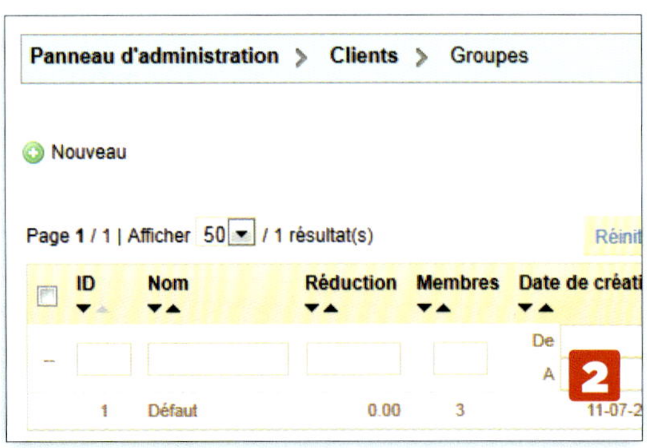

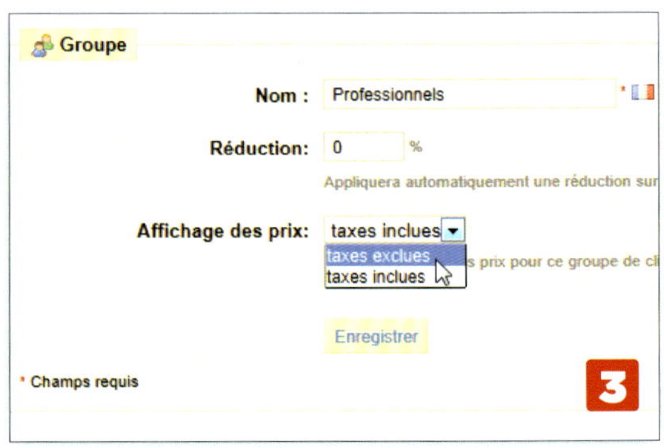

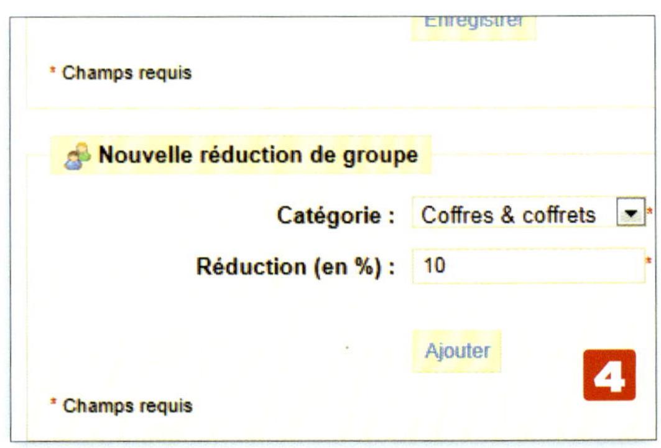

Honneur aux clients

Cadeaux d'anniversaire, points de fidélité, parrainages... ces trois modules sont présents dans Prestashop, il vous suffit de les activer et de les configurer.

Réductions ciblées

Les groupes de clients permettent aussi d'accorder des bons de réduction à certains acheteurs, et sur une poignée de produits seulement. Voir nos explications en page 78.

4 ACCORDER UNE REMISE SUR UNE CATÉGORIE DE PRODUITS

Bizarrement, Prestashop 1.4 ne permet pas de créer une remise sur une catégorie de produits lorsqu'on crée le groupe. Mais si vous éditez ce même groupe en cliquant sur l'icône crayon, l'option vous est alors proposée. Nous indiquons ainsi que nos acheteurs professionnels bénéficieront d'une remise de 10 % sur nos coffres et coffrets en cliquant sur le bouton Ajouter. Pour indiquer une deuxième catégorie, il suffirait de la sélectionner, de préciser le pourcentage de réduction et de presser à nouveau Ajouter.

5 SÉLECTIONNER LES MEMBRES DU GROUPE

Cliquez sur l'onglet Clients pour voir la liste de tous vos visiteurs. Si vous connaissez le nom du client à ajouter, plutôt que de faire défiler la liste, tapez son nom dans le champ de recherche en haut à droite du panneau d'administration. Ou bien alors, dans la liste, tapez son nom et pressez le bouton Filtrer. Dans tous les cas, il vous faut éditer la fiche de chaque client, à moins que vous n'ayez acheté un module complémentaire permettant de dupliquer les attributs d'un client à plusieurs autres.

6 ÉDITER LA FICHE DU CLIENT

Nous voici dans la fiche du client Ménard. Nous indiquons qu'il appartient uniquement au groupe Professionnels en précisant quel est son groupe par défaut, et en décochant (si nécessaire) juste en dessous la case Défaut. Il faut procéder ainsi pour chaque client.

7 ASSOCIER UNE CATÉGORIE DE PRODUITS À UN GROUPE

Si l'on s'en tient là, pauvre Ménard, il ne verra plus aucun produit sur notre boutique ! Car lorsque nous avions créé nos catégories, nous avions indiqué quels groupes de clients étaient concernés. Pour l'instant, donc, seul le groupe appelé Défaut voit toutes nos catégories. Moralité, si vous avez décoché la case Défaut à l'étape 6, il faut maintenant éditer chaque catégorie voulue et cocher le groupe Professionnels, sans pour autant décocher le groupe Défaut si vous voulez que tout le monde puisse voir ces produits.

8 VÉRIFIER CE QUE VOIT LE CLIENT

Ménard voit d'abord les prix hors taxes, comme demandé à l'étape 3. Ce coffre vendu 299 euros TTC coûte donc 250 euros HT (TVA à 19,6 %). Mais puisque, à l'étape 4, nous avons appliqué une réduction de 10 % aux clients professionnels sur la catégorie « Coffres et coffrets », soit 25 euros de moins, Ménard bénéficie donc d'un prix HT de 250 - 25 = 225 euros. Et pour un chandelier à 65 euros TTC sur lequel il n'a pas de réduction particulière ? Il verra tout simplement s'afficher le prix HT de 54,35 euros. CQFD.

Calculs prix HT et TTC

Les logiciels d'e-commerce calculent pour vous un prix TTC à partir du prix HT et inversement. N'empêche, il n'est pas inutile de savoir faire ces petits calculs soi-même !

Donc pour ajouter 19,6 % à 250 euros, il suffit de multiplier 250 par 1,196. Si vous voulez n'y ajouter qu'une TVA de 5,5 %, multipliez 250 par 1,055. Vous avez compris le principe ? Partez toujours de « 1 virgule » et indiquez ensuite le pourcentage. La seule difficulté est de ne pas se tromper entre 1,55 (qui ajouterait 55 %) et 1,055 (qui n'ajoute que 5,5 %). À l'inverse, pour obtenir le prix HT à partir du TTC, divisez le TTC par 1,196 ou 1,055.

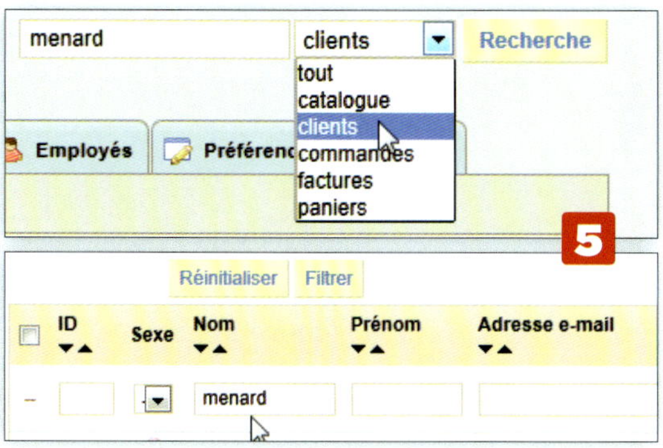

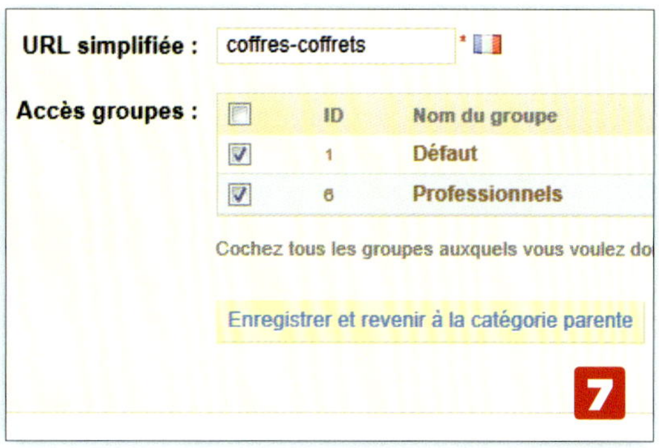

Faire connaître sa boutique

À DÉCOUVRIR DANS CES PAGES

Faire connaître sa boutique sur Internet

Proposer des produits intéressants, à prix étudiés, dans une boutique attrayante et bien conçue, ne suffit pas à propulser le chiffre d'affaires. Le bouche à oreille ne rapportera que quelques visites. Vous devez impérativement faire connaître votre boutique aux internautes. Visez les moteurs de recherche en faisant référencer votre site de commerce. C'est le plus important. Puis vous pouvez améliorer sa visibilité à l'aide des liens commerciaux de Google et l'installer sur eBay et Facebook.

À L'INSTAR DES COMMERCES DE RUE, UNE BOUTIQUE SUR LE WEB NE PEUT ESPÉRER PROSPÉRER QUE SI LES CLIENTS SAVENT LA TROUVER.

Rendre sa boutique visible sur Internet, c'est essentiel

Au lancement de votre activité, votre marque, ou le nom de votre boutique, est rarement connue. Pour un commerce traditionnel, c'est un handicap mais son implantation physique lui permet de bénéficier d'une zone de chalandise de facto. Les passants peuvent en effet remarquer l'échoppe et y entrer. Bien entendu, cette zone est plus ou moins intéressante selon que la boutique est isolée ou située dans la galerie commerçante d'une grande ville. Sur Internet, l'adresse de votre boutique se perd parmi les milliards d'autres du Web : la visibilité a minima d'un magasin ayant pignon sur rue n'existe pas. Votre boutique peut donc rester déserte indéfiniment si vous ne faites rien pour lui donner de la visibilité. Il vous faut donc la créer de toutes pièces, et, pour cela, il existe des outils en ligne prêts à l'emploi, que vous pouvez mettre à profit.

RÉFÉRENCEMENT NATUREL Lorsqu'un internaute se met en quête d'un produit ou d'un service sur Internet, il le fait généralement à partir d'un moteur de recherche. Les plus couramment utilisés aujourd'hui sont Google, Yahoo! et Bing. Quand vous créez un site, il faut donc absolument que ces moteurs connaissent son adresse Web et son contenu afin de pouvoir y aiguiller d'éventuels clients. En d'autres termes, il faut qu'ils référencent votre boutique en ligne. Même si ces moteurs de recherche disposent de programmes informatiques permettant de repérer la très grande majorité des nouveaux sites en quelques jours, mieux vaut être sûr d'y figurer rapidement en déclarant vous-même votre boutique. Pour ce faire, sur Google par exemple, rendez-vous sur la page **http://www.google.com/addurl**.

Mais exister auprès des moteurs de recherche ne suffit pas. En effet, rares sont les internautes qui consultent plus que la première page des résultats obtenus lors d'une requête. Pour que les visiteurs affluent dans votre e-boutique lors d'une recherche sur un produit ou un service que vous commercialisez, il faut donc faire en sorte que votre site apparaisse sur cette première page. Le premier outil à votre disposition est gratuit. Il s'agit du référencement dit « naturel », qui consiste notamment à placer les bons mots clés aux bons endroits dans le code de votre site. Fort de ces références, les moteurs de recherche feront remonter plus ou moins votre site dans leurs pages de résultats.

RÉFÉRENCEMENT PAYANT Le deuxième outil pour améliorer la visibilité de votre magasin en ligne est ce qu'on appelle le référencement payant ou le référencement publicitaire. Il consiste en l'achat de mots clés auprès des moteurs de recherche. Si ces mots clés sont saisis par des internautes, des liens vers votre boutique sont alors mis en valeur en première page

Même si les moteurs de recherche répertorient les nouveaux sites automatiquement, mieux vaut leur signaler votre boutique. Ici, la page dédiée à la déclaration de votre site sur Google.

Le référencement naturel ne suffira pas à faire apparaître vos produits parmi les premiers résultats d'une requête lancée sur un moteur de recherche. Il faudra y consacrer un peu de temps.

Plus

La presse peut être un formidable vecteur de communication. Certes, une jeune e-boutique n'aura pas forcément les moyens d'acheter de la publicité auprès de médias. Mais si votre catalogue est original ou cible un type de produits en particulier, adressez un communiqué à la presse locale et nationale. Si un journaliste parle de votre activité, cela peut favoriser rapidement la visibilité de votre commerce en ligne. Cette promotion éclair est à double tranchant car, le cas échéant, il faudra faire face à un niveau de commandes très important.

des résultats d'une recherche concernant vos produits ou services. Ces « liens commerciaux » s'affichent généralement en haut de la fenêtre sur un fond de couleur différencié ou bien en colonne sur la droite.

LES PLACES DE MARCHÉ Quand vous souhaitez faire des achats dans la « vraie vie », vous vous rendez souvent dans des galeries commerciales ou sur les marchés. Sur Internet, il existe des lieux équivalents qu'on appelle les places de marché. Un site géré par une entreprise tierce accueille ainsi les produits ou services de différents commerçants, moyennant un pourcentage sur les ventes de ceux-ci. Le système est attractif pour les clients puisque, sur un site unique, ils ont accès à une multitude d'offres qu'ils peuvent alors comparer. Mieux, la plupart des places de marché telles que eBay, PriceMinister, ou tout récemment Facebook, offrent aux acheteurs des moyens de paiement sécurisés qui ont le mérite d'être rassurants. Un qualificatif dont ne bénéficie pas d'emblée une jeune boutique en ligne. Être présent sur ces places de marché permet donc de toucher un grand nombre de clients potentiel et de bénéficier d'une certaine manière de la (bonne) réputation de la place de marché. Reste à utiliser au mieux ces espaces où l'anonymat guette vite les offres de produits ou de services lambda.

LES COMPARATEURS DE PRIX Pour trouver chaussure à leur pied, les consommateurs connectés passent principalement par les comparateurs de prix. Comme leur nom le laisse entendre, ces sites aident les internautes à comparer les prix de produits relevés chez des marchands en ligne. Pour que vos produits figurent parmi ceux proposés par ces plateformes, il ne suffit pas d'avoir une offre en ligne ni même d'afficher le prix le plus bas. Il faut être référencé auprès de ces sites. Et, bien évidemment, ce référencement a un coût. Celui-ci est généralement basé sur le nombre de

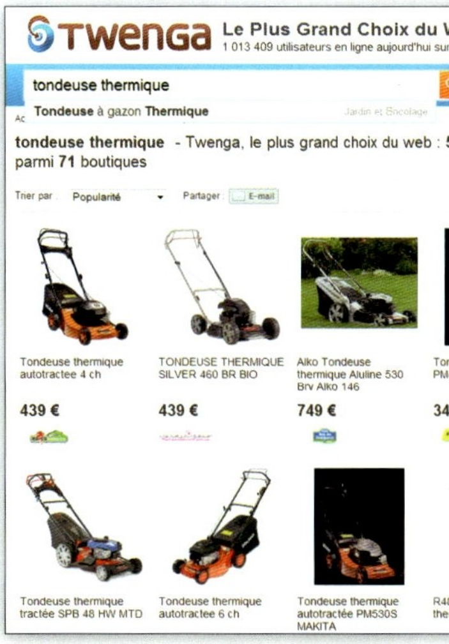

visiteurs que le comparateur vous a ap
alors de « coût au clic ». Outre ce coût
possible de payer un peu plus cher si l
la boutique virtuelle figure en bonne p
réponses aux recherches formulées pa
Cette recherche du meilleur rang d'ap
s'apparente à celle des moteurs de rec

COMMENT... FAVORISER LE RÉFÉRENCEMENT NATUREL

Les clients se rendront dans votre boutique en ligne à condition qu'ils aient connaissance de son existence. Votre première mission consiste à développer le référencement de votre site. Voici huit coups de pouce à donner à la « nature ».

Le référencement naturel consiste à faire connaître votre boutique auprès des moteurs de recherche, par exemple Google, afin qu'elle apparaisse dans leurs pages. Et, si possible, dès la première page affichée par le moteur car les internautes vont rarement fouiner au-delà. Le meilleur rang est synonyme d'affluence sur le Web et, comme pour tout commerce, c'est un élément incontournable du succès. Le référencement est souvent gratuit sauf si l'on mandate une entreprise. Car il est vrai qu'il nécessite des efforts, comme vous allez le lire.

1 LES MOTEURS DE RECHERCHE

Ils forment la pierre angulaire du Web, a fortiori du commerce en ligne. C'est par eux que transitent les millions d'internautes chaque jour. Si ces sites utilisent de puissants outils informatiques qui référencent et indexent tous les sites, ils mettent quelque temps à les repérer. Plutôt que d'attendre le référencement de votre boutique, prenez les devants en déclarant votre site auprès des principaux moteurs de recherche, à savoir Google (**http://www.google.com/addurl**), Yahoo! (**http://siteexplorer.search.yahoo.com/submit**), Bing (**http://www.bing.com/webmaster/SubmitSitePage.aspx**) et Voila (**http://referencement.ke.voila.fr**).

2 LES ANNUAIRES

Il est intéressant d'inscrire votre boutique dans des annuaires de sites marchands. L'inscription peut être gratuite ou payante pour une visibilité accrue de produits. Outre les généralistes, il existe des annuaires spécifiques à un secteur d'activité. Si votre commerce est centré sur les produits bio, vous disposez d'un nombre conséquent d'annuaires où le faire figurer. Reste à ne pas trop vous éparpiller – surtout pour les offres payantes – et à identifier les annuaires les plus consultés et les plus pertinents correspondant à votre cible.

3 UTILISER SES CONTACTS PERSONNELS

Il s'agit de solliciter votre famille, vos amis ou vos contacts professionnels à condition qu'ils disposent d'une certaine visibilité sur Internet. Demandez-leur de référencer votre boutique sur leur blog, sur leur site ou dans leurs profils des réseaux sociaux. Et il est incontournable que vos profils sur les réseaux sociaux (Facebook, Viadeo, Linkedin...) fassent mention de l'adresse de votre boutique, voire qu'un espace y soit entièrement dédié.

N'attendez pas l'ouverture !

Avant de lancer officiellement le site de la boutique, il peut être judicieux de mettre en ligne quelques pages décrivant le futur site et le catalogue proposé. Non content d'annoncer à d'éventuels badauds l'arrivée imminente de votre commerce, cela permet surtout aux moteurs de recherche de démarrer le référencement avant l'ouverture officielle.

4 NOUER DES LIENS

Disposer de liens vers votre boutique sur des sites qui font référence est un excellent moyen de booster votre business. Ces liens sont appelés « backlinks ». Si vous vendez de l'outillage, quoi de mieux que de disposer d'un lien vers votre boutique, sur un site connu d'informations et de conseils en bricolage. Sauf qu'il ne suffit pas de demander au site d'insérer un lien vers votre site, ce serait trop simple. Dans certains cas, vous effectuerez un simple échange de liens. Vous aurez ainsi à caser sur votre page d'accueil un lien vers cet autre site. Parfois, il pourra s'agir d'un partenariat. Vous pouvez « monnayer » votre présence dans les articles en prêtant du matériel ou en fournissant des illustrations de ce matériel.

5 CRÉER DU CONTENU

Afin de donner du poids à votre boutique dans un domaine précis, il peut être judicieux d'intégrer des articles sur telle ou telle famille de produits ou sur leurs usages. Les moteurs vont indexer les mots de vos textes, ce qui à toutes les chances d'enrichir le référencement de votre site.

6 RENOUVELER VOS PRODUITS

Un site qui ne change pas est moins exploré par les moteurs de recherche. Nous conseillons de modifier souvent le contenu de la page d'accueil en faisant « tourner » les produits mis en avant. C'est une des notions de base du commerce: changer la vitrine et les têtes de gondole incite le client à revenir.

7 BIEN CHOISIR LES MOTS-CLÉS

Lorsque vous créez une nouvelle page Web, pour un produit de votre catalogue notamment, vous devez saisir un titre et une description. Il est primordial de bien choisir les mots-clés puisque ce sont notamment eux qui feront ressurgir cette page quand un internaute potentiel les saisit dans un moteur de recherche. Visez les mots-clés les plus justes et les plus usités

dans le langage courant. Si vous vendez des lapins en peluche, évitez le « Lagomorphe artificiel ». Jamais personne ne saisira cette appellation et donc ne viendra sur votre site. Dans une fiche produit de Prestashop, cliquez sur « Cliquez ici pour améliorer votre position dans les moteurs de recherche » et remplissez les champs.

8 UTILISER LES URL SIMPLIFIÉES

Du point de vue technique, les pages de votre boutique sont générées à la volée à partir des informations contenues dans la base de données de votre site en fonction des termes tapés par le visiteur. Ces pages comportent des caractères tels que « ? » ou « & » que les moteurs de recherche n'indexent pas forcément. Ce qui a pour résultat fâcheux de limiter la popularité du site. Pour éviter de générer ce genre de page, il faut installer un outil logiciel d'URL Rewriting, qui peut se traduire par « Réécriture de noms d'adresse de page ». Il se charge de traduire le nom des pages dans un mode « indexable » par les moteurs de recherche et compréhensible par un humain, comme ceci, par exemple : www.maboutique.fr/femme/veste-cuir.html.

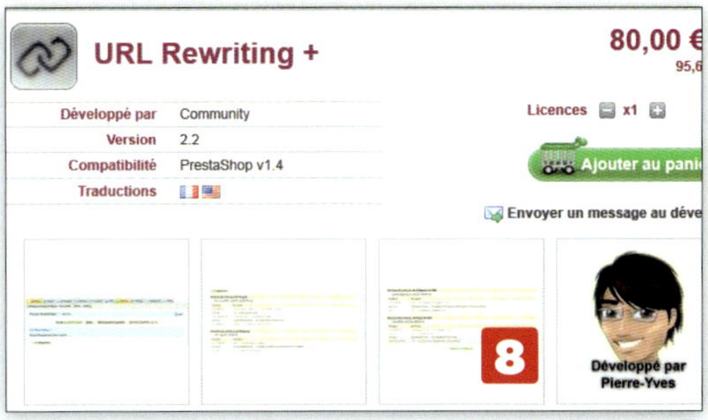

Évitez les répétitions

Si vous revendez un produit présent sur une autre boutique, ne reprenez pas le texte de la page à l'identique. Les moteurs de recherche détestent cela et ne retiennent que la page qui a le meilleur rang.

Indexez les images

Les images ne sont pas indexées par les moteurs de recherche, mais leur dénomination l'est. Donc pensez à ajouter le bon mot-clé à la photo.

COMMENT… GÉNÉRER SA PUB AVEC GOOGLE ADWORDS

Si le référencement s'avère indispensable, il ne sera sans doute pas suffisant pour faire connaître votre boutique en ligne aux internautes. Le recours à la publicité à l'aide de l'outil Google Adwords peut être le déclic de votre succès.

Quand vous effectuez une requête sur un moteur de recherche, avez-vous remarqué que des liens sont proposés en haut et sur la colonne de droite des pages de résultats ? Ce sont des publicités, appelées « liens commerciaux », générées automatiquement en fonction des mots clés contenus dans ce que vous avez saisi. Ces liens confèrent une visibilité certaine. Pour faire connaître votre boutique en ligne, et notamment si vous êtes sur un secteur fortement concurrentiel, recourez à l'usage de ces publicités. L'outil le plus utilisé est Google Adwords.

1 **CRÉER UN COMPTE** Rendez-vous sur la page **http://www.google.fr/intl/fr/adwords/jumpstart/** et cliquez sur le bouton Commencer maintenant. Saisissez un e-mail et un mot de passe, recopiez le code de sécurité qui apparaît à l'écran et cliquez sur Créer un compte. Indiquez ensuite le pays, le fuseau horaire et la devise associée à votre compte. Vous recevez un message pour vérifier votre mail.

2 **CIBLER LA DIFFUSION** Vous pouvez définir la zone géographique, les canaux de diffusion appelés Réseaux (sites de recherche et/ou sites partenaires) et les appareils y ayant accès. La promotion d'une application francophone pour iPhone, par exemple, ciblera la France, tous les canaux proposés, seulement l'iPhone, et tous les opérateurs télécoms.

3 **LE SYSTÈME D'ENCHÈRES** Lorsqu'un internaute fait une recherche sur Google, il saisit des termes parmi lesquels des mots-clés sont repérés. S'ils sont définis dans votre annonce, elle a des chances d'être affichée. En effet, les autres annonceurs qui ont utilisé ces mots-clés sont en « compétition » avec vous pour l'affichage de leur annonce et pour le rang d'affichage. En fonction de la qualité de votre annonce (un calcul réalisé par Adwords) et du montant maximum du coût par clic (CPC) que vous avez fixé, votre annonce sera affichée plus ou moins haut, ou pas du tout.

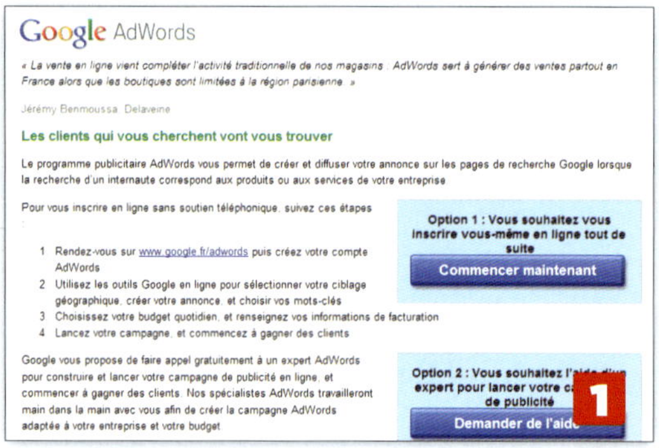

Cadeau d'entrée

Google offre aux nouveaux clients Adwords un bon d'une valeur de 50 euros de crédit publicitaire. Autant en profiter ! Rendez-vous à l'adresse **http://campagne-adwords.mymedia.fr/v2/** et saisissez vos coordonnées. Un conseiller vous contactera par téléphone dans la semaine. Cette offre concerne seulement les clients qui disposent d'un compte de moins de 14 jours. Alors ne tardez pas.

4 **CHOISIR LES MOTS CLÉS** Le succès de votre campagne repose en grande partie sur le choix des mots clés de votre annonce. Ils définissent le produit ou le service que vous souhaitez mettre en avant et surtout ils doivent correspondre aux termes qu'emploieront les clients potentiels Autrement dit, sans les bons mots-clés, pas d'annonce publiée; et pas d'annonce signifie pas de visite. Il vous faut donc viser les plus pertinents. Délaissez les mots-clés trop génériques. Adwords fournit un générateur de mots-clés (sous l'onglet Rapports et outils). Utilisez-le pour connaître la popularité des requêtes effectuées sur des termes approchants.

5 **EXCLURE CERTAINS MOTS-CLÉS** Inversement, vous pouvez indiquer des mots-clés à exclure afin d'éviter que votre annonce n'apparaisse si ces mots sont présents dans la requête et qu'ils ne sont pas pertinents pour votre produit ou service. Si vous ne vendez que des téléviseurs neufs, excluez le mot-clé « dépannage TV ». Cela évitera que des internautes cliquent inutilement sur votre annonce, ce qui n'est pas anodin pour vous car cela a un coût, comme nous allons le voir.

6 **ASSOCIER DU MULTIMÉDIA** Pour vous démarquer de la concurrence, vous pouvez générer des annonces publicitaires incluant des éléments graphiques (pas seulement des logos), de l'audio ou de la vidéo. Des outils de conception vous sont fournis sur Adwords. Ces annonces ne seront toutefois pas diffusées sur les moteurs de recherche mais uniquement sur le « Réseau Display » de Google, qui rassemble les sites Web partenaires.

7 **MAÎTRISER LES COÛTS** En optant pour le coût par clic, vous ne payez que quand un internaute clique sur votre annonce. Lors de la création d'une campagne, vous fixez toutefois le prix du clic maximum et un montant plafond de dépenses quotidiennes. Mais attention: ce budget journalier peut toutefois être dépassé jusqu'à 120%. Adwords autorise ces dépassements pour lisser les dépenses entre les périodes creuses et celles de fortes affluences. Tenez-en compte au moment où vous déterminez votre plafond. Vous optimiserez ensuite ce coût en fonction du taux de retour que vous constaterez.

8 **SUIVRE L'IMPACT DE L'ANNONCE** Une fois l'annonce lancée, vous pouvez en suivre les effets sur le tableau de bord accessible depuis votre compte. Une consultation régulière vous permet d'évaluer l'efficacité d'une annonce, voire d'une campagne de plusieurs annonces et, le cas échéant, de remédier à ce qui ne fonctionne pas (les zones de diffusion, les mots-clés, le texte, les réseaux, etc.).

Retour sur investissement

Votre campagne de publicité est-elle intéressante d'un point de vue budgétaire? Pour avoir la réponse à cette question, faites régulièrement des calculs quant au retour sur investissement. Comptabilisez le coût des clics de Adwords puis le nombre de « conversions », c'est-à-dire le nombre d'internautes qui ont acheté suite au clic sur l'annonce. Si le coût rogne beaucoup vos marges, revoyez les annonces avec des professionnels ou abandonnez Adwords.
Pour optimiser vos annonces, passez-en deux presque identiques, avec un texte légèrement différent, et voyez laquelle rapporte le plus de visiteurs.

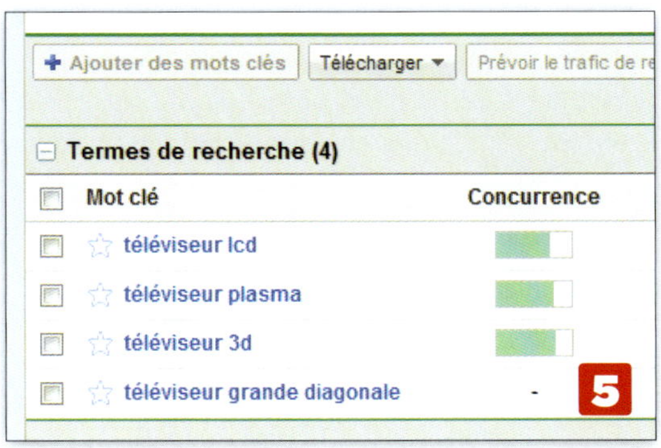

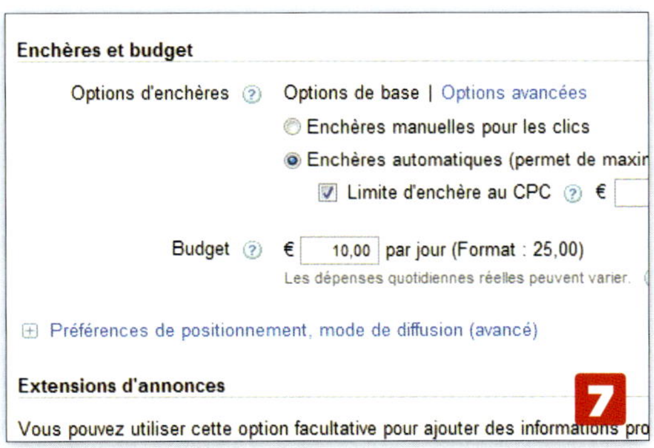

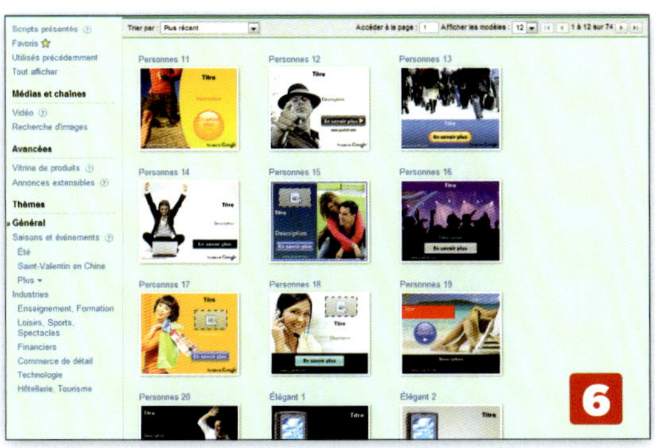

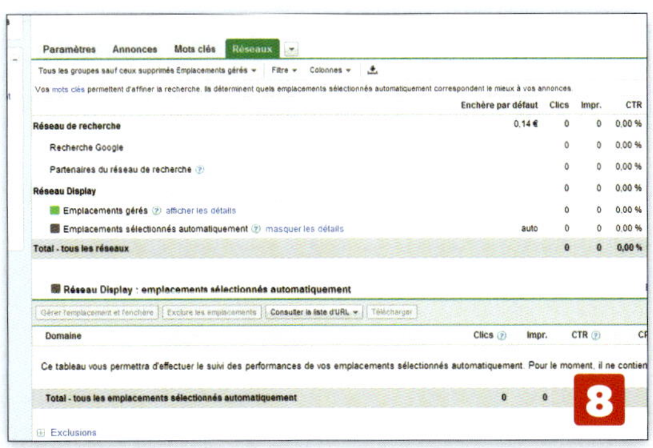

COMMENT... CRÉER SA BOUTIQUE ÉPHÉMÈRE SUR FACEBOOK

Pourquoi n'utiliseriez-vous pas Facebook pour créer une boutique en ligne éphémère ? Une promotion démente sur un produit ou une vente thématique peuvent créer le buzz sur le réseau social et faire connaître votre marque.

Concept très en vogue, la boutique éphémère est utilisée dans le commerce traditionnel pour promouvoir une marque ou une enseigne. Adaptez-le à la mode Internet ! Et quel meilleur vecteur que celui du plus connu des réseaux sociaux, à savoir Facebook ? D'autant plus que cette plate-forme de mise en relation vient d'inaugurer une application d'e-commerce assez simple à mettre en place. Faites votre coup marketing auprès de vos contacts qui ne manqueront pas de le faire savoir auprès de leurs propres contacts si l'opération est fun ou financièrement intéressante.

1 OUVRIR LA BOUTIQUE L'application gratuite d'e-commerce sur Facebook s'intitule Payvment. Même si sa francisation n'est pas vraiment au point, le non-anglophone s'en sortira avec nos conseils. En premier lieu, rendez-vous à l'adresse **www.payvment.com** et cliquez sur « open your store now ». Pour utiliser cette application, il est évidemment nécessaire d'avoir ouvert un compte Facebook. C'est gratuit. Si vous en disposez d'un à titre personnel, il est souhaitable d'en créer un autre pour vos activités professionnelles.

2 INSTALLER PAYVMENT
La première démarche lorsque vous installez Payvment consiste à autoriser l'application de gestion de la boutique, Payvment E-commerce Dashboard (traduisez par tableau de bord de l'application de commerce en ligne Payvment), à accéder à certaines informations de votre compte. Répétons-le, l'intérêt de créer un compte Facebook à part de votre compte perso pour ces opérations prend ici tout son sens.

3 CONTRÔLER LES INFORMATIONS
Pour savoir quelles informations seront accessibles – c'est d'autant plus important si vous utilisez votre compte personnel –, rendez-vous sur Paramètres de confidentialité depuis l'onglet Compte. Cliquez en bas à gauche en dessous de « Applications et sites Web » sur « Modifier vos paramètres ». Cliquez sur Payvment et vérifiez que seules les informations de base sont publiques, c'est-à-dire visibles sur Facebook.

4 CRÉER LA BOUTIQUE FACEBOOK
Place à la création de la boutique. Lancez l'application Payvment E-commerce Dashboard. Indiquez l'adresse mail de votre compte Paypal pour encaisser le prix de vos ventes (si vous n'en disposez pas, ouvrez-en un sur **www.paypal.com** et n'oubliez pas, en fixant vos prix, que Paypal prélève un pourcentage). Nommez votre boutique. Le mieux étant de faire référence au nom ou à l'adresse de votre boutique en ligne sur le Web. Précisez la devise utilisée. Cochez « No –Please create me an account » et validez en cliquant sur Save.

Faire de la publicité

Sur Facebook, il est également possible de faire de la pub pour votre opération éphémère ou votre boutique en ligne sur le Web. Le mode de paiement est équivalent à celui de Google Adwords. Vous ne payez qu'au clic sur le lien commercial et selon un budget maximum quotidien ou global que vous aurez préalablement défini.

DIFFICULTÉ

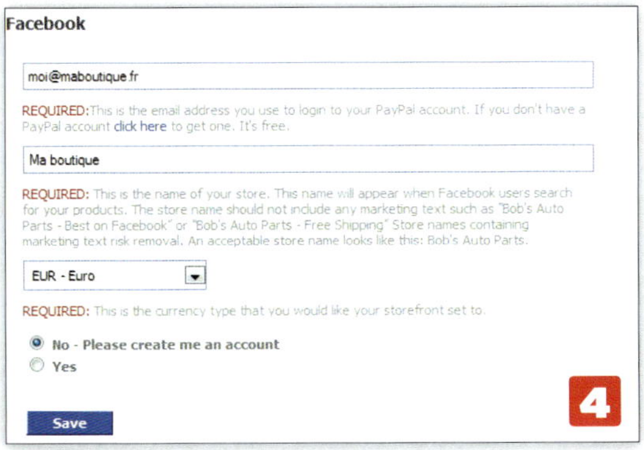

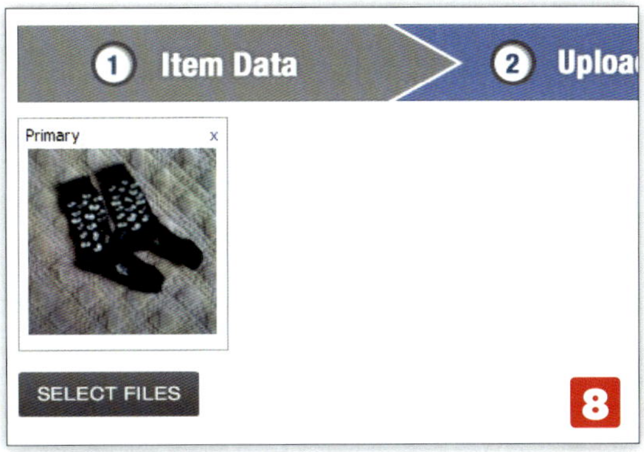

5 **DÉFINIR LES PARAMÈTRES GÉNÉRAUX** Dans Payvment E-commerce Dashboard, commencez par définir les paramètres généraux de votre boutique éphémère. Pour cela, cliquez sur l'onglet Settings puis General. Dans les différents champs (certains sont obligatoires comme c'est indiqué), vous aurez à décrire votre boutique, ou la promotion du moment, ainsi que les conditions générales de vente. Pour ces dernières, reprenez celles de votre boutique en ligne sur le Web.

6 **LA LIVRAISON** Rendez-vous à la section Shipping de l'onglet Settings. C'est l'espace consacré à la livraison des marchandises. Indiquez le montant des frais d'expédition ou indiquez que vous les offrez (ça fait toujours son effet). Mentionnez l'unité de poids, le délai et la politique de retour (nombre de jours et type). Le retour peut valoir un échange ou un remboursement. Notez qu'en France, le délai de rétractation est de sept jours minimum. Indiquez si vous commercez avec l'étranger ou non (dans l'affirmative, indiquez l'éventuel surcoût). Pour organiser votre boutique, créez des catégories dans Categories de Settings.

7 **LANCER VOTRE PREMIER PRODUIT** Pour référencer votre premier produit, cliquez sur le bouton en haut de la page Add New Products. Une fiche à renseigner apparaît. Indiquez le nom, la référence du produit, le prix, la possibilité de commander en quantité ou non, les éventuelles taxes, la description, la catégorie dans votre boutique, la catégorie de produits dans Payvment (un menu déroulant vous y aide) et les éventuels frais de livraison.

8 **ILLUSTRER LE CATALOGUE** Pour chaque produit, vous avez la possibilité de télécharger des photos, par exemple celles de votre boutique en ligne. Il peut être judicieux de rendre la démarche un peu plus fun. Vous pouvez agrémenter cette campagne de photos originales et drôles. L'intérêt étant de créer du buzz autour de cet espace qui, par ricochet, donnera de la visibilité à votre véritable boutique en ligne sur Internet.

9 **PROMOUVOIR LA BOUTIQUE** Rien de tel pour commencer (car c'est gratuit) que de créer une Page Facebook dédiée à un produit ou à la boutique éphémère. Associez la page à votre profil puis lancez des invitations à vos Amis Facebook. Vous pouvez (et devez) faire référencer cette page sur votre boutique en ligne principale en cliquant juste sur le bouton Ajouter un espace J'aime.

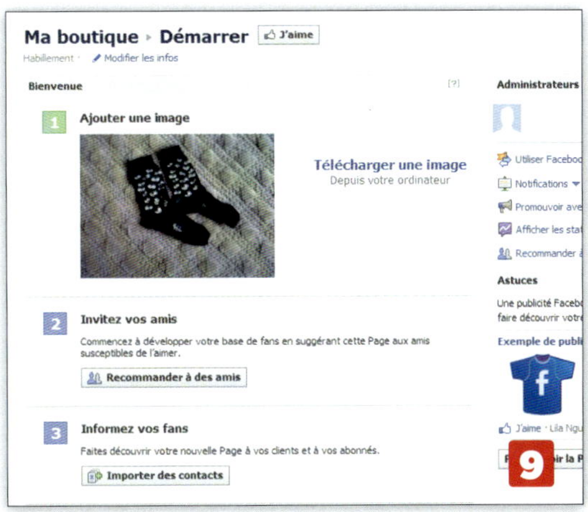

10 **ACCÉDER À LA GALERIE COMMERCIALE** Facebook a ouvert sa galerie commerciale, le « Shopping Mall ». Depuis votre Payvment E-commerce Dashboard, vous pouvez y référencer vos produits en passant en « ON » le Discovery Mode. Comme c'est une galerie internationale, mieux vaut choisir le dollar. Ce site peut être l'occasion de tester des produits à l'export. Et pour avoir accès à toutes les informations, il faut donner accès à davantage de données. Enfin, il faut être patient pour être visible sur Shopping Mall, car la publication du catalogue nécessite 72 heures environ.

Plus

Envie de transférer les fiches produit de votre site vers votre boutique Facebook ? Votre solution d'e-commerce a forcément prévu un module pour le réseau social ! Faites un tour dans la liste des extensions, vous en dénicherez plusieurs. Ces modules pour boutiques Magento, Prestashop et autres se connectent à votre compte Facebook et alimentent une page Boutique à partir des produits que vous sélectionnez dans votre catalogue. Il y en a d'autres, aussi, pour afficher votre fil d'actu ou vos fans. Comptez de 30 à 100 euros pour ces extensions payantes.

LA PLATE-FORME DE VENTE AUX ENCHÈRES EST DEVENUE LA PLUS CÉLÈBRE ET LA PLUS GRANDE GALERIE COMMERCIALE MONDIALE DU NET.

Installer une boutique sur eBay pour booster ses ventes

NUMÉRO UN MONDIAL Ce qui a fait le succès mondial d'eBay, ouvert en 1995, est son système de vente aux enchères. Chaque particulier peut acheter et vendre sur le site. En quelques années, le volume d'échanges sur la plateforme a explosé, dépassant largement celui des plus grands sites de commerce en ligne traditionnels. eBay s'est ensuite ouvert aux professionnels et a ajouté au système d'enchères un dispositif d'achat-vente plus classique, à prix fixe, appelé Achat immédiat. En quelques mois, eBay est devenu un vecteur important de ventes pour de nombreuses entreprises. Les plus grandes marques ont une boutique sur la plate-forme. Si vous vous lancez dans le commerce en ligne, ne négligez surtout pas ce canal de vente. Vous allez pouvoir y faire des affaires.

TRANSFÉRER SES PRODUITS Ouvrir votre propre boutique en ligne ne signifie pas faire une croix sur eBay. Bien au contraire. Vous pouvez travailler avec les deux canaux grâce à des modules eBay spécialement conçus pour les solutions d'e-commerce. Ce module est par exemple gratuit sur les dernières versions de Prestashop et payant sur Oxatis, 35 euros/mois. Grâce à ces modules, vous diffusez sur eBay les produits de votre catalogue. En d'autres termes, vous dupliquez les références choisies de votre boutique en ligne sur celle d'eBay, par exemple une fin de stock fixée à un prix alléchant, qui vous rend très compétitif face à vos concurrents. La modification du prix, de la fiche produit et des quantités disponibles se synchronise entre les deux plates-formes (attention, mieux vaut être vigilant, car il y a parfois des soucis…).
Les meilleurs modules vous permettent de voir en temps réel les enchères et récupèrent les commandes payées d'eBay dans votre logiciel d'e-commerce.
Vous n'avez donc à tenir qu'une seule gestion des stocks et des commandes pour les deux plates-formes.

EBAY, OUVERT À TOUS Vous pouvez parfaitement créer une boutique virtuelle sur le site d'enchères sans qu'elle ait un lien quelconque avec votre propre site de commerce en ligne, comme nous vous le montrons dans la page ci-contre. Cela peut même être votre unique canal de vente.

Le coût du service

Hors cadre d'une boutique, vous payez des frais d'insertion de vos annonces en Achat immédiat entre 0,15 et 0,35 euro. Si vous ouvrez une boutique, il vous en coûtera un abonnement mensuel de 19,95 euros. Les frais d'insertion s'élèveront ensuite entre 0 et 0,15 euro en fonction des options. Enfin, une commission sur les ventes effectuées s'élève entre 5 et 9 %. Au vu de ces tarifs, il convient donc d'ajuster vos prix ou d'être prêt à rogner sur vos marges pour être présent sur eBay.

La plus grande galerie marchande du Net permet aux professionnels et possesseurs de boutiques en ligne d'y référencer leur catalogue, ce qui leur assure une meilleure visibilité. Pourquoi s'en priver ?

DIFFICULTÉ

COMMENT... VENDRE VOS PRODUITS DIRECTEMENT SUR EBAY

1 S'INSCRIRE SUR LA PLATEFORME Pour vendre sur eBay, une inscription est obligatoire. Rendez-vous sur le site **www.ebay.fr**. Lors de la procédure, vous allez saisir vos coordonnées géographiques et électroniques. Trouvez-vous un pseudo (pourquoi pas votre marque ou le nom de votre e-commerce) et un mot de passe. Saisissez le code de sécurité puis accepter les conditions d'utilisation et le règlement sur le respect de la vie privée. Vous recevrez un mail de confirmation avec un bouton d'activation à cliquer.

3 DÉTAILLER LE PRODUIT Sélectionnez une des catégories générées automatiquement en fonction de la description succincte ou bien parcourez l'ensemble des catégories de produits sur eBay. Le choix de la catégorie est important car il faut qu'un acheteur vous trouve rapidement. Ce choix fait, ajoutez une image (la première est gratuite). Si vous souhaitez en faire figurer plusieurs, ce qui permet de mettre en valeur un produit, comptez 0,15 euro par image supplémentaire. Il ne vous reste plus qu'à rédiger le descriptif détaillé du produit.

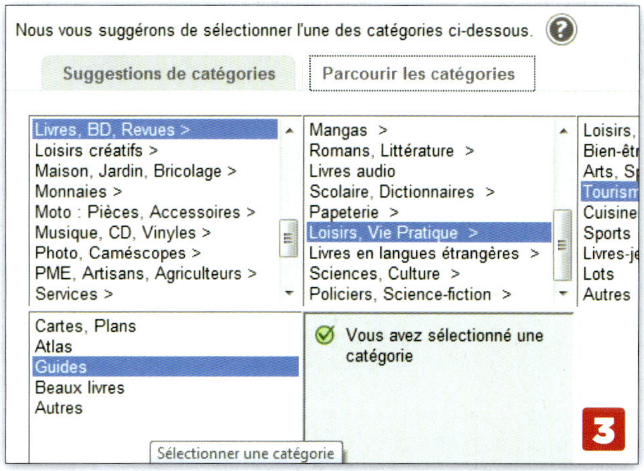

2 LANCER LA VENTE Une fois le bouton d'activation cliqué, vous arrivez sur une page eBay à partir de laquelle vous pouvez créer un compte Paypal si vous souhaitez encaisser le résultat de vos ventes par ce biais ou bien commencer à vendre directement. Dans ce dernier cas, cliquez sur Commencer à vendre. Indiquez un descriptif succinct de l'objet à vendre. Dans un premier temps, cochez « Mise en vente simplifiée ». Vous devrez ressaisir votre login et votre mot de passe.

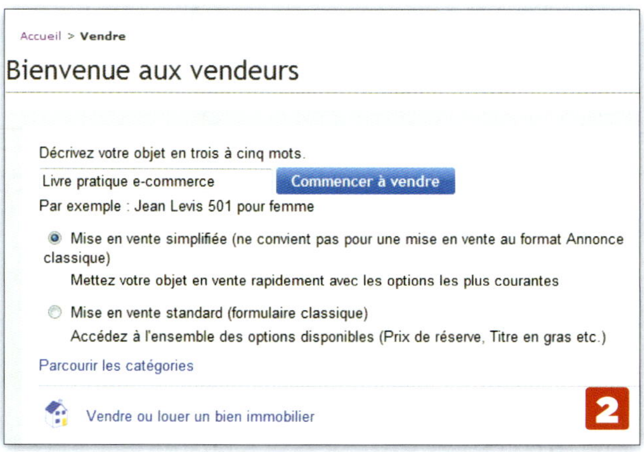

4 ACHAT IMMÉDIAT Pour vendre à un prix fixe, sélectionnez le mode de vente Achat immédiat et indiquez le prix. Vous avez tout loisir de lancer la vente immédiatement ou de la programmer dans le temps. Fixez les détails de la livraison (zone géographique, service, montant des frais, délai). Un récapitulatif des frais et de l'annonce apparaît. Indiquez enfin le mode de paiement envisagé pour régler les frais d'insertion et les commissions d'eBay (PayPal, carte bancaire ou prélèvement).

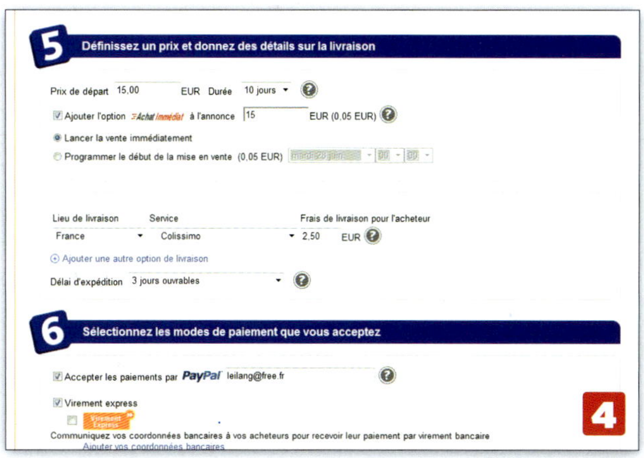

Tirer parti des comparateurs de prix les plus fréquentés

Donnez-vous une meilleure visibilité grâce aux sites comparateurs de prix les plus populaires que des millions d'internautes ont pris l'habitude de consulter au moment de passer à l'acte d'achat.

Dans le processus d'achat des internautes, l'usage d'un comparateur de prix est devenu très courant. D'après le sixième baromètre sur les comportements d'achat publié en juin 2010 par la Fédération du e-commerce et de la vente à distance (FEVAD), près de 55 % des internautes passaient déjà par ces sites avant d'acheter. Moralité, tous les e-commerçants ont intérêt à y être référencé. Ce qui ne va pas forcément de soi.

ÊTRE COMPARÉ Car n'allez pas penser que les comparateurs de prix consultent automatiquement toutes les boutiques en ligne pour relever les prix de tous les produits du Net. Ils ne comparent que les produits qui leur sont soumis. Et pour cela, les e-commerçants doivent s'inscrire et faire référencer leur catalogue auprès de ces sites. Dans la majeure partie des cas, le référencement est payant. Toutefois, certains comparateurs, et pas forcément des moindres, proposent des solutions gratuites. C'est le cas de Leguide.com, élu site de comparaison de prix le plus consulté, dont l'offre Référencement Gratuit ne nécessite pas de bourse délier, comme son nom l'indique. Et cette offre n'est pas limitée dans le temps. Mais, lors de l'affichage des résultats d'une requête effectuée par un internaute, Leguide.com privilégiera ses e-marchands ayant souscrit l'offre payante, justement dénommée Référencement Prioritaire. Et sur le Net, le premier affiché est souvent le premier servi. Est-ce à dire que les offres gratuites sont bidons ? Pas forcément. Si vous êtes sur un marché de niche, si votre catalogue est bourré d'exclusivités, vous serez la seule boutique à ressortir dans les pages de résultats. Reste à savoir si être présent sur les seuls comparateurs proposant une offre gratuite sera suffisant. Car être référencé par plusieurs comparateurs augmentent vos chances d'attirer des clients. Mais cette multiplicité des canaux nécessite un budget en conséquence.

LE COÛT Le fonctionnement des offres payantes est généralement fondé sur le coût par clic (CPC). Ainsi, chaque fois qu'un internaute clique sur un lien envoyant vers votre boutique, le comparateur vous

Une charte de confiance

L'État et la FEVAD, qui rassemble quelque 1100 entreprises du secteur du e-commerce et de la vente à distance, ont institué en 2008 une charte à destination des comparateurs de prix. Celle-ci garantit l'activité dans des conditions optimales de transparence et de respect des consommateurs. Pour décrocher le label – et afficher le logo sur leur site –, les comparateurs doivent être soumis à un audit de contrôle effectué tous les ans par la société Ernst & Young. Alors autant travailler avec ces sites qui ont la confiance du public.

DIFFICULTÉ

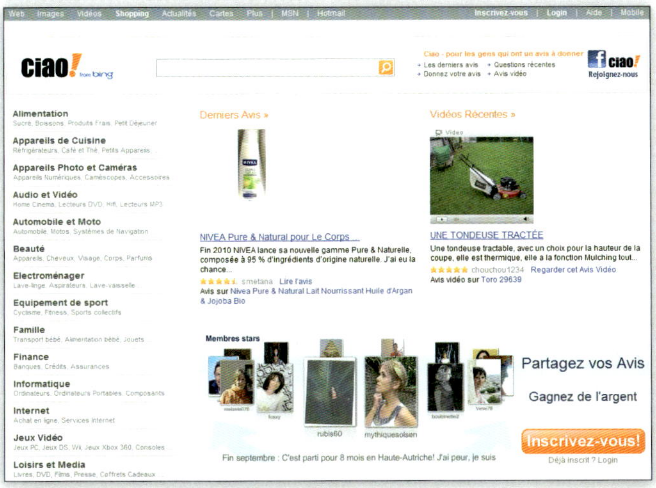

Les comparateurs de prix sont des sites plus ou moins consultés. Pour optimiser votre visibilité, mieux vaut connaître ceux qui fonctionnent le mieux. Une étude de Médiamétrie/Netratings sur la fréquentation de ces moteurs marchands en décembre 2010 révélait le top 5 suivant. Dans l'ordre : LeGuide.com, Prixmoinscher.com, Ciao.fr, Twenga.fr et Kelkoo.fr.

facture un clic. Le CPC varie d'un comparateur à l'autre, d'une catégorie de marchandises à une autre et selon les remises prévues par les sites. Ainsi, un CPC pour un téléphone coûte entre 0,11 et 0,17 euro sur Leguide.com quand Kelkoo.fr le facture 0,15 euro et Twenga 0,11 euro. Bien entendu, pour éviter que ce budget n'explose votre trésorerie, vous allez indiquer le budget mensuel, hebdomadaire ou quotidien souhaité. Enfin, si des comparateurs de prix limitent leur rémunération au CPC, d'autres en revanche facturent des frais de référencement annuel. C'est le cas notamment chez Kelkoo dont le coût varie de 50 à 500 euros HT selon l'offre que vous aurez choisie.

RÉFÉRENCER VOTRE CATALOGUE

Une fois le contrat signé, il vous reste à référencer votre catalogue sur les comparateurs de prix choisis. Deux solutions sont généralement possibles. La première consiste en la gestion manuelle d'un flux. Ce flux est un fichier au format XML, CSV ou TXT adapté aux contraintes de chaque comparateur de prix et qu'il faut mettre à disposition du moteur de recherche sur une adresse Web ou FTP. Chaque jour, le moteur utilise ce fichier pour mettre à jour votre catalogue dans ses catégories, et ceci une à plusieurs fois par 24 heures. La seconde solution consiste, elle, à employer des outils qui gèrent (et génèrent) ces flux de manière plus intuitive, sans aucun code à saisir. Shopping-flux, Iziflux, ou encore Lengow, vous assistent dans cette démarche et dans la mise à jour régulière de votre catalogue sur ces sites. Mais ils font parfois davantage que de la mise en ligne. Ils vous délivrent des informations relatives au rendement de vos ventes sur le ou les comparateurs. Comptez un minimum de cinquante euros, jusqu'à plusieurs centaines d'euros en fonction du produit, de la taille de votre catalogue et des options de suivi. Dans les solutions d'e-commerce, il existe également des modules pour Leguide.com, Shopzilla, Kelkoo, Ciao... Comptez 100 euros pour chaque module qui ne traite qu'un seul comparateur.

CHAPITRE 9

Comprendre
et convaincre vos visiteurs

À DÉCOUVRIR DANS CES PAGES

Comprendre vos visiteurs pour les convaincre

Pour améliorer l'efficacité de votre site, tout le monde autour de vous a un avis ! Demandez quand même celui de votre logiciel d'e-commerce, qui comporte des fonctions statistiques objectives et très instructives. Et fiez-vous au logiciel en ligne Google Analytics, qui vous livre d'intéressantes données chiffrées que vous ne soupçonnez peut-être pas sur le comportement de vos visiteurs. Après analyse détaillée de ces tableaux de bord, vous serez à même de prendre les mesures qui s'imposent.

VOTRE BOUTIQUE EST EN LIGNE ? PASSEZ EN REVUE LES ÉLÉMENTS CENSÉS TRANSFORMER LES VISITEURS EN ACHETEURS... ET VÉRIFIEZ-LES.

Comprendre si votre boutique répond aux attentes des clients

Il est temps de vérifier l'attractivité de votre boutique en ligne. En effet, êtes-vous sûr que, dans sa forme actuelle, le site répond aux attentes élémentaires des clients ? N'y a-t-il rien de décevant ou de rédhibitoire ? Récapitulons d'abord les points qui comptent et voyons, à la lueur des réactions de vos visiteurs, s'il faudrait en améliorer certains. Nous allons nous poser ensemble beaucoup de questions. Rassurez-vous, elles ne resteront pas sans réponse.

LA VITRINE Comme dit le proverbe, c'est la première impression qui compte. Si beaucoup d'internautes se détournent de votre boutique sitôt arrivés à la page d'accueil, ou qu'ils ne restent en tout et pour tout sur le site qu'une poignée de secondes, ce n'est pas bon signe. Le design ou l'organisation ne sont peut-être pas très efficaces. Ou bien alors, si vos visiteurs arrivent d'un moteur de recherche ou d'une publicité du type Google AdWords, les mots-clés qui les ont conduits chez vous étaient-ils bons ?
La première page qu'ils voient de votre boutique n'est pas celle d'accueil mais une autre (une fiche produit) qui doit être percutante et inciter à l'achat. Nous verrons en fin de chapitre qu'il existe des techniques pour optimiser cette fameuse « page d'atterrissage ».

LE PARCOURS DES RAYONS Comment vos visiteurs procèdent-ils pour consulter les produits ? Le menu horizontal, vertical, les sous-catégories ? Et malgré un « rayonnage » aux petits oignons, avez-vous placé de manière très visible le champ du moteur de recherche ? C'est un mode de navigation très apprécié des internautes pressés. Ajouter des mots-clés à vos produits phares peut faciliter leur découverte. Si vous-même tapez une requête dans votre moteur de recherche, obtenez-vous la « bonne réponse » ?

LA FICHE PRODUIT Le produit est-il bien mis en valeur, les photos donnent-elles envie ? Permettent-elles de se rendre compte des détails ? Si des accessoires et des articles associés sont proposés sur une fiche produit, les internautes ont-ils cliqué dessus ? Et, surtout, les visiteurs ajoutent-ils des produits à leur panier après les avoir consultés ?

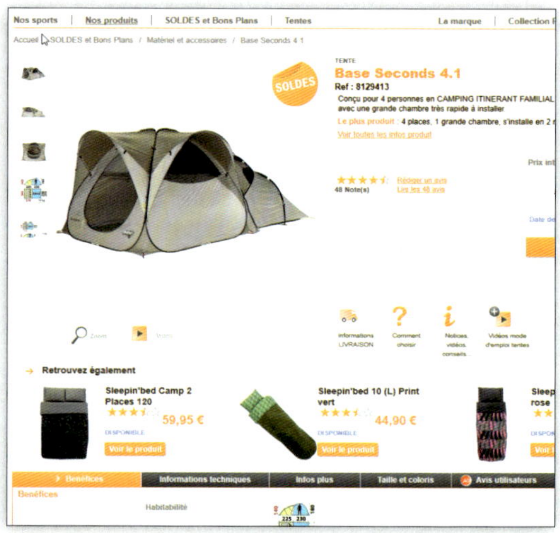

LA PROCÉDURE DE SÉLECTION Quand le produit comporte des déclinaisons de tailles, de couleurs, etc., l'internaute doit pouvoir le sélectionner d'un seul clic ou avec un minimum de clics, au même niveau que la fiche. Fin du fin, pour faire gagner du temps, certains sites affichent d'emblée les tailles disponibles quand l'internaute pointe un article.

Créer du lien

Avez-vous songé à développer l'interactivité avec vos clients, à initier une communauté autour de votre boutique ?
À l'heure du Web 2.0, c'est un des moyens de fidéliser les internautes. Relancez-les par courrier électronique après un achat, par exemple pour savoir s'ils sont satisfaits de leur produit et de votre boutique. Vous pourrez ainsi prévoir un espace de témoignages clients sur votre site, et même ouvrir les commentaires sur les fiches produit quand votre boutique commencera à prendre de l'envergure. Les techniques de fidélisation propres à Internet sont expliquées au chapitre 10.

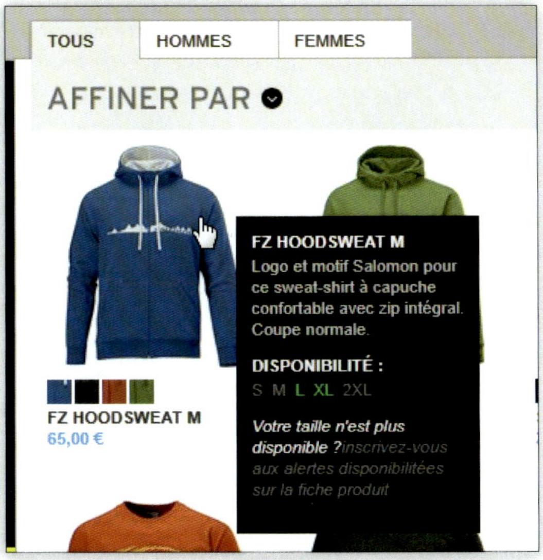

LES MODES DE LIVRAISON Proposez-vous un mode de livraison unique ou bien donnez-vous plusieurs possibilités ? Différents modes satisferont plus de clients. Certains privilégieront la livraison à domicile, plus ou moins rapidement ; d'autres le retrait en boutique ou dans un point « relais » proche de chez eux. Soyez le plus transparent sur les tarifs des différents modes de livraison. Sachez quand même que le plus important aux yeux des internautes est le respect des délais de livraison. Selon le 6e *baromètre sur les comportements d'achats des internautes* publié par la Fédération de vente à distance (Fevad), ce critère arrivait en deuxième position pour le choix d'un site marchand, juste après les prix attractifs.

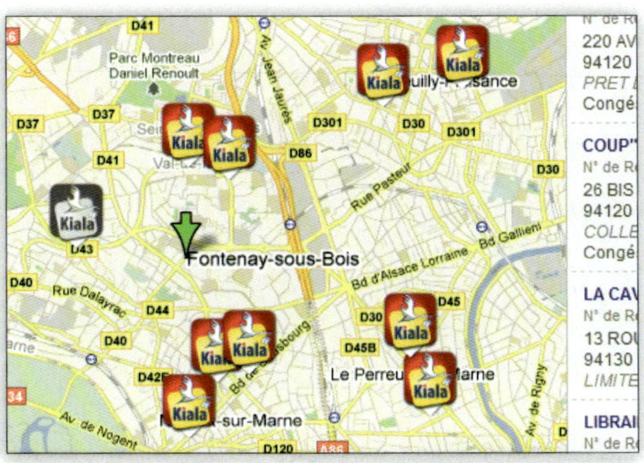

LES TYPES DE PAIEMENT Là encore, la diversité des modes de paiement peut faire la différence. Plus vous en offrez, plus vous simplifiez les achats de vos clients. Bien qu'il vous soit facturé, le paiement par carte bancaire, hors système tiers comme PayPal, est le plus plébiscité. Selon l'étude déjà mentionnée, 8 internautes sur 10 utilisent ce mode de paiement facile et sécurisé. Et proposez-vous un paiement à la livraison, qui rassure les plus « frileux » ?

ENFIN DES RÉPONSES ! Tout cela fait beaucoup de questions... auxquelles vous trouverez des réponses grâce à un logiciel que l'on appelle un outil d'analyse de trafic. Apprendre à l'utiliser et surtout à décrypter les résultats, comme nous vous l'expliquons dans les pages qui suivent, est essentiel pour comprendre les succès et les échecs, parfois instructifs, de votre stratégie commerciale. Des outils comme ceux intégrés à votre logiciel d'e-commerce ou le très complet et gratuit Google Analytics sont là pour ça. Ces logiciels ne peuvent évidemment pas savoir si l'internaute apprécie vos photos, mais ils savent vous dire quels produits sont consultés en priorité, d'où viennent les internautes, combien de temps ils restent en moyenne sur votre site, si le client abandonne l'achat à l'étape de livraison ou du paiement. Ils sont également indispensables pour estimer le retour sur investissement de vos efforts de communication. À partir de ces tableaux de bord et de votre analyse, vous serez plus apte à corriger les défauts et à actionner les meilleurs leviers de votre boutique.

ID	Article	Actif	Desc. (EN)	Desc. (FR)	Desc. (ES)	Desc. (DE)
1	iPod Nano		600	607	598	733
2	iPod shuffle		510	712	630	646
5	MacBook Air		854	987	924	965
6	MacBook		232	307	310	273
7	iPod touch		722	1132	928	840
8	Housse portefeuille en cuir (iPod nano) -		11	125	128	11
9	Écouteurs à isolation sonore Shure SE210		1817	2703	2802	1903
11	Robe Audrey		0	0	0	0
12	Robe Clara		0	0	0	0
13	Bague Emerald		0	0	0	0
14	Broche Sphinx		0	0	0	0
15	Robe Angela		0	0	0	0
16	Robe Daisy		0	0	0	0

Créer l'événement

Vous avez des idées révolutionnaires, l'envie d'élargir votre catalogue ? Évitez de tout chambouler d'un seul coup sur l'ensemble de votre boutique. Testez vos idées et de nouvelles références au cours d'événements promotionnels. Qui plus est, si vous utilisez la page d'accueil pour communiquer sur ces événements, vous ferez d'une pierre deux coups en renouvelant cette page qui reste trop souvent statique.

ENTRE CE QUE VOUS ESPÉRIEZ ET LA RÉALITÉ, IL Y A PARFOIS DES DISTORSIONS QUE LES LOGICIELS D'AUDIT VOUS INDIQUERONT.

Prendre les bonnes décisions grâce à l'analyse d'audience

DES STATISTIQUES À DISPOSITION

Même si vous êtes plutôt satisfait(e) des premiers mois d'activité de votre site, il est bon de vous pencher sur les quelques fonctions statistiques et d'audit que ne manque pas de vous offrir votre logiciel d'e-commerce. Il peut vous dire combien vous avez reçu de visiteurs sur une période donnée, identifier d'où venaient ces internautes (un moteur de recherche, un site partenaire, etc.), voire vous indiquer par quels mots-clés saisis dans Google les visiteurs ont atterri chez vous. Et il peut sans doute vous sortir des statistiques sur les produits et les catégories les plus populaires, ou le bon de réduction qui vous a permis de réaliser le meilleur chiffre d'affaires, entre autres.

PRENDRE LES BONNES MESURES

Prestashop, qui nous sert d'exemple dans ce guide, comporte ainsi des dizaines de tableaux de bord dans l'onglet Stats du panneau d'administration. Il vous présente ces mesures sous forme de graphiques, de tableaux de performance, de listes, qu'il sait, comme ses grands concurrents, exporter dans un format de fichier lisible par Excel. Vous aurez donc tout loisir de triturer ces données dans un tableur. Les logiciels comportent aussi parfois des fonctions d'analyse de vos fiches produit pour vous alerter par exemple sur la présence d'articles non illustrés par une photo ou dont le texte descriptif semble trop succinct. Bien entendu, ces conseils restent très basiques. Le plus dur, dans les statistiques, c'est l'interprétation ! Elle vous incombera, à la lueur de ces différents tableaux de bord et de quelques autres...

GOOGLE ANALYTICS EN RENFORT

Pour mieux connaître le comportement de vos visiteurs, vous pourrez, en effet, vous appuyer aussi sur des outils d'analyse d'audience externes tel que Google Analytics, gratuit et particulièrement puissant. Grâce à des codes judicieusement nichés dans vos pages Web, il note scrupuleusement qui consulte votre site, combien de temps, à quelle heure, etc. Dans leur panneau d'administration, les logiciels d'e-commerce prévoient en principe quelques options afin que vous n'ayez pas à insérer du code HTML dans vos pages Web. Cela reste toutefois nécessaire pour les fonctions les plus puissantes de Google Analytics, notamment celles analysant le chiffre d'affaires... qui ne sont sans doute pas cruciales pour une boutique qui se lance.

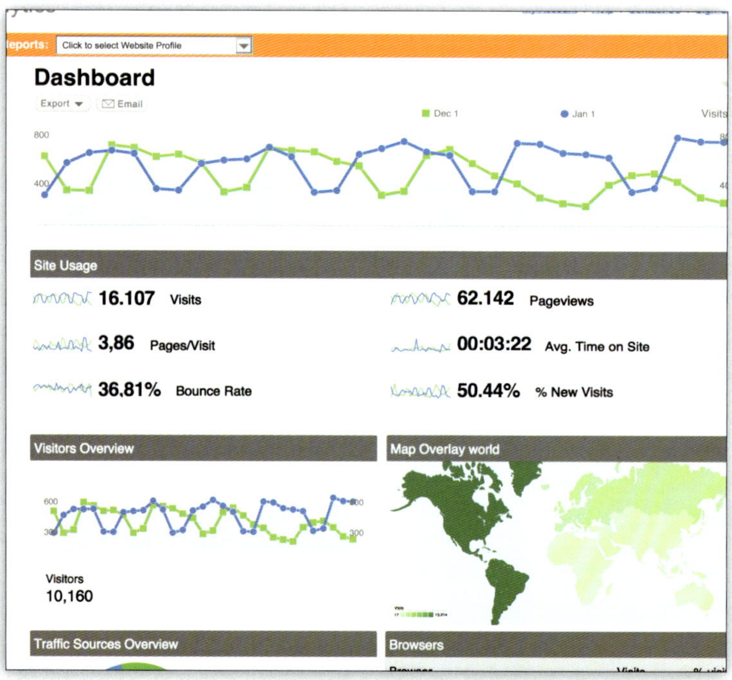

Votre logiciel d'e-commerce comporte des outils d'audit avec de nombreux tableaux de bord. Vous pourrez aussi profiter du puissant et complexe Google Analytics (à gauche).

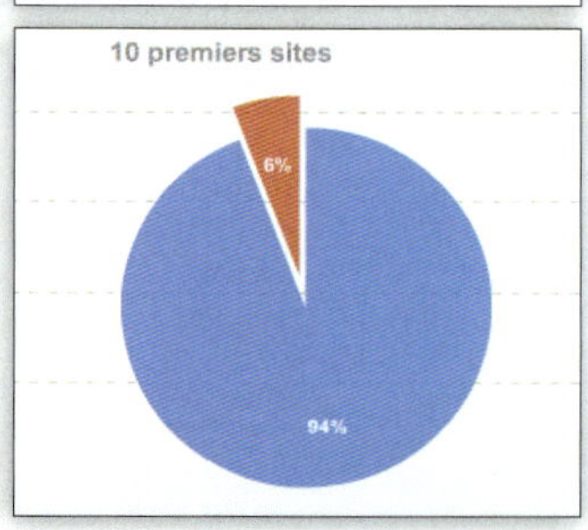

Réputation en jeu

Avant de vous perdre dans des tableaux de bord, le premier indicateur que vous devez suivre est celui des commandes en souffrance. Les enquêtes menées auprès des cyber-consommateurs démontrent que le respect du délai de livraison est LE critère qui fait que l'on retourne acheter sur une boutique en ligne et qu'on la conseille à ses proches. Si des internautes se plaignent de vous sur des forums, votre réputation est en jeu, ces sites risquent de remonter parmi les premières réponses dans les moteurs de recherche quand on tape le nom de votre boutique.

COMMENT… FAIRE SUIVRE VOTRE BOUTIQUE PAR GOOGLE ANALYTICS

1 **SE CRÉER UN COMPTE GOOGLE** Si vous ne possédez pas de compte Google, rendez-vous sur **Google.fr**, cliquez en haut de la page sur le lien Connexion, puis sur Créez un compte maintenant. Suivez ensuite les instructions, très classiques.

2 **SE CRÉER UN COMPTE GOOGLE ANALYTICS** Il faut aller maintenant sur **google.com/analytics** et commencer la procédure d'inscription. La première étape consiste à indiquer l'adresse de votre site, à lui donner un nom et à préciser que vous êtes en France. Notez que Google Analytics vous permet de suivre plusieurs sites à partir d'un même compte.

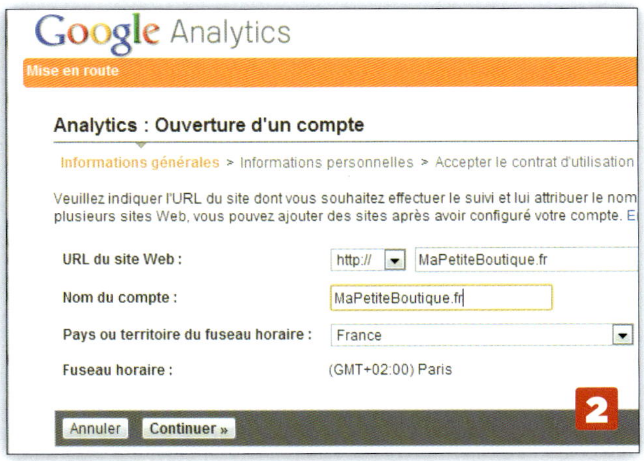

3 **PRÉCISER VOS INFOS PERSO** À l'étape suivante, indiquez vos nom et pays de résidence. Puis acceptez les conditions d'utilisation.

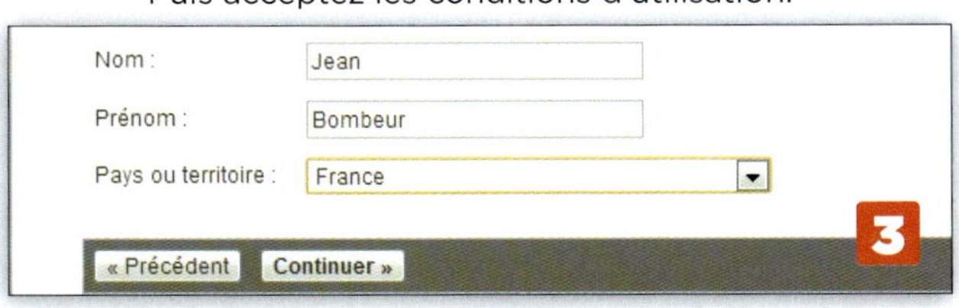

4 **CONFIRMER LE SUIVI** Dernière étape, Google vous indique du code à insérer dans vos pages Web. Pas de panique, vous n'aurez pas forcément à le faire, les concepteurs de votre solution d'e-commerce vous indiqueront si leur logiciel comporte ou non une fonction pour l'insérer à votre place. Voyons quand même à quoi correspond ce code. Une fois placé dans une page, il s'exécutera chaque fois qu'un internaute affiche cette page sur son ordinateur. C'est l'identifiant UA-xxxxxx-x flouté ci-dessous qui indique quel est votre compte. Voilà comment Google Analytics peut « traquer » vos visiteurs et en noter les pratiques. Ce code se place, par exemple, dans l'en-tête ou le pied de page, juste avant la balise </body>. Il n'a besoin d'être ajouté que dans les pages qu'on souhaite suivre. Cochez la case « Je souhaite effectuer le suivi de mes campagnes AdWords » si vous êtes concerné.

5 **ACTIVER GOOGLE ANALYTICS DANS UNE BOUTIQUE PRESTASHOP** Votre logiciel d'e-commerce prévoit peut-être un module Google Analytics. C'est le cas de Prestashop.
Dans le panneau d'administration de la boutique, cliquez sur l'onglet Modules. Dans le champ de recherche (des modules), tapez Analytics. Cliquez sur le bouton Installer. Indiquez votre identifiant Google Analytics noté plus haut pour que s'opère le lien avec votre compte.

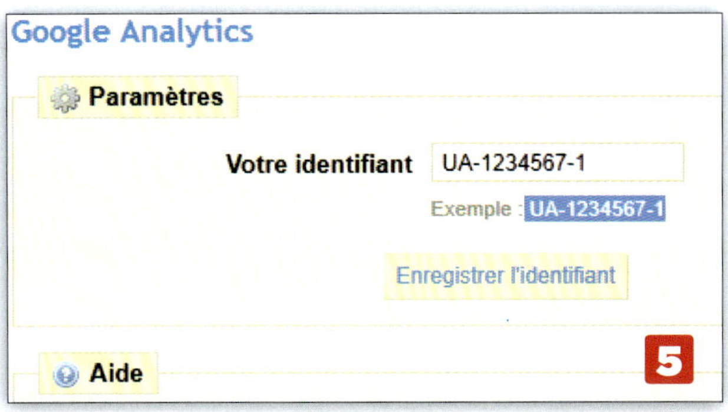

COMMENT… SUIVRE VOS VISITEURS AVEC GOOGLE ANALYTICS

Des graphiques, des tableaux de bord, des suivis détaillés… Google Analytics est une mine d'informations. Patientez quelques jours après avoir ouvert un compte, le temps qu'il rassemble des données et mesure votre audience.

Votre site est en ligne, et certaines de ses pages comportent le code nécessaire à la remontée d'informations dans Google Analytics. Alors connectez-vous sur **google.com/analytics** et lancez-vous. Le logiciel est d'une telle richesse qu'il est assez difficile de s'y retrouver. Dans un premier temps, restez dans les sentiers battus, ils sont déjà riches d'enseignements ; puis vous concevrez vos propres tableaux de bord et objectifs. Dans ses options, vous pouvez déléguer la consultation et l'analyse du compte à d'autres personnes en leur offrant un accès total ou limité.

1 VUE D'ENSEMBLE DES VISITES

Les premières informations que vous glanerez, sous formes graphiques et chiffrées, sont le nombre de visites et de visiteurs. Si un internaute se connecte deux fois à votre boutique mais à plus de 30 minutes d'écart, deux « visites » sont comptabilisées. Toutefois, cet internaute est comptabilisé comme un « visiteur unique » pour la journée.

2 OÙ VIVENT VOS VISITEURS

Dans la section Visiteurs, toujours, mais ce coup-ci dans les Données démographiques, vous connaîtrez la provenance des internautes, par pays, et également par ville si vous ne vendez qu'en France.

3 D'OÙ VIENNENT VOS VISITEURS

Dans le menu de gauche, mais cette fois dans la section Sources de trafic, vous découvrez trois données importantes : le « trafic de recherche » correspond aux requêtes sur Google, Bing, et autres moteurs de recherche comme Yahoo! : les mots-clés cherchés vous sont indiqués. Les « sites référents » sont ceux qui pointent vers votre boutique, vous pouvez en connaître le détail exact. Un « accès direct », enfin, consiste à taper l'adresse de votre site.

4 CHOISIR LES MOTS-CLÉS

Au-dessous, la section Contenu vous indique notamment quelles pages ont

Moins de 2 % de réussite

Ne soyez pas trop dur avec vous-même si beaucoup de visiteurs flânent dans votre site sans rien acheter. Selon les statistiques répertoriées par la Fédération française de vente à distance (Fevad), moins de 2 % des internautes qui se rendent dans une boutique en ligne effectuent un achat. Ce taux grimpe à 55 % pour un commerce de proximité.

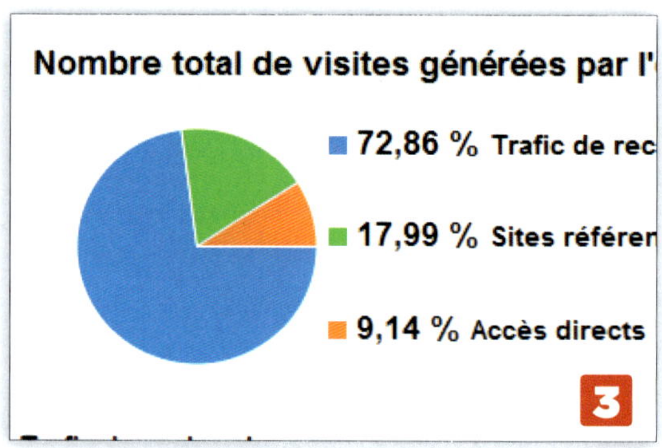

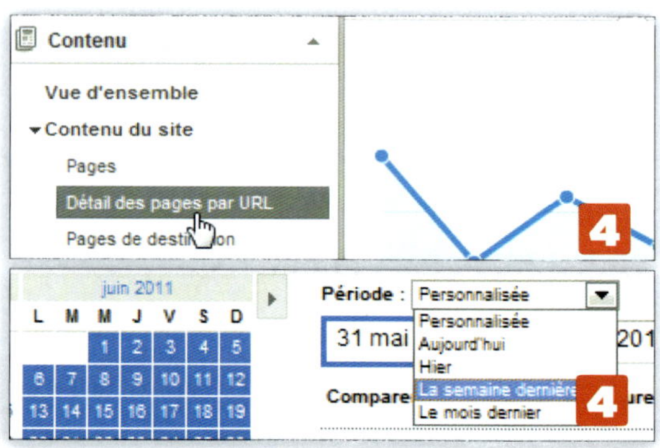

été vues et combien de fois. En cliquant sur une page précise, vous connaîtrez le temps moyen passé sur cette page et aussi son « taux de rebond »: si ce pourcentage est élevé, cela signifie que beaucoup de visiteurs ont quitté votre site sitôt cette première page consultée. Ce peut être un bon indicateur pour vos « pages d'atterrissage » de campagnes publicitaires abordées en page 124. Notez que la plupart des données vous seront présentées, à votre convenance, par semaine, par mois, etc.

5 DÉCLARER SON SITE EN TANT QUE BOUTIQUE Dans les paramètres d'un profil (puisque vous pouvez en créer plusieurs pour un compte), une option est prévue vous permettant d'indiquer que votre site est un site d'e-commerce et que sa devise est l'euro. Si vous ajoutez des codes spéciaux dans vos pages Web, Google Analytics réalisera des statistiques sur les produits et le chiffre d'affaires.

6 DÉFINIR UN OBJECTIF Un objectif vous éclaire sur le nombre d'internautes qui ont consulté une page précise, par exemple une page de validation de commande ou une autre de promotions pointée par votre lettre d'information. Dans le menu horizontal, choisissez Mes conversions, puis Objectifs. Pressez le bouton « Créer des objectifs et des entonnoirs de conversion ». Là, cliquez sur le premier lien « Ajouter un objectif ». De l'affichage du panier à la validation de la commande, nous allons suivre tout le processus d'achat d'un client.

7 PRÉCISER LE TYPE D'OBJECTIF Nommez l'objectif « Validation commande » et indiquez que son type est la Destination de l'URL. Copiez-collez l'adresse de la page Web qui concrétise la réalisation de cet objectif, ici celle de validation de la commande. Dans « Type de correspondance », sélectionnez Correspondance d'expressions régulières. Ne cochez pas la case « Sensibilité à la casse » et tapez 1 dans la valeur de l'objectif. Si vous pressez le bouton Enregistrer, la section Objectifs d'Analytics vous livrera dès le lendemain ses premiers rapports pour cette page. Mais afin de suivre un groupe de pages, cochez « Utiliser l'entonnoir de conversion » et poursuivez...

8 SUIVRE TOUT LE PROCESSUS D'ACHAT L'entonnoir de conversion vous permet d'indiquer chaque page d'un processus, tel que: j'affiche le panier, je m'identifie, je choisis le mode de livraison, celui de paiement et enfin (objectif fixé à l'étape 7) je valide la commande. Ajoutez vos étapes en copiant-collant l'URL de la page depuis votre boutique. Dans ses rapports, Google Analytics indique les réussites mais aussi à quelle étape le client a abandonné votre objectif. C'est cette étape que vous devrez améliorer sur votre site.

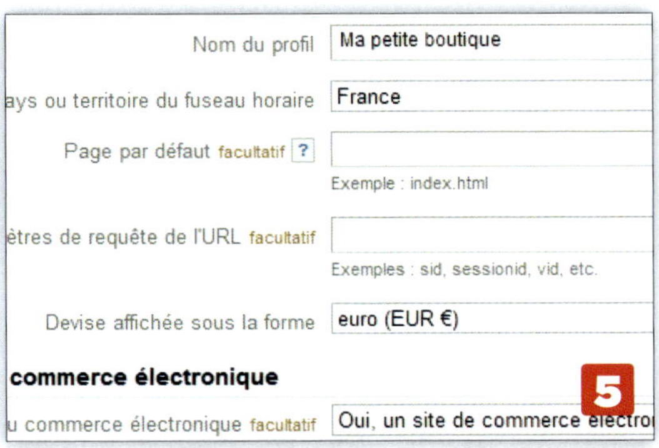

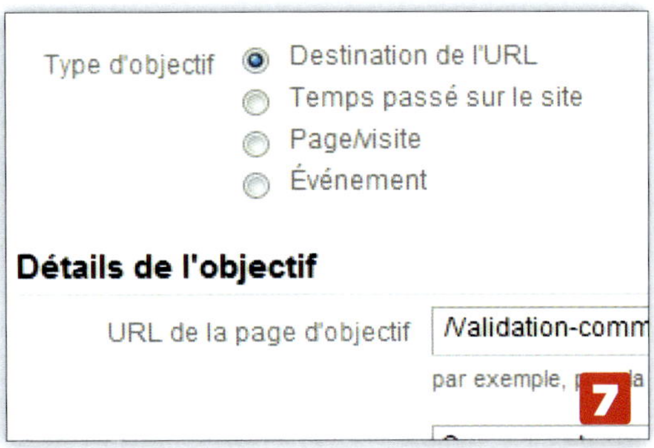

Code perdu

Si vous avez perdu votre code de suivi Google Analytics, qui se présente sous la forme UA-XXXXX-Y, rendez-vous sur la page Paramètres (la petite roue dentée), sélectionnez le bon Profil s'il y en a plusieurs, puis cliquez sur l'onglet Code de suivi.

Experts ès Audience

Sur les blogs et forums, vous trouverez de bons conseils pour définir un objectif ou le suivi d'un processus d'achat (un entonnoir de conversion) dans votre logiciel d'e-commerce. Pour une petite boutique, les tableaux de bord classiques de Google Analytics sont amplement suffisants. Si votre e-boutique devient prospère et que le nombre de visiteurs grimpe en flèche, vous pourrez faire appel à des sociétés spécialisées dans l'analyse d'audience.

QUAND L'INTERNAUTE CLIQUE SUR UNE DE VOS PUBS EN LIGNE, IL ARRIVE SUR UNE « PAGE D'ATTERRISSAGE », UN DÉCLENCHEUR DE VENTE.

Conclure des ventes grâce aux pages d'atterrissage

Attirer le prospect dans votre boutique grâce à la publicité en ligne, c'est bien. Mais si, une fois arrivé sur votre site, l'internaute n'est pas satisfait et tourne les talons, vous aurez perdu un client mais aussi de l'argent (le coût du clic). Cela signifie que la page sur laquelle est arrivé le visiteur, que l'on appelle une page d'atterrissage ou page de destination, n'est pas efficace. Or, son but est de transformer un visiteur motivé – il a cliqué sur une pub – en un acheteur. Supposons ici que vous ayez acheté des mots-clés Google AdWords que l'internaute peut taper dans une recherche. Votre pub apparaît, il clique. Voici quelques conseils pour rendre votre page d'atterrissage profitable.

UNE PROMESSE À TENIR Le plus efficace est de faire une offre ciblée, répondant aux désirs de celui qui débarque sur votre site via un lien commercial ou une bannière publicitaire. Si la page qui s'affiche ne répond pas immédiatement à ses attentes, il est peu probable qu'il passe du temps sur votre site dans une recherche.

RAREMENT LA PAGE D'ACCUEIL
La page d'accueil d'un site n'est donc que rarement la bonne page d'atterrissage. Si l'internaute a tapé des mots-clés, dans Google AdWords, mieux vaut indiquer une page de votre site qui se rapporte à ce produit ou à cette catégorie de produits. Si le prospect vient à partir d'une bannière publicitaire installée sur un site d'information spécialisé, la page d'atterrissage sera dans ce cas adaptée à la thématique traitée et ne proposera que des produits associés.

ALLER AU PLUS RAPIDE Si vous ne disposez que de peu de temps et de moyens, le plus simple consiste à afficher la catégorie ou la sous-catégorie de produits qui correspond aux mots-clés de votre publicité. Parfois cependant, même si vous avez bien structuré votre catalogue, cette catégorie n'existe pas telle quelle sur votre site. Si l'internaute recherchait « blousons cuir », vous ne savez pas s'il s'agit d'un blouson pour femme, pour homme ou pour enfant.

Page cachée
Une page d'atterrissage n'est pas nécessairement accessible à partir des menus de votre boutique. Il peut s'agir d'une page spéciale visible uniquement par les internautes qui ont cliqué sur le lien publicitaire.

Campagnes multiples
Plutôt que de tout miser sur une seule belle page d'atterrissage, autrement dit sur une seule campagne publicitaire dont vous payez très cher les mots-clés, mieux vaut miser de petites sommes sur des dizaines de mots-clés. Créer autant de pages d'atterrissage vous prendrait alors un temps fou ! Renvoyez donc vers vos sous-catégories.

On tape « t-shirt personnalisé » dans Google, une publicité nous renvoie vers ce site. Pas sur sa page d'accueil, beaucoup trop générale, mais sur la page qui permet directement de personnaliser un T-shirt avec le texte et l'image de son choix. Le prix est clairement indiqué. Peu de sites renvoient comme cela sur un seul produit, car la campagne de pub mise sur un seul article, ce qui est coûteux. Un risque mesuré ici, puisque la personnalisation permet justement de proposer des dizaines de déclinaisons et de prix différents.

La requête tapée sur Google : « chaussures rando ». La boutique Salomon.com, qui a acheté ces mots-clés, préfère renvoyer sur toute sa gamme de chaussures. Dans cette catégorie, deux sous-familles, petite et grande randonnée, correspondent bien aux critères recherchés. L'internaute considère donc que son clic est fructueux puisque la page d'atterrissage lui permet d'affiner son choix. Revers de la médaille assumé par cette grande marque : sur cette page, il n'y a pas d'incitation immédiate à acheter.

Effectuez alors la recherche dans le moteur de votre boutique pour voir la liste de produits qu'il renvoie. Copiez l'adresse URL de cette requête visible dans la barre d'adresse de votre navigateur, c'est elle qu'il faudra indiquer à Google AdWords ou dans votre bannière comme page d'atterrissage de la publicité.
Notez que vous pouvez acheter le mot-clé « blouson » mais vous pouvez faire une recherche sur « veste » si ce mot-clé renvoie de meilleurs résultats dans le moteur de recherche de la boutique.

CRÉER UNE PAGE SPÉCIALE

Vous pourriez aussi créer une page d'atterrissage spéciale – et ce serait même mieux – dédiée à votre campagne publicitaire. Pour être efficace, cette page doit être synthétique et ne concerner que le sujet qui a motivé l'internaute. Dans le descriptif des produits qui s'affiche, allez à l'essentiel, livrez les informations principales, soulignez les atouts avec des mots en gras ou des puces. Illustrez-la d'une belle photo.
Des informations plus complètes sur le produit peuvent être délivrées dans un cadre de plus petite taille. Évitez de surcharger la page par de multiples informations concernant d'autres articles, sauf pour offrir des déclinaisons de ce produit.

SE FOCALISER SUR LA VENTE

Dans le cas d'une boutique en ligne, cette page doit contenir de manière très visible les outils pour réaliser l'achat, le bouton Ajouter au panier. Les professionnels du marketing Internet parlent d'une seule « action transformante » sur la page d'atterrissage. Inutile de proposer ici un abonnement à votre newsletter ou encore un jeu concours (à moins que ce concours ne soit, bien sûr, l'objet de votre page d'atterrissage). Ne distrayez pas le client potentiel. Il faut limiter au maximum les liens invitant l'internaute à quitter la page. Certains sites marchands vont d'ailleurs jusqu'à masquer le menu vertical, dans la colonne de gauche, afin d'empêcher que les visiteurs ne soient distraits par d'autres liens à cliquer.

VÉRIFIER VOS HYPOTHÈSES

Avant de mettre en ligne une page d'atterrissage spéciale, posez-vous les questions suivantes : est-ce bien le ou les produits associés aux mots-clés ou à la bannière choisis ? Puis-je être distrait par d'autres infos ? Combien de liens externes comporte la page ? M'incite-t-on à acheter ? Enfin, grâce aux indicateurs de trafic comme Google Analytics, analysez l'efficacité de votre page d'atterrissage. Si le taux de rebond est important, la page ne présente aucun intérêt ou il y a quelque chose de gênant. Si le temps passé dessus est élevé, c'est qu'il y a peut-être trop d'informations ou un souci dans le tunnel d'achat. Si le taux de conversion est haut, c'est que vous avez vu juste. Bravo !

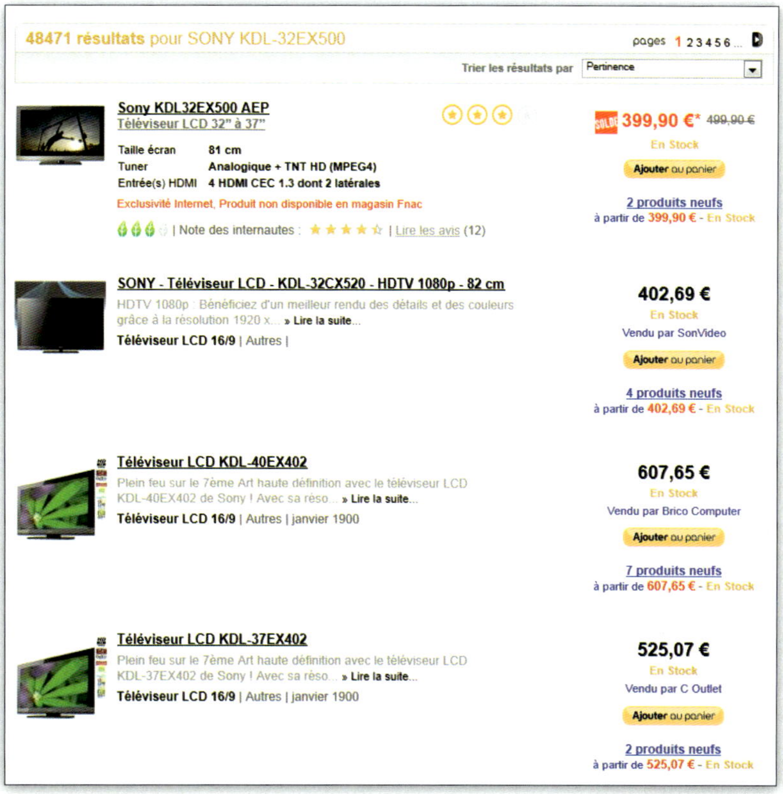

Même si une publicité Google AdWords répond à des mots-clés très précis, ici la référence d'un téléviseur Sony, Fnac.com n'affiche pas la fiche produit mais ouvre le champ des propositions en affichant aussi d'autres téléviseurs Sony, comme si vous tapiez vous-même la référence dans le champ de recherche. D'autres sites listent tous leurs téléviseurs soldés, dont celui-ci.

La boutique comporte une sous-catégorie répondant exactement aux mots-clés recherchés : « Canapé cuir ». La page d'atterrissage (de Delamaison.fr) est donc cette famille de produits, comme si l'internaute avait lui-même sélectionné la sous-catégorie dans le menu en haut.

CHAPITRE 10

Fidéliser votre clientèle

À DÉCOUVRIR DANS CES PAGES

Fidéliser votre clientèle

Tout le soin et les efforts que vous avez consentis pour monter votre boutique en ligne feront de vous un cyber-commerçant heureux. Mais il reste encore un aspect important qu'il vous incombe de prendre en compte : la communication avec les clients. Vous devez aller vers eux afin de leur rappeler l'existence de votre commerce, mais sans excès, au risque de les agacer. Les moyens sont multiples : newsletter, blog où ils pourront s'exprimer, flux RSS, sans oublier les réseaux sociaux.

EFFICACE POUR FIDÉLISER VOS CLIENTS, LA LETTRE D'INFORMATION DEMANDE UN SOIN PARTICULIER ASSORTI DE QUELQUES PRÉCAUTIONS.

Diffuser une newsletter pour informer vos visiteurs

Une newsletter ? C'est une lettre d'information envoyée par mail à vos clients et visiteurs qui ont choisi de s'y abonner. Réalisée dans les règles de l'art, elle va contribuer à consolider la relation avec eux. Pour ne pas les « bombarder » d'e-mails, l'envoi d'une lettre par mois nous semble un rythme correct. Vous pouvez en expédier plus selon l'actualité de votre boutique.

LE CONTENU La newsletter doit mettre en valeur votre boutique et le lien que vous souhaitez avoir avec vos clients. Côté esthétique, il est conseillé de la mettre aux couleurs de votre site. Utilisez un format et un design clair agrémenté de quelques photos, mais pas trop. Ce n'est pas un simple catalogue. En plus des nouveautés, essayez d'apporter de la valeur ajoutée sous forme de conseils en bricolage si vous vendez de l'outillage, actualités réglementaires de votre secteur, codes promo qui incitent à cliquer… La lettre peut apparaître en texte simple, avec une présentation très sommaire (du texte et quelques liens vers votre site), ou au format HTML nettement plus séduisant.

S'INSCRIRE ET SE DÉSINSCRIRE

Attention, il ne s'agit pas un mail publicitaire. Pour ne pas être estampillé comme « spammeur », vous ne devez l'envoyer qu'aux internautes qui en ont fait expressément la demande. Ces derniers doivent donc s'inscrire sur votre site grâce à un formulaire. Sur la page d'accueil, voire sur toutes les pages du site, prévoyez un lien « S'inscrire à notre lettre d'information ». Il est également intéressant de faire cette proposition après qu'un client a finalisé un achat. Une phrase du genre « Nous ne communiquerons pas votre adresse mail à des tiers » le mettra en confiance. Un lien « Se désinscrire » doit systématiquement être prévu en fin de newsletter. Cette gestion des inscriptions et désinscriptions est assumée par votre outil de newsletter.

COMMENT CRÉER LA LETTRE

La gestion d'une newsletter peut se résumer en trois étapes : récolter les adresses e-mail (votre logiciel d'e-commerce le fait sûrement) ; créer le contenu de la

Déclaration à la CNIL

Les adresses e-mail de vos clients sont des données personnelles. Le fichier dans lequel vous les collectez doit impérativement faire l'objet d'une déclaration auprès de la CNIL (Commission nationale informatique et libertés). Sur le site **www.cnil.fr**, vous trouverez toutes les informations concernant vos obligations vis-à-vis de ces données (sécurité, durée de conservation…) et des personnes concernées. Et vous pourrez y déclarer le fichier.

Une newsletter d'une boutique en ligne ne doit pas être seulement une extension de son catalogue. Quelques conseils pratiques et des informations sont les bienvenus.

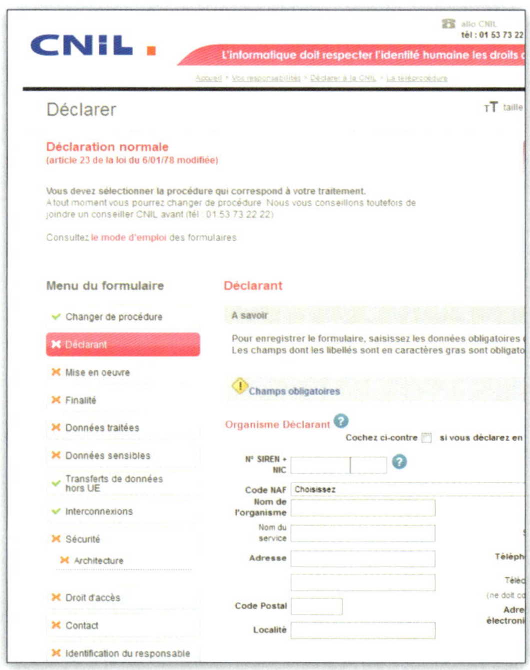

Le fichier de collecte des e-mails doit faire l'objet d'une déclaration à la CNIL. Cela fait partie de vos obligations, sauf si vous utilisez un fichier client déjà déclaré.

lettre ; envoyer la lettre à tout ou partie des inscrits. Ces étapes sont assumées soit par le même logiciel, soit par deux ou trois logiciels différents. Certaines solutions d'e-commerce comme Oxatis gèrent tout de bout en bout. Elles vous offrent d'office des fonctions de mise en page à partir de modèles prêts à l'emploi. Vous pouvez aussi confier la réalisation du design de la lettre à une agence graphique (mais c'est vous qui devrez l'alimenter chaque mois). Si aucune fonction n'est prévue pour créer la lettre, vous passerez par des modules à installer, gratuits ou le plus souvent payants, ou bien par des logiciels indépendants de celui qui gère votre boutique (Dreamweaver, BlueGriffon…). Même si elle ne vous offre que des fonctions très sommaires de personnalisation, une solution intégrée est préférable car vous ajoutez en quelques clics des infos sur les produits dans la newsletter : elles apparaissent avec photo, courte description, prix et un lien vers la fiche produit sur votre boutique. Dans une solution non intégrée, vous devrez insérer vous-même toutes ces infos.

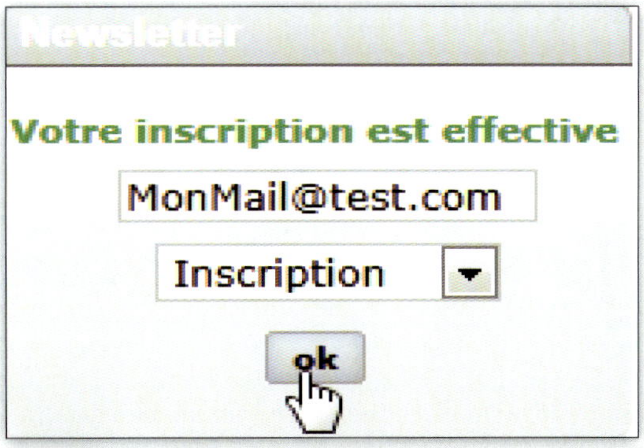

Sur votre site, un mini formulaire d'inscription incite les visiteurs à s'abonner à votre lettre d'information.

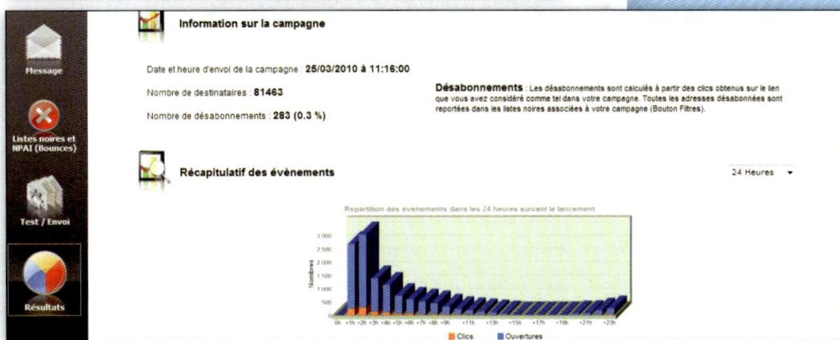

Les logiciels d'e-mailing comportent souvent des outils d'analyse qui comptabilisent les ouvertures, les clics effectués, le temps de réactivité, etc.

DIFFUSER LA LETTRE VOUS-MÊME

Le fait est que vous pourriez tout faire : recueillir les adresses, les insérer dans le champ Cci de votre logiciel de messagerie, insérer le contenu dans le corps du message et expédier. Notez qu'il faut utiliser le champ Copie carbone invisible (Cci) pour ne pas communiquer aux destinataires les adresses mail des autres. Cela constituerait une infraction à votre obligation de confidentialité (jusqu'à 100 000 euros d'amende). D'ailleurs, pour contrer les spammeurs, les fournisseurs d'accès interdisent l'envoi massif d'e-mails, donc oubliez cette solution.

LA DIFFUSER AVEC UN OUTIL SPÉCIALISÉ

La seconde solution consiste à utiliser un logiciel d'e-mailing en version gratuite (comme PHPList) ou payante (tel que Sarbacane, qui gère aussi la création des lettres), intégré ou non à votre logiciel d'e-commerce. Attention à la gratuité ! La contrepartie peut être l'exploitation à des fins publicitaires des adresses e-mail que vous communiquerez. Dans tous les cas, vous devez fournir au logiciel la liste des adresses e-mails des abonnés récoltées via votre boutique. Une fonction d'exportation du fichier est alors prévue. Si le logiciel d'envoi est intégré à la boutique, cette étape d'export est inutile. En revanche, si l'intégration est poussée, choisissez d'envoyer la lettre aux abonnés qui ont déjà acheté, voire à ceux dont la commande a dépassé un certain montant (pour leur offrir un code promo, par exemple), ou à ceux qui n'ont jamais acheté, ou encore uniquement aux Français. Conseil : même si vous envoyez la même lettre à tout le monde, il est judicieux de créer deux groupes (les « déjà acheteurs » et les autres) afin d'évaluer l'efficacité sur chaque groupe. Car ces outils spécialisés offrent des fonctions statistiques qui permettent notamment de savoir qui a consulté la newsletter, quand, quels liens ont été cliqués. Ces infos vous aideront à en améliorer le contenu.

Servez-vous de la newsletter pour augmenter l'audience de votre site en utilisant vos clients comme ambassadeurs. Mettez à leur disposition dans la lettre des outils pour cela.

COMMUNIQUER AVEC VOS CLIENTS VIA UN BLOG PERMET D'ASSEOIR VOTRE LÉGITIMITÉ ET DE FAIRE VALOIR VOTRE EXPERTISE.

Animer un blog qui traite de votre univers marchand

Dans sa forme de base, un blog est un site Web qui se présente comme un carnet de route. Au fil des jours sont publiés des articles, le plus récent chassant le précédent vers le bas de la page. Aujourd'hui, il existe toute sorte de blogs qui traitent de tous les sujets imaginables. Animer un blog dédié aux produits que vous commercialisez permet de créer une communauté autour de votre univers. C'est un outil de fidélisation. Vous nouerez ainsi des liens avec les internautes qui deviendront sans doute de futurs clients. En ouvrant cet espace aux internautes grâce à la possibilité de laisser des commentaires sur vos articles, vous glanerez de précieuses informations sur ce que recherchent ces consommateurs. Pour se lancer, nul besoin de bourse délier. De nombreuses plateformes gratuites avec des outils simples sont disponibles (Overblog, Canalblog, etc.), ainsi que des solutions de type WordPress à héberger sur votre propre espace disque (lire page 132).

1 UN LIEN DE PARENTÉ Dans la mesure du possible, essayez de choisir et d'utiliser un thème graphique qui rappelle celui de votre boutique, sans être forcément identique. Les visiteurs doivent voir le lien de parenté entre le blog et votre boutique mais ils doivent aussi distinguer les deux.

2 LE CONTENU Sans avoir à intervenir dix fois par jour, il est tout de même nécessaire de publier régulièrement des articles (aussi appelés billets). Deux à trois par mois est un rythme tout à fait honorable. Parlez-y de vos nouveautés, de vos promotions mais aussi d'actualités de votre secteur, et pourquoi pas de votre aventure entrepreneuriale. Soignez la langue (adaptez-la à votre cible aussi) et évitez les fautes d'orthographe. Les billets affichés en première page ne doivent pas être trop longs (une dizaine de lignes tout au plus). Prévoyez si nécessaire un lien « Lire la suite... » lors de la rédaction de l'article.

3 LES ILLUSTRATIONS Pour animer ces pages, introduisez des illustrations ou encore des séquences vidéo. Prenez garde aux droits d'auteur si ce ne sont pas vos propres clichés. Veillez à avoir toutes les autorisations nécessaires pour publier ces contenus multimédia.

4 UNE COMMUNICATION À DEUX SENS La publication est unidirectionnelle dans bien des médias, même avec des outils Internet comme la newsletter. Sur un blog, elle peut être bidirectionnelle. Ne vous en privez pas, activez la fonction commentaire lors de la création de votre blog. Ainsi, les internautes pourront interagir avec vous sur les sujets que vous proposez (un produit, une réglementation, une promotion...). Voilà un moyen peu cher pour tester l'intérêt de nouveaux produits, en sollicitant l'avis de vos clients et de tout internaute frayant sur votre blog. Et puis il est agréable d'échanger des informations, des connaissances et des points de vue sur des sujets liés à votre business, sujets qui vous tiennent à cœur.

5 VOTRE SPHÈRE INTERNET Sur le blog, il est indispensable de faire des passerelles vers vos autres espaces Internet. Vous avez une page Facebook ? Vous avez un compte Twitter ? Vous tenez un flux RSS ? Collez ici les liens pour y accéder. Et inversement. Créez des liens depuis les réseaux sociaux vers ce blog. Techniquement, c'est très facile.

6 UN BLOG, ÇA CRÉE DES LIENS Évidemment, il faut y placer votre boutique. N'ayez pas peur d'ajouter des liens vers d'autres blogs spécialisés de qualité. En croisant les informations de ces blogs et du vôtre, cela peut asseoir votre légitimité sur les sujets abordés. Et, échange de bons procédés, profitez-en pour demander à ces blogueurs de référencer le vôtre. Cela contribuera à augmenter votre trafic et à être mieux référencé sur Google.

7 UN NUAGE PAS SI BRUMEUX Le nuage de mots permet aux internautes de trouver rapidement des articles en rapport avec certains mots que vous avez mis en avant lors de la rédaction d'un article. Mais c'est surtout un excellent outil pour voir quels mots-clés ils privilégient dans leur recherche. Pour affiner une campagne publicitaire AdWords, par exemple, c'est un excellent indicateur. La taille des mots variant en fonction de leur succès, vous verrez (les visiteurs aussi) d'un coup ceux qui intéressent le plus les internautes et donc les sujets que vous avez abordés qui les captivent le plus.

Les annuaires de blogs

Faites référencer votre blog par les annuaires spécialisés. Les inscriptions y sont généralement gratuites. Certains annuaires proposent une formule payante afin de mettre en avant votre blog. Vous avez aussi intérêt à vous faire référencer par le maximum de sites traitant de la même thématique que le vôtre.

1
Autour du Bio .fr
ACCUEIL
BLOG AUTOUR DU BIO
GUIDE DES PRODUITS BIO
CONTACT
Chercher
Magasin De Déstockage www.kgbdeals.fr
Inscrivez-vous & recevez des offres Bons plans : jusqu'à -90%
Simulation Photovoltaique Photovoltaique-Solutions.com
Essayez notre Simulateur en ligne C'est Gratuit et Sans Engagement !
Shopping à Paris à -50% www.LivingSocial.com
Offres Exclusives de -50% à -90% Dans les Top boutiques de Paris !
Offre Paris -70% www.GROUPON.fr/Paris
Bénéficiez d'Offres Incroyables Du Jamais Vu à Paris
Annonces Google
Transport
Les voitures électriques Reva au Salon automobile de Francfort
Par Nath le mardi 15 septembre 2009, 18:50
3
Le constructeur indo-américain Reva dévoilera, lors du 63ème salon automobile de Francfort qui se tiendra du 17 au 27 septembre 2009, son nouveau modèle, la Reva NXR : un véhicule familial entièrement électrique, conçu et fabriqué à Bangalore.
2
Chetan Maini, 39 ans, avait conçu, lorsqu'il était étudiant en ingénierie mécanique aux Etats-Unis, une voiture solaire qui avait remporté des courses ! De fil en aiguille, il a créé la marque Reva, pour fabriquer des véhicules propres et respectueux de l'environnement. Aujourd'hui, il y est parvenu et veut sortir un nouveau modèle par an. Même si Riva a une longueur d'avance puisque ses voitures électriques existent, attention aux géants qui s'apprêtent à conquérir le marché...
aucun commentaire
4
Premier avion solaire : Solar Impulse
Par Nath le vendredi 26 juin 2009, 14:21
3
Le premier avion fonctionnant entièrement à l'énergie solaire, le Solar Impulse, a été présenté aujourd'hui par le Suisse Bertrand Piccard, qui devrait l'utiliser pour faire le tour du monde en cinq étapes de cinq jours d'ici trois ans.
Selon lui, "si un avion est capable de voler nuit et jour sans carburant, propulsé uniquement par l'énergie du soleil, que personne ne vienne ensuite prétendre qu'il est impossible de faire la même chose pour des véhicules" ! André Borschberg, cofondateur du projet, précise : "Relever un tel défi n'est possible qu'en tirant un profit maximum de l'énergie solaire", ajoutant que "chaque watt compte et toutes les formes d'économies d'énergie sont recherchées" pour ce projet.
Après six ans de recherches et de travaux, l'équipe de 70 personnes a donc contruit un avion en fibre de carbone, d'une envergure d'un Airbus A340 (63,40 mètres), mais seulement du poids d'une voiture (1.600 kg). 12.000 cellules photovoltaïques sont sur sa voilure pour alimenter quatre moteurs électriques d'une puissance de 10 cv chacun et les batteries lithium-polymère de 400 kg.
Après un vol d'essai en Suisse programmé d'ici la fin de l'année, un premier vol de nuit est prévu pour 2010. Chapeau !
2 commentaires
4
Nouvelle A19 : éco-autoroute ?
Par Nath le mardi 16 juin 2009, 10:23
L'A19 est une nouvelle autoroute, ouverte aujourd'hui, qui relie Artenay et Courtenay (45) sur 101 km. Arcour, qui en est concessionnaire pour 65 ans, annonce, avec cette première "éco-autoroute", une nouvelle génération d'autoroute vantant le nec plus ultra en matière d'environnement.
Dominique Bussereau, secrétaire d'État aux Transports indique "C'est un modèle vers lequel l'ensemble du réseau doit tendre". Pierre Coppey, PDG de Cofiroute et d'Arcour affirme "Nous avons fait des efforts sans précédent".
L'A19 va effectivment plus loin que n'exige la réglementation puisque la moitié des 847 millions d'euros investis sont liés à l'environnement : 200 000 arbres plantés, neuf kilomètres de murs antibruit, soit le double de ce qu'impose la loi, 108 bassins de traitement des eaux de ruissellement et 166 passages pour protéger les animaux sauvages.
Cependant, attention : la campagne de communication autour de l'évènement est parfaite, mais il n'en reste pas moins que l'autoroute est antinomique avec la préservation de l'environnement et la lutte contre le réchauffement climatique... Les Verts le rappellent : "C'est ainsi que le Grenelle de l'environnement s'est conclu, fin 2007, par un consensus en faveur d'un moratoire concernant toute nouvelle autoroute en France. De ce fait, les Verts Loiret souhaitent que l'A19 soit bel et bien la dernière des autoroutes et que la priorité du XXIème siècle devienne la relocalisation des emplois et le développement des moyens de transports alternatifs aux camions". Dominique Ronceray, leur porte-parole, conclut "Maintenant qu'elle existe, il faut qu'elle soit
5
COMPTE PRO
Rechercher
OK
A visiter
6
ARCY-VERT
ANNONCES & TROC
Achat, vente
ANNONCES & TROC
Achat, vente
Binette & Jardin
Catégories
Santé et Bien-être
Agriculture Biologique
Environnement
Energie / Habitation
Transport
Ecologie
Tourisme / Evenements
Alimentation Bio
Développement Durable
Tags
7
agriculture alimentation bio commerce equitable developpement durable emission co2 energie renouvelable faucheur gaz a effet de serre grenelle environnement mais transgenique ministre ecologie developpement durable monsanto ogm pesticides pollution produit bio rechauffement climatique salon union europeenne vin bio
Tous les tags
Les produits du guide du bio
Lait Démaquillant au lait de jument
Lait Corporel au Lait de Jument
Crème Visage Homme au Lait de Jument
Crème Visage Femme au Lait de Jument
Acide hyaluronique : Sérum Dermoline Hydric LT laboratoires
Dekotou
Sakatrois
Sakapoche
Sakabowl
Sakapad
Dekoseat
Dekolampe
Dekolight
Sakaphone

COMMENT… DÉMARRER VOTRE BLOG AVEC WORDPRESS

S'il est un outil libre, gratuit et facile à utiliser pour créer et gérer un blog, c'est bien WordPress. Inutile d'être un informaticien chevronné pour parvenir à publier vos premiers articles. La preuve par l'exemple.

Pour créer votre blog, si tant est que votre solution d'e-commerce ne vous propose aucune facilité, nous vous invitons à utiliser WordPress. Cet outil est un CMS, acronyme de *Content Management System*, autrement dit un système de gestion de contenus. Grâce à WordPress, vous générez facilement un blog et publiez tout aussi aisément vos articles. À l'instar de Prestashop, vous pouvez l'installer sur votre disque dur avant de le transférer sur le Net. Cela vous permet de mettre en forme votre site à l'abri des regards, le temps de le peaufiner. Au préalable, vous avez donc à installer Wamp sur PC ou Mamp sur Mac et à créer une base de données, nommée ici « wordpress », comme indiqué en pages 14-15 de ce guide.

1 TÉLÉCHARGER WORDPRESS

Rendez-vous sur le site **www.wordpress-fr.net**. Vous y trouvez en page d'accueil un bouton de téléchargement. Grâce à ce lien, vous rapatrierez sur votre ordinateur un fichier compressé de la dernière version française en date. Dans notre cas, il s'agit de la version 3.2. Décompressez l'archive dans un dossier intitulé Wordpress dans C:\Wamp\www sur PC et dans Applications/Mamp/htdocs sur Mac.

2 PARAMÉTRER AVANT D'INSTALLER

Rendez-vous dans le dossier Wordpress. Changez le nom du fichier wp-config-sample.php en wp-config.php. À l'aide de votre éditeur de texte (Bloc-notes Windows, par exemple), ouvrez le fichier wp-config.php. Sous la ligne « Nom de la base de données de WordPress », indiquez le nom choisi plus haut (ici, wordpress) dans le champ à côté de 'DB_NAME'. Indiquez le nom d'utilisateur en dessous, à côté de 'DB_USER' (ici, root) puis, à côté de 'DB_PASSWORD' saisissez le mot de passe utilisé pour accéder à la base de donnée (ici, il est vide). N'oubliez pas les apostrophes qui encadrent les mots. Enregistrez le fichier.

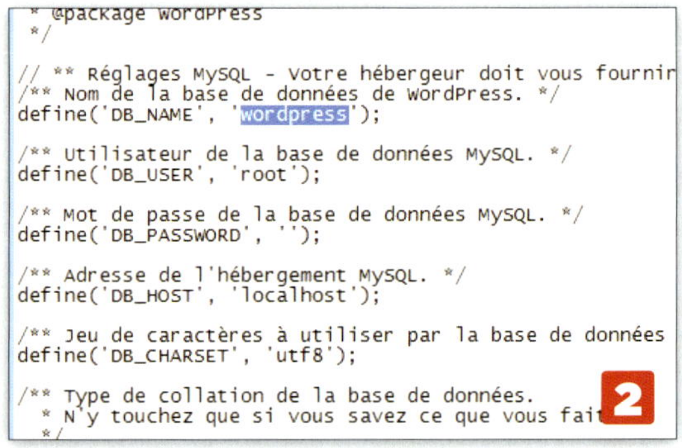

3 INSTALLER WORDPRESS

Lancez votre navigateur Web. Dans la barre d'adresse de votre navigateur, tapez **http://localhost/wordpress**. Donnez un nom à votre blog, choisissez un identifiant et un mot de passe pour accéder à la console de WordPress. Indiquez votre e-mail. Enfin, cliquez sur Installer WordPress. Patientez quelques secondes le temps qu'il prenne place sur votre serveur. Cliquez enfin sur Se connecter. Le Tableau de bord, centre névralgique de votre blog, s'affiche. Remarquez sur la gauche la barre de menus. En haut, un lien vers votre blog permettra à tout moment de vérifier ce qui apparaîtra sur celui-ci.

4 PARCOURIR LES THÈMES

Hissez hauts les couleurs du blog ! Pour réaliser son design, rendez-vous dans la rubrique Apparence et cliquez sur Thèmes. La communauté WordPress met à votre disposition de très nombreux modèles de blogs, des « thèmes », facile à paramétrer et à personnaliser. Qui plus est, la plupart de

Plus de thèmes

La communauté WordPress est généreuse. De nombreux thèmes prêts à l'emploi sont disponibles gratuitement. Il vous suffit de les télécharger sur le site à l'adresse **http://wordpress.org/extend/themes/**. Et pour les modèles francophones, sur **http://www.wordpress-fr.net/themes/**.

ces thèmes sont gratuits. Pour une première expérience, choisissez ces « prêt-à-bloguer » que vous personnaliserez aux couleurs de votre boutique. Cliquez sur Installer des thèmes en haut de la fenêtre et parcourez les exemples proposés.

5 SÉLECTIONNER UN THÈME

Pour choisir votre thème, aidez-vous de la fonction Aperçu située en dessous du nom du thème. Cela vous donnera une idée de sa structure (grande image horizontale, titre, fond...). Pour parler de voyage – et éventuellement raccrocher ce blog à votre boutique de matériel de randonnées –, ce thème semble approprié. Revenez à la page précédente et cliquez sur Installer. Confirmer puis, dans la fenêtre des thèmes, cliquez sur Activer sous celui que vous venez d'installer.

6 DÉFINIR LA STRUCTURE

Les premiers réglages à effectuer concernent la mise en page. Sélectionnez l'aspect général des pages du blog (une seule colonne, deux colonnes dont une à gauche ou à droite...) en cochant la case de la miniature désirée. Indiquez la place du logo et, éventuellement, insérez celui de votre boutique. Vous avez même la possibilité d'indiquer ici une feuille de style que vous aurez au préalable installée dans le dossier wp-content.

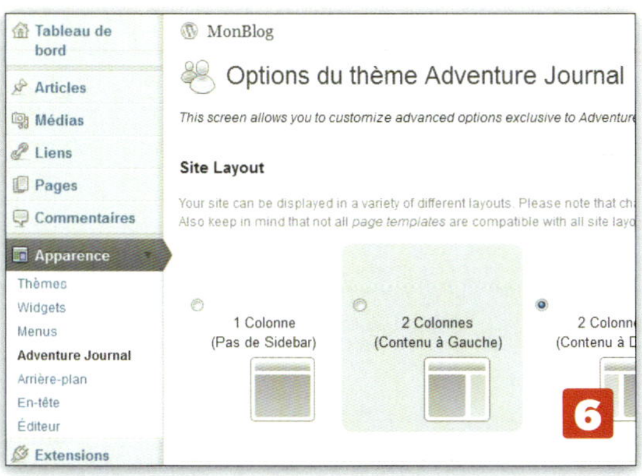

7 PERSONNALISER L'EN-TÊTE

Dans cette même interface, vous pouvez (et devez) personnaliser l'image d'en-tête, celle qui, dans ce thème, sera présente sur le haut des pages. Un lien « Page d'en-tête » en bleu est à cliquer. Depuis la page Personnalisation de l'en-tête, définissez l'emplacement sur votre disque dur de l'image choisie. Elle ne devra pas dépasser la taille de 2 Mo. Dans le thème choisi ici, elle présentera les dimensions de 920 pixels sur 360. Rares seront les images parfaitement adaptées.
Pas d'inquiétude, après chargement de l'image et si elle est inadaptée, WordPress vous permet d'effectuer facilement un recadrage.

8 VOTRE PREMIER ARTICLE

Une fois le design fignolé, il vous reste à publier des billets. Rendez-vous dans la rubrique Articles. Cliquez sur Ajouter. Chaque article porte un titre. Faites bref et explicite. En dessous, vous disposez d'une zone de saisie et d'outils suffisants pour écrire et mettre en forme un article et l'enrichir en insérant des liens hypertextes, des images, des vidéos, du son... Notez l'icône représentant deux rectangles séparés par des pointillés. Elle correspond à la balise « Lire la suite... ». Pour éviter que vos textes ne soient trop longs en page principale, insérer cette balise permet de couper le texte et d'insérer un lien qui ouvrira une fenêtre avec le texte entier. Votre article est prêt ? Pressez le bouton « Publier » dans la colonne de droite. Le plus facile est fait. Il reste à alimenter ce blog.

Des conseils sur le Net

Pour améliorer votre blog WordPress, nous conseillons vivement de consulter le Codex de WordPress à l'adresse **http://codex.wordpress.org/fr:Accueil**. Il recèle de très nombreux tutoriels à destination des débutants et des webmasters expérimentés.

De nombreuses extensions

WordPress propose de nombreuses extensions : insertion de diaporama, ajout de panneau coulissant, gestion de vos archives... Vous téléchargerez ces plugins depuis le site **http://wordpress.org/extend/plugins/**. Certains sont payants, d'autres gratuits.

UTILISER... WP E-COMMERCE POUR VENDRE VIA VOTRE BLOG

Se lancer dans l'e-commerce sans déployer de grands moyens, c'est possible. Depuis votre blog WordPress, vous allez créer rapidement une boutique, sans connaissance informatique, avec l'extension gratuite WP e-commerce.

Si vous n'avez que quelques produits à vendre ou si vous souhaitez débuter dans l'e-commerce en douceur, vous n'êtes pas obligé de passer par la création d'une boutique de pied en cap. Une solution relativement simple consiste à utiliser votre blog réalisé avec WordPress (voir page 12 si vous utilisez un autre CMS que WordPress). Parmi les extensions de cette plateforme, il en est une, pratique et gratuite, qui permet de créer rapidement un espace de vente sur votre blog : WP e-commerce.

1 TÉLÉCHARGER L'EXTENSION

Une fois que vous aurez créé votre blog avec WordPress, comme expliqué dans les pages précédentes, rendez-vous sur le site **http://getshopped.org** où vous allez pouvoir télécharger l'extension WP e-commerce. Bonne nouvelle : la version de base est gratuite. Puis décompressez le fichier archive, après l'avoir rapatrié, dans le dossier /wordpress/wp-content/plugins/wp-e-commerce.

2 INSTALLER WP E-COMMERCE

Lancez la console d'administration de WordPress (si vous travaillez hors ligne, vous devez bien entendu activer au préalable le serveur WAMP qui se trouve sur votre disque dur avec tous les fichiers WordPress). Ensuite, dans la colonne de gauche, cliquez sur la rubrique Extensions. WP e-commerce apparaît dans la fenêtre principale, parmi la liste des extensions disponibles. Cliquez sur Activer.

3 DÉFINIR LES PARAMÈTRES RÉGIONAUX

L'extension installée et activée, cliquez sur la rubrique Boutique sous Réglages. Le premier onglet, Général, permet de sélectionner le pays où se situe la boutique, les pays où vous souhaitez vendre vos produits, la monnaie d'échange et son format (emplacement du symbole, position des séparateurs des milliers et décimal). Quand vos choix sont arrêtés, cliquez sur Mise à jour.

Insertion d'articles

L'ajout de produits à votre catalogue en ligne peut se faire article par article ou via un traitement par lot. Pour cela, dans la rubrique Boutique, sous l'onglet Importation, téléchargez toutes vos références et leurs informations à partir d'un fichier au format CSV (issu d'Excel, par exemple). Plusieurs essais seront nécessaires pour y parvenir sans erreur.

1

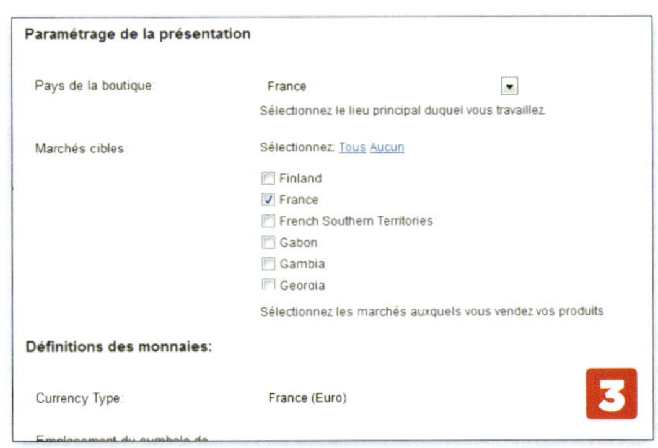

3

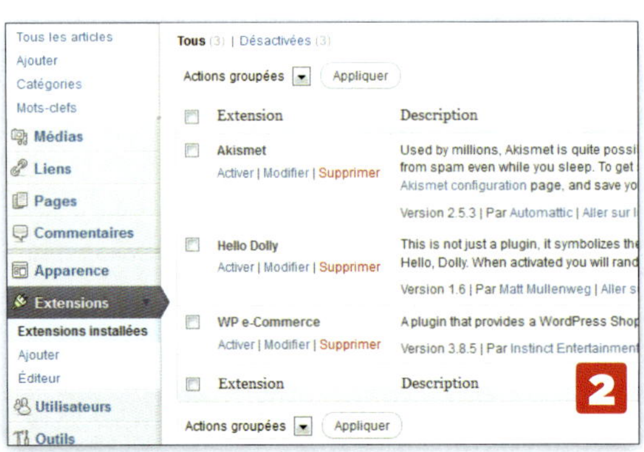

2

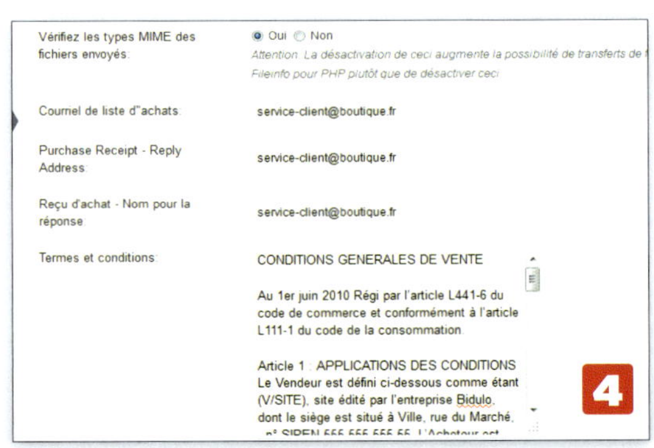

4

4 VOS CONDITIONS DE VENTE

Sous l'onglet Présentation, vous indiquez la mise en place d'un bouton Ajouter au panier. L'onglet Admin se consacre essentiellement aux paramètres liés aux conditions de vente et à votre service après-vente. La rédaction de vos conditions générales de vente (CGV) doit être précise et complète. En cas de litige, ce sont ces règles qui seront examinées pour déterminer à qui vont les torts. Rien ne vous empêche de consulter celles de grandes enseignes et de les adapter (voir page 88).

5 GÉRER LES TAXES

À moins d'avoir domicilié votre boutique en dehors de nos frontières, vous devez soumettre vos ventes à la TVA (sauf si vous créez votre entreprise sous un régime dérogatoire comme l'auto-entrepreneur). Pour cela, il va falloir indiquer à vos clients le montant de cette taxe (généralement 19,6 %). Si vos clients sont des professionnels, vous n'indiquerez le montant de TVA que lors du paiement, par exemple. Dans le cadre de ventes aux particuliers, vous incluez la TVA dans le prix affiché et précisez ces paramètres sous l'onglet Taxes.

6 VOS CONDITIONS DE LIVRAISON

Qui dit e-commerce dit expédition de marchandises achetées. Sous l'onglet Livraison, précisez les transporteurs utilisés et les prix pratiqués. WP e-commerce propose une fonction intéressante, qui est une remise sur la livraison : vous indiquez un montant plancher à partir duquel vous offrez les frais de port.

7 LES MODES DE PAIEMENT

Pour une boutique avec quelques références, ou pour faire des tests, vous n'avez pas besoin d'un module de paiement par carte. Utiliser PayPal simplifie une vie de commerçant (voir chapitre 6). Si vous souhaitez accepter les chèques ou les virements, un espace sur la droite permet d'en rédiger les conditions.

8 LES PRODUITS

Reste à préciser quelques paramètres sous l'onglet Commandes et à proposer des marchandises. Après avoir enregistré tous les paramètres, cliquez sur la section Produits dans la colonne de gauche. Sélectionnez Ajouter un nouveau. Vous avez un champ Titre et un champ pour la description à remplir. Pour illustrer votre annonce, vous pouvez insérer des images du produit. Elles apparaissent en vignette. Dans les autres champs, vous indiquerez le prix, l'état du stock, les dimensions et le poids de l'article, etc. Vous pouvez offrir la possibilité de laisser des commentaires. Cliquez sur Publier : vos produits sont mis en ligne. Dans la rubrique Produits, vous pouvez créer des catégories et proposer des coupons de réduction.

Marketing inclus

Les développeurs de WP e-commerce ont pensé à tout, ou presque. Sous l'onglet Marketing, ils ont mis en place des fonctions à intégrer d'un seul clic. C'est le cas notamment de la fonction « Les utilisateurs qui ont acheté ce produit ont aussi acheté… » pour déclencher des ventes dites croisées. Il y a également la possibilité d'ajouter les mentions « Partager ce lien » ou encore « Ajouter un bouton J'aime à Facebook ». À utiliser sans modération.

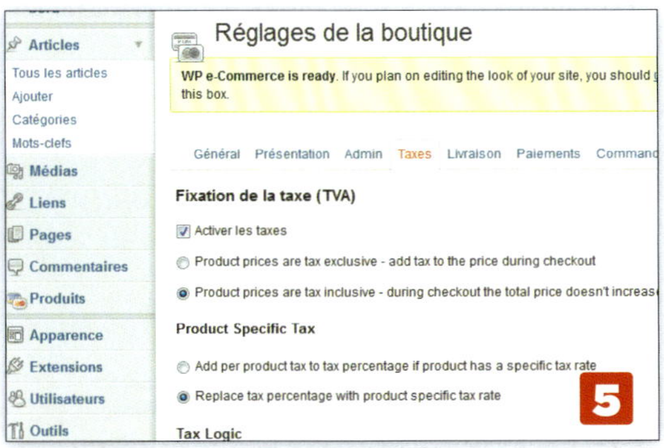

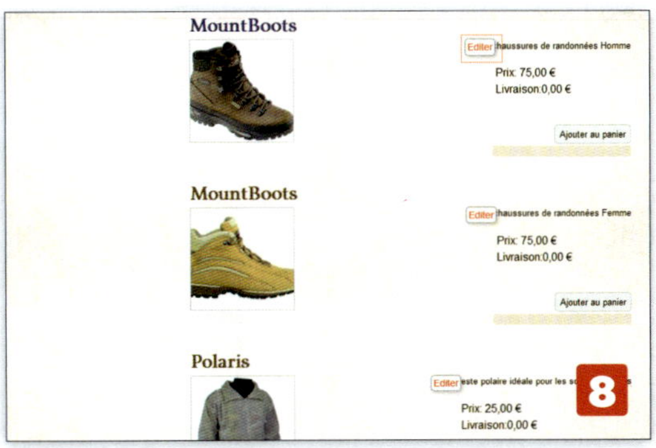

UNE FOIS UN FIL RSS MIS EN PLACE SUR VOTRE BLOG OU VOTRE BOUTIQUE, IL N'ENVOIE QUE L'INFO LA PLUS RÉCENTE AUX PERSONNES ABONNÉES.

Annoncer l'arrivée de nouveaux produits grâce au fil d'info

C'EST QUOI, UN FIL ?

Le flux RSS, aussi appelé fil RSS, est un outil de votre site (e-commerce, blog, etc.) qui permet à un internaute de recevoir des informations succinctes concernant les mises à jour du site. Ainsi, l'internaute n'a pas à se rendre chez vous pour savoir en bref ce qu'il y a de neuf. On dit qu'il s'abonne à un flux RSS par l'intermédiaire d'un logiciel spécifique, un agrégateur de flux, qui peut être en ligne ou bien installé sur votre ordinateur. Les navigateurs Web comme Internet Explorer, Firefox ou Safari comportent les fonctions pour s'abonner à des flux et les lire. Pour les sites d'information, par exemple, le flux expédie les derniers articles publiés sous la forme d'une petite fiche avec le titre, un résumé ou les premières lignes et un lien vers l'article. Dans le cadre d'une boutique, il servira à annoncer les nouvelles références et les promotions, ou les derniers articles postés sur votre blog, incitant donc les internautes à vous rendre visite. Le logo ci-dessus vous indique la présence d'un flux sur un site.

WORDPRESS : GÉNÉRATION SPONTANÉE

Lorsque vous réalisez un blog avec le CMS gratuit WordPress (ou l'un de ses concurrents), celui-ci génère automatiquement des flux RSS. Vous n'avez rien à faire pour le créer. Quand vous lancez votre blog, vos lecteurs pourront s'abonner au flux des billets, à celui des commentaires ou encore à celui des produits si vous utilisez l'extension WP e-commerce. À noter que de nombreuses extensions gratuites permettent de mieux gérer cette source d'info (lire ci-contre).

SUR LES BOUTIQUES LOUÉES

Le flux RSS est reconnu comme un outil marketing incontournable. Dans les offres d'e-commerce payantes, la gestion de ces flux est parfois incluse dans l'abonnement mensuel, mais peut être l'apanage des forfaits les plus chers, comme chez l'hébergeur Amen (forfait Platinium, 71,75 euros TTC/mois) alors qu'elle est comprise dans celle d'entrée de gamme chez Oxatis (forfait Web Premium, 23,92 euros TTC).

SUR LES BOUTIQUES GRATUITES EN OPEN SOURCE Si des fonctions basiques pour diffuser un flux RSS ne vous sont pas proposées, vous installerez un ou des modules complémentaires. Dans la boutique, un petit bloc affichera par exemple les titres des derniers articles postés sur votre blog. Vous pourrez aussi générer un flux RSS comportant les derniers produits mis en ligne sur le site. Que la solution soit gratuite ou payante, tous les paramétrages sont bons à prendre : sélection automatique des promotions ou des produits dont le prix a été modifié, par exemple.

Extensions WordPress

Si votre blog est propulsé par WordPress, profitez de ses nombreuses extensions. Avec Promote RSS Feed Widget, par exemple, vous ajouterez un bouton dans vos pages de blog ou de boutique pour que vos lecteurs s'y abonnent d'un seul clic. Le plugin BBU's RSS Feed Campaign Tagger compte, lui, le nombre de personnes ayant cliqué sur un lien du flux RSS. Il fonctionne avec Google Analytics (voir page 122) et indique les produits qui intéressent le plus les abonnés au flux RSS.

La boutique Avec Passion commercialise des produits dédiés aux loisirs créatifs. Son blog diffuse un flux RSS incitant les personnes qui s'y abonnent à venir consulter le blog. Les deux créatrices de la boutique y prodiguent des conseils pour mieux maîtriser les produits qu'elles vendent sur le site ou dans leur boutique située en région parisienne.

COMMENT... GÉRER DES FLUX RSS DANS UNE BOUTIQUE PRESTASHOP

1 RECHERCHER LES MODULES Dans Prestashop, deux modules vous sont fournis pour gérer les flux RSS. Pour les retrouver, cliquez sur l'onglet Modules, puis tapez RSS dans le champ de recherche situé juste en dessous. Le premier module, Bloc Flux RSS, ajoute un encadré sur votre boutique qui liste les derniers articles de blog publiés. Le deuxième génère un flux des derniers produits ajoutés à votre catalogue.

2 ACTIVER LES MODULES Pressez le bouton Installer situé en regard de chaque module. Celui appelé Bloc Flux RSS comporte un lien Configurer qui va vous permettre de préciser des infos.

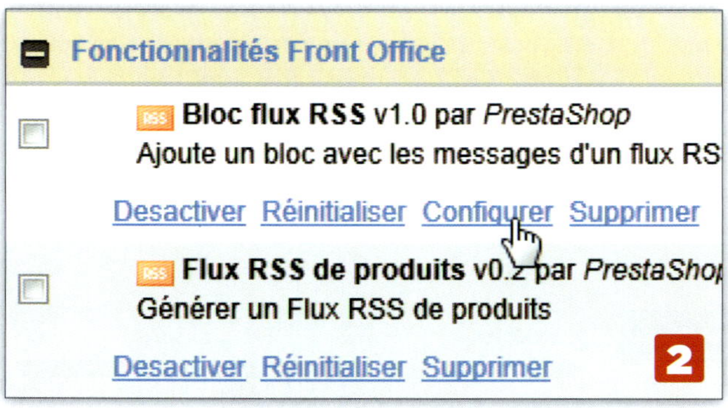

3 CONFIGURER LE MODULE Pas de fioritures, ici il y a trois paramètres. Vous indiquez d'abord le titre qui apparaîtra en haut du bloc affiché sur votre site. Le libellé « Flux RSS » proposé par défaut n'est pas forcément explicite pour tous vos visiteurs. Changez-le afin qu'il soit plus compréhensible et incitatif. En dessous, indiquez l'adresse du flux. Si vous gérez votre blog avec WordPress, par exemple, récupérez cette adresse en demandant à vous abonner au flux WordPress dans votre navigateur (voir étape 5). Enfin, inscrivez le nombre de messages qui devront s'afficher. En fait, seul le titre des messages sera inscrit. Et il ne sera accompagné d'aucune photo. Il existe des modules gratuits et payants bien plus riches en fonctions pour présenter le fil d'actus du blog.

4 VÉRIFIER LE RÉSULTAT Rendez-vous sur la page d'accueil de votre boutique. Tout en bas de la colonne de gauche, le bloc présente le titre des cinq derniers billets publiés sur le blog. Vous pourrez déplacer ce bloc comme expliqué en page 28.

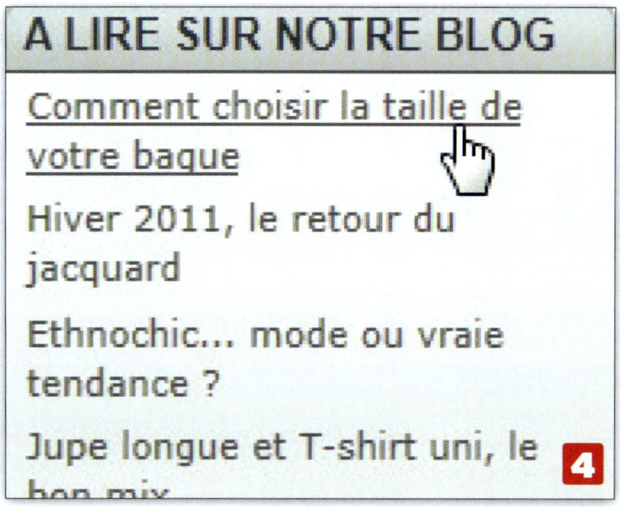

5 VOIR LA LISTE DES PRODUITS Le second module n'offre aucun réglage. Il crée juste un flux RSS présentant la liste des derniers produits. On s'y abonne, par exemple, dans Firefox via le menu Marque-pages, S'abonner à cette page. Dans Internet Explorer, on clique sur l'icône orange « Voir le flux RSS » visible dans la Barre de commandes.

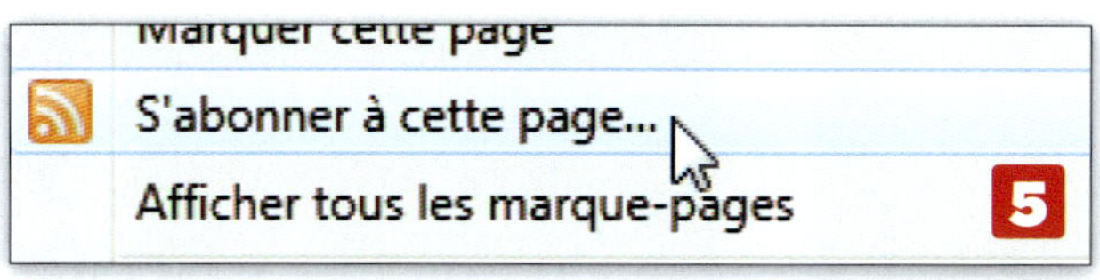

LA FIDÉLISATION DE VOS CLIENTS PASSE PAR LA CRÉATION D'UN LIEN PRIVILÉGIÉ AVEC EUX. C'EST TOUT L'ESPRIT DES RÉSEAUX SOCIAUX.

Jouer la carte des réseaux sociaux Facebook, Twitter…

Les réseaux sociaux ont prouvé leur efficacité en matière de promotion d'une marque ou d'un produit. Parmi les derniers exemples en date, la publicité pour une automobile dans laquelle un enfant déguisé en Darth Vador pense allumer les feux de détresse grâce à la Force. La vidéo s'est vue partagée par d'innombrables utilisateurs de Facebook à la vitesse d'un Faucon Millénium piloté par Han Solo. Cette pub a même été détournée par une major du cinéma (l'enfant déguisé en Thor parvient à faire exploser la voiture au grand dam de ses parents), ce qui a contribué un peu plus à la visibilité de la marque initiale. Autre marque, autre stratégie. Une célèbre eau minérale pétillante met sur son compte Facebook ses vidéos publicitaires également mais surtout, elle y organise concours sur concours. Résultat : en quelques mois, le nombre de « fans » a dépassé les 54 000. Certes, on est encore loin du succès de la boisson la plus connue au monde. La page du fameux soda américain cumule plus de 30 millions de fans.

GÉRER VOTRE COMMUNAUTÉ Quand bien même votre communication n'atteindrait pas ces sommets, ne pas utiliser les réseaux sociaux, c'est vous priver d'un outil puissant pour créer un lien privilégié avec vos clients. Les grandes entreprises l'ont compris et animent leur compte Facebook ou Twitter grâce à des community managers, des personnes attachées à la gestion de l'image de l'entreprise sur Internet. Certes, les petites structures en lancement comme la vôtre n'ont pas les moyens d'embaucher, a fortiori de tels salariés spécialisés. Le rôle de community manager vous sera donc dévolu. Et votre priorité consistera à mettre régulièrement du contenu ou des billets sur ces réseaux sociaux et à tenter de recruter de nouveaux contacts.

INSTALLER LES MODULES SUR LE SITE

Bien entendu, en fonction de votre clientèle de particuliers ou de professionnels, vous investirez dans certains réseaux sociaux et pas dans d'autres. Facebook et Twitter s'adressent sans doute plus à des particuliers quand Viadeo ou LinkedIn sont avant tout des réseaux pros. Après avoir créé vos comptes et avant de vous mettre à fond dans l'animation de ces espaces, il est nécessaire de multiplier votre audience et donc de glaner un maximum d'« Amis », d'« Abonnés » ou de « Contacts ». Pour ce faire, il faut intégrer sur votre site des modules permettant à vos clients de vous suivre sur Facebook, Twitter, Viadeo, etc. Ces modules sont à installer de préférence sur la page d'accueil. Vous pouvez également les implanter à la fin de la procédure d'achat. Ainsi, un internaute achetant sur votre site sera plus enclin à adhérer à votre communauté.

Soyez cohérent

Si votre boutique en ligne est spécialisée dans un type de produit (vélo, outillage, etc.), faites profiter votre communauté de votre expertise dans ce domaine. Si vous souhaitez aborder d'autres sujets d'intérêt, mieux vaut créer un compte différent pour que votre communauté ne s'éparpille pas en de vaines conversations ou dans des polémiques dont vous pourriez regretter la portée.

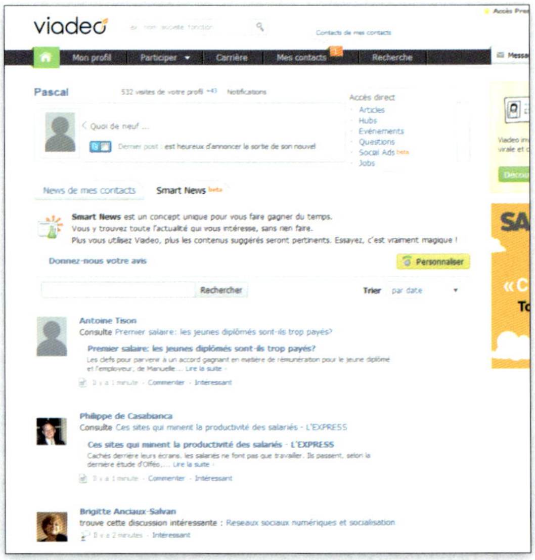

INSTALLER LES BOUTONS FACEBOOK ET TWITTER

1 « J'AIME » DE FACEBOOK

Le moyen le plus rapide d'associer Facebook et votre site est d'insérer le bouton « J'aime » que l'on voit aujourd'hui fleurir un peu partout sur Internet. Le « J'aime » permet de faire connaître votre boutique aux Amis de votre client sur son Mur Facebook et, par ricochet, sur les Murs de ses Amis. Quand le client clique sur le bouton, une fenêtre apparaît pour le publier sur le réseau social.

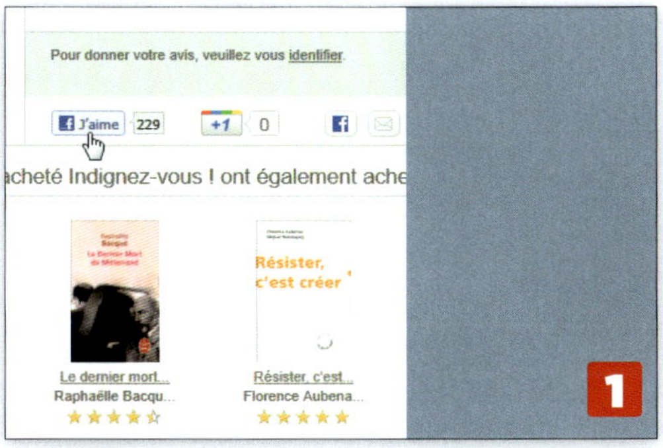

2 INTÉGRER LE BOUTON

Rendez-vous sur la page de Facebook **http://developers.facebook.com/docs/reference/plugins/like**. Avec cet outil, vous personnalisez le code que vous aurez à insérer dans celui de votre site. Sélectionnez les quelques paramètres concernant le bouton à afficher : ajouter le bouton Send, ajouter un compteur, modifier sa taille, choisir le verbe à faire apparaître (J'aime ou bien Recommandé), modifier la couleur de fond et la police de caractère. Enfin, cliquez sur Get Code. Vous n'aurez plus qu'à copier-coller l'un des deux codes affichés sur votre site.

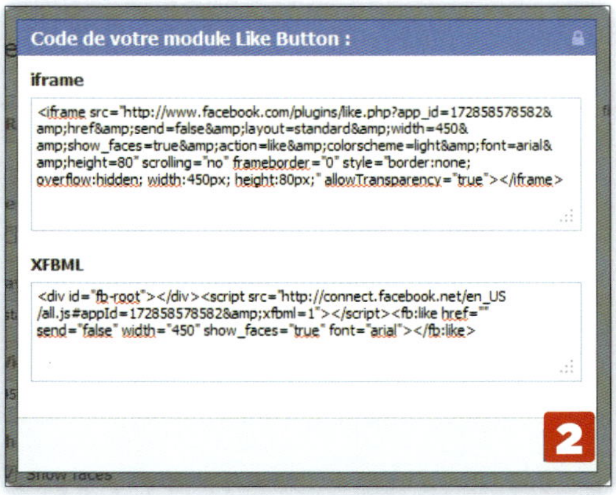

3 LE MODULE TWITTER

Les aficionados du gazouillis (tweets, en anglais) peuvent commenter le moindre de vos produits et donc en faire la promotion. Encore faut-il que vous leur en laissiez la possibilité comme le font les mastodontes du commerce (ici, Auchan).

4 LAISSER GAZOUILLER

Pour cela, dans la barre d'adresse de votre navigateur, tapez l'adresse Web **http://twitter.com/about/resources**. Cliquez ensuite sur le bouton « Tweeter ». La page de réglage des différents paramètres s'affiche. Sélectionnez le type de bouton (avec ou sans compteur), indiquez un texte de préférence court et surtout engageant pour le Tweet (par exemple, « Génial ce produit, non ? »), précisez la langue et éventuellement, recommandez des personnes à suivre. En bas de la fenêtre, le code personnalisé apparaît. Puis cliquez sur le bouton de démonstration pour avoir un aperçu de celui qui figurera sur votre site. Enfin, s'il vous satisfait, copiez-collez le code sur votre site.

Des boutons et des comptes

Pour pouvoir gazouiller sur Tweeter ou aimer avec Facebook, encore faut-il que vos clients disposent d'un compte ouvert au moment de leur achat. En général, ce sont les plus jeunes consommateurs qui s'adonnent à ces clics. Par ailleurs, ne prenez pas pour des statistiques précises le nombre de J'aime ou de tweets sur vos produits.

CHAPITRE 11

Avant de vous lancer...

À DÉCOUVRIR DANS CES PAGES

Derniers conseils avant de lancer votre boutique

Vous voici arrivé au terme de ce guide… il ne vous reste plus qu'à vous lancer ! Ce chapitre vous livre encore quelques clés pour héberger votre boutique et réserver son nom de domaine. Et si le statut d'auto-entrepreneur vous tente, notre expert vous en dévoile les principaux atouts et les contraintes. Enfin, nous passerons en revue quelques grands organismes et réseaux associatifs qui sauront vous accompagner – et vous financer – pour concrétiser votre projet.

LE NOM DE DOMAINE EST L'IDENTITÉ DE VOTRE BOUTIQUE SUR INTERNET. SON CHOIX REVÊT UNE IMPORTANCE CAPITALE POUR VOTRE ENTREPRISE.

Réservez le nom de domaine de votre site de commerce

Sur votre navigateur Internet, vous avez l'habitude de taper www.lemonde.fr pour lire le quotidien en ligne, www.meteofrance.com pour connaître le temps qu'il fera le lendemain ou www.fnac.com pour vous rendre sur la boutique en ligne du célèbre « agitateur ». Plus généralement, vous avez pris le réflexe d'utiliser le nom de l'organisation suivi d'une extension (.com, .fr, .net ou.org) précédé de trois « w » pour vous rendre sur son site. Ce nom et son extension constituent le nom de domaine qui sera l'identité de votre boutique sur Internet. C'est lui que vos clients devront retenir sans effort. Son choix est donc éminemment stratégique.

DE L'ADRESSE IP AU NOM DE DOMAINE

Pour comprendre l'utilité et l'importance d'un nom de domaine, il faut se pencher sur le fonctionnement technique d'Internet. Sur le Réseau, chacun des millions d'ordinateurs connectés possède un identifiant unique. C'est l'adresse IP. Celle-ci est constituée d'une suite de nombres compris entre 0 et 255, séparés par des points, du genre 212.227.32.81. Pour accéder à un ordinateur qui héberge un site, il faudrait donc saisir cette suite de chiffres et surtout la retenir. L'Internet et notamment l'e-commerce n'auraient jamais connu un tel essor avec de telles adresses numériques. Heureusement, pour pallier cet inconvénient, des adresses en langage courant ont été associées aux adresses IP. Les noms de domaine étaient ainsi créés. La correspondance entre une adresse IP et un nom de domaine est évidemment unique et assurée par un système appelé DNS (*Domain Name System*, Système des noms de domaine).

LE CHOIX DE L'EXTENSION

Nous l'avons dit, un nom de domaine se compose de deux parties : une extension et un label. Les trois « w » qui précèdent une adresse indiquent seulement qu'il s'agit d'un site Web (pour *World Wide Web*).
En terminaison du nom de domaine, on trouve l'extension, ou domaine de premier niveau (TLD pour *Top Level Domain*), qui peut être un code national. Dans ce cas, il se compose de deux lettres : .fr pour la France, .uk pour le Royaume-Uni, .tv pour les îles Tuvalu, .eu pour l'Europe... Mais le domaine de premier niveau peut être un code générique de trois lettres ou plus. Le .com pour commercial est le plus connu. Il existe aussi .org (souvent réservé aux associations), .net, .info, .museum, etc.
On trouve aussi des extensions avec des sous-domaines comme .asso.fr pour les associations et .gouv.fr pour les organismes gouvernementaux français.
Pour votre boutique, nous vous recommandons de réserver les extensions les plus utilisées en France et à l'international, à savoir les .fr et.com. Le label : la

Jeux de mots à maux

Les noms de domaine font l'objet de toutes les convoitises. Si celui que vous avez choisi peut offrir des variantes homonymiques, mieux vaut les réserver également. Des petits malins ou des concurrents pourraient s'ingénier à les réserver et à y associer leurs sites, voire des sites aux contenus peu recommandables.

L'adresse IP de la page d'accueil du site Price Minister, par exemple, est 212.23.167.56. Avouez que ce n'est pas facile à retenir !

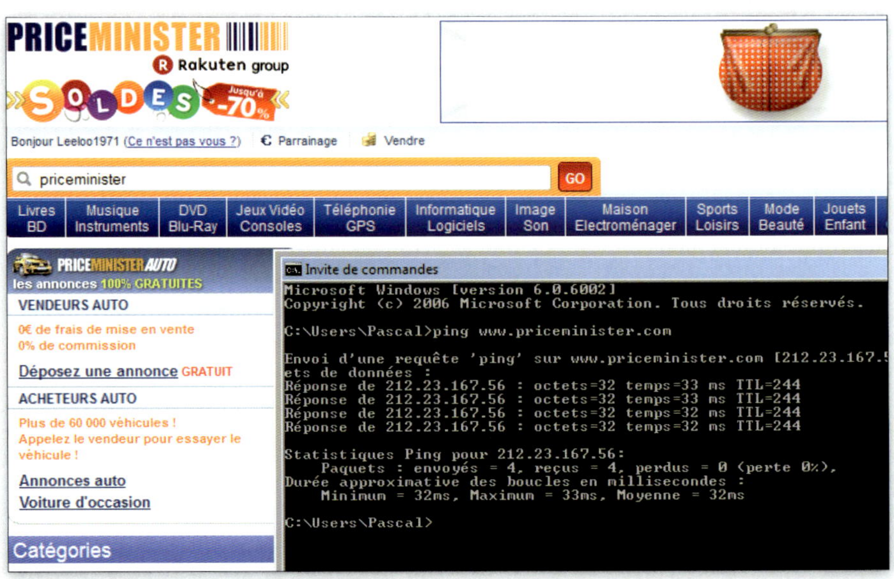

clé de votre reconnaissance Avant l'extension se trouve le nom proprement dit, aussi appelé « label ». Ce nom est généralement l'appellation de l'organisation ou ses initiales. C'est la partie la plus stratégique. Ce peut être votre marque commerciale, le nom de votre entreprise ou un nom en forte relation avec votre activité.
Le but est surtout qu'il soit facilement mémorisable. Le label doit respecter une syntaxe précise. Il ne doit pas dépasser 63 caractères ni comprendre d'espace. Les lettres de A à Z non accentuées, les chiffres et le trait d'union ont été longtemps les seuls caractères utilisés. La casse (majuscule ou minuscule) n'a aucune incidence. Cette palette de caractères réduite est encore appliquée aujourd'hui. Pourtant, les noms de domaine dits internationalisés utilisant des accents, des idéogrammes ou des alphabets différents (arabe, cyrillique...) sont acceptés depuis quelques années. Mais ils s'exportent mal et surtout, les utilisateurs du Web ont pris l'habitude d'utiliser la syntaxe d'origine. Dans le cadre du commerce en ligne, mieux vaut ne pas sortir des sentiers battus. Évitez autant que possible les labels composés de plus de deux mots, sinon réservez deux noms de domaine, avec et sans tiret (le trait d'union).

ENREGISTRER VOTRE NOM DE DOMAINE

Vous en avez choisi un, voire plusieurs déclinaisons (nom complet, initiales, singulier et pluriel, avec différentes extensions...). Reste à l'enregistrer sur Internet. En effet, vous devez le réserver et en acquitter le droit de jouissance via une société en ligne accréditée, appelée registrar ou bureau d'enregistrement en français. Notez que vous enregistrez un nom de domaine pour une durée d'un an. Vous ne pouvez pas l'acheter définitivement. Il vous faut donc renouveler l'enregistrement chaque année ou payer plusieurs années en une seule fois. À quelques semaines de l'échéance, vous serez toutefois prévenu (par mail, généralement) et vous n'aurez plus qu'à vous acquitter du prix en vigueur. Les tarifs pratiqués varient en fonction de l'extension et des éventuels services proposés. Sachez que vous pouvez enregistrer un nom de domaine chez un registrar et faire héberger votre site par une autre société. Comptez entre 1 et 30 euros HT l'enregistrement d'un nom de domaine. Si vous louez votre boutique, ce service vous sera sûrement proposé. Avant de penser à l'enregistrement, il faut savoir si le nom envisagé est disponible.
Une autre entreprise ou un particulier l'a peut-être déjà réservé. Les hébergeurs vérifient si le nom de domaine est libre ou pas, et s'il ne l'est pas, ils proposent des noms approchants ou avec des extensions différentes. S'il est libre, enregistrez-le dans la foulée.

Pour un comparateur de prix, s'appeler Kelkoo est plutôt une bonne idée. Quant à l'orthographe choisie, le double O était en vogue au lancement du site.

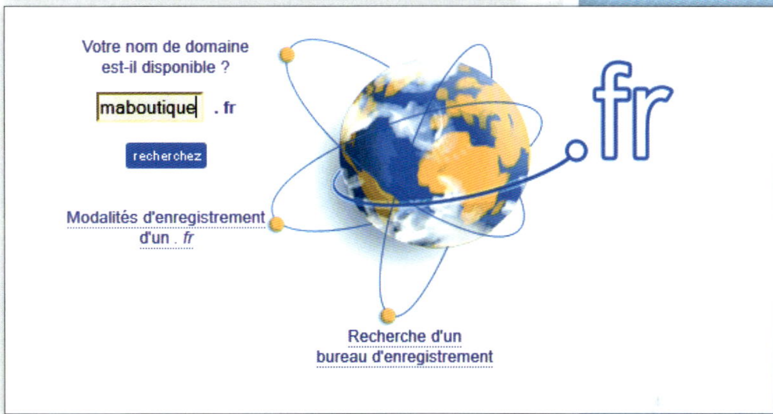

Entre les extensions liées à la zone géographique et celles associées à des secteurs d'activité, le choix est large mais le .fr et le .com suffisent dans bien des cas.

Vérifiez si le nom de domaine envisagé est libre. Vous pouvez effectuer cette recherche sur les sites des registrars, dans les annuaires spécialisés ou encore sur le site des organismes gestionnaires de ces noms de domaine. Pour les noms avec l'extension .fr, c'est l'AFNIC (**www.afnic.fr**). Vous y trouverez également la liste des registrars sous contrat avec l'AFNIC. Attention : ce n'est ni un agrément, ni une accréditation.

UN SITE WEB EST UN ENSEMBLE DE FICHIERS QUI DOIT ÊTRE STOCKÉ EN LIGNE. POUR CELA, VOUS VOUS TOURNEREZ VERS DES PRESTATAIRES D'HÉBERGEMENT.

Choisir un hébergeur pour votre boutique

Comme n'importe quel site Web, celui d'une boutique est constitué d'un ensemble de fichiers auxquels accèdent les visiteurs. Ces fichiers doivent être stockés sur un ordinateur serveur constamment connecté. On parle alors de l'hébergement d'un site.

POUR UNE BOUTIQUE CLÉ EN MAIN

Pour une boutique louée clés en main, vous n'avez pas à vous inquiéter de l'hébergement, ce dernier est assuré par votre prestataire et compris dans le prix mensuel. Mais vous n'avez pas la possibilité de changer d'hébergeur ; et si l'envie vous en prenait, vous seriez contraint de redévelopper tout votre site. Et il y a souvent une limite que vous ne pourrez pas dépasser sans payer un surcoût chaque mois. Il peut s'agir d'une taille d'espace disque, par exemple 2 Go (sur un gros catalogue, cela peut avoir une incidence sur la qualité des photos ou des fichiers PDF que vous diffusez), ou alors d'un nombre maximal de catégories et de fiches produit. C'est là un point important à vérifier avant de signer votre contrat (lire page 10). Côté avantages, les forfaits proposés sont souvent financièrement avantageux, le nom de domaine peut vous être réservé en même temps (lire page 142), et vous n'avez rien à paramétrer, l'éditeur du logiciel de commerce en ligne se charge de tout.

POUR UNE BOUTIQUE CONÇUE AVEC UN LOGICIEL GRATUIT Si vous concevez votre boutique (ou la faites développer par une agence Web), vous devrez faire appel à un hébergeur pour installer votre site. L'agence peut, bien sûr, s'occuper de tout ça pour vous, en particulier de la partie technique. Reste qu'il vous faudra verser un abonnement mensuel ou annuel à un hébergeur (1&1, Amen, OVH, etc.), qui loue l'espace disque et assure un accès quasiment sans faille à vos visiteurs. Le prix des abonnements varie selon les services proposés et la taille du site.

Green IT

L'hébergement de sites Web nécessite des milliers d'ordinateurs appelés « serveurs » et de disques durs qui fonctionnent 24 heures/24 et 7j/7. La consommation électrique des data centers (les espaces où sont stockées les machines) est suffisamment importante pour inciter les hébergeurs à limiter et à contrebalancer cette consommation notamment par l'usage de panneaux photovoltaïques et de systèmes de climatisation optimisés.

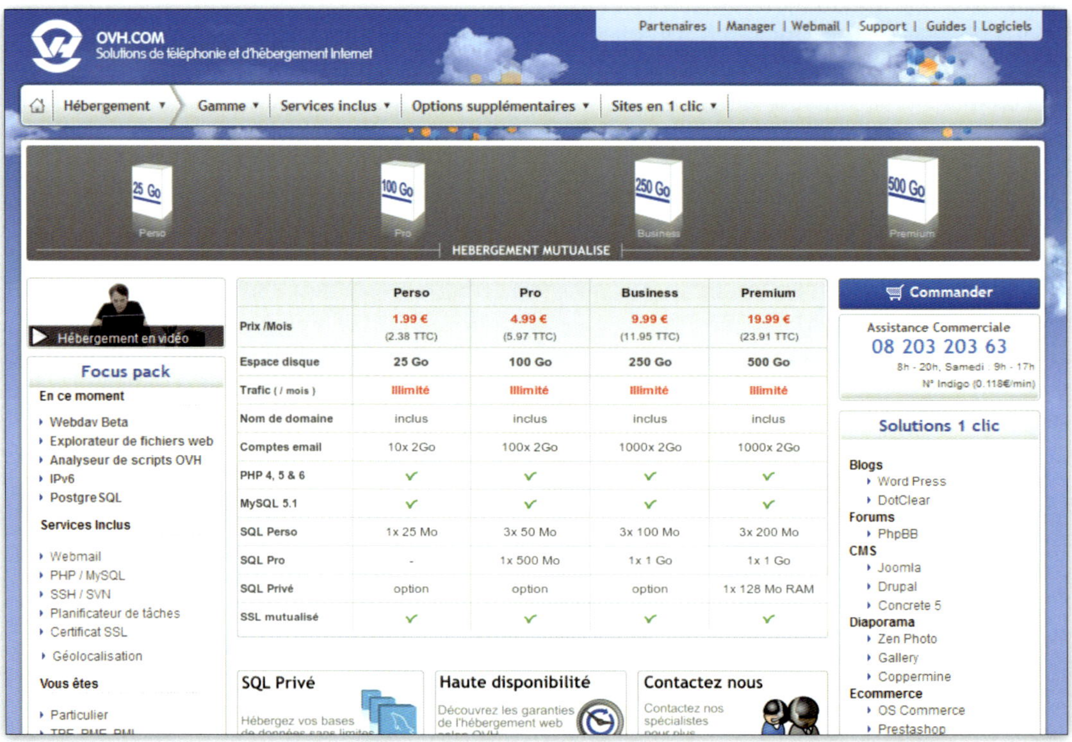

Les hébergeurs ont pignon sur Internet et affichent leurs tarifs, souvent peu élevés : il en coûte, tout au plus, quelques petites dizaines d'euros par mois pour l'hébergement d'un site. Vous pouvez commencer avec un petit forfait à moins d'une vingtaine d'euros (évitez un forfait perso) puis monter en puissance quand votre site prend de l'ampleur.

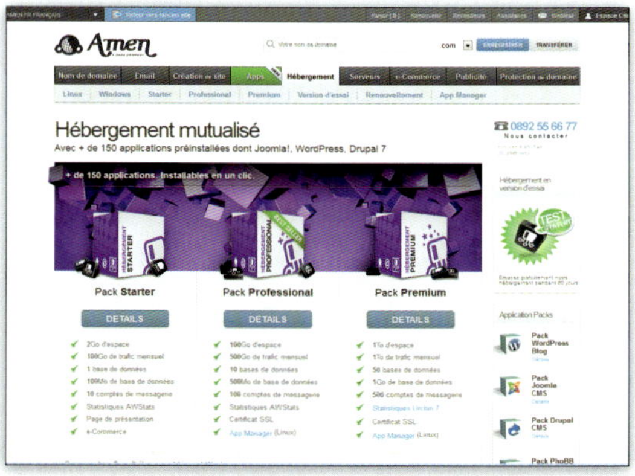

L'ESPACE NÉCESSAIRE Pour déterminer le volume de stockage, il vous faut estimer le poids des fichiers de votre site et notamment celui de la future base de données. Mais généralement, les offres d'entrée de gamme comportent des espaces disques suffisants pour accueillir les boutiques naissantes. Un exemple : avec environ 100 références à son catalogue et plusieurs images pour chaque produit, le site **www.nature-ecologie.fr** pèse moins de 20 Mo. Bien entendu, choisissez un hébergeur qui sera à même de vous offrir plus d'espace disque en fonction de votre développement. Les offres d'hébergement les plus basiques débutent à moins de 15 euros l'année. Et à 30 euros par an, vous avez accès à des bouquets de services complets.

LE TRAFIC Il s'agit de la quantité de pages vues par vos visiteurs. Au lancement d'une boutique en ligne, il est difficile d'évaluer le trafic (en Mo) que l'on va générer la première année. Dirigez-vous donc vers des offres évolutives, ou mieux, des offres qui proposent un trafic

illimité. Et n'allez pas croire que ce sont forcément les plus chères. Nombre d'hébergeurs proposent en effet le trafic illimité dans leur offre d'entrée de gamme.

VOTRE SERVEUR Les hébergeurs stockent votre site sur des serveurs Web, des ordinateurs connectés à Internet. Ces prestataires commercialisent des offres avec serveur dédié ou bien serveur mutualisé. Dans le premier cas, vous êtes seul à exploiter la machine avec votre site. Vous disposez donc de toute la puissance et de toute la bande passante du serveur pour votre boutique. Mais cela a un coût nettement supérieur à l'autre formule qui, comme son nom le laisse entendre, mutualise les ressources d'un serveur entre les différents sites qu'il héberge. Pour le lancement de votre site, vous n'aurez pas forcément besoin d'un serveur dédié. Mieux vaut commencer par un serveur mutualisé et évoluer dans un temps futur lorsque les clients afflueront en masse.

NOM DE DOMAINE INCLUS Parmi les offres des hébergeurs, certaines incluent dès l'entrée de gamme un ou plusieurs noms de domaine. Cela présente un certain confort puisque le même prestataire gérera ainsi l'adresse de votre site et son hébergement.

LES COMPTES DE MESSAGERIE Les packs tout compris proposent également de gérer des adresses e-mail en rapport avec votre nom de domaine. Chaque offre comporte un certain nombre de comptes et un espace disque maximum pour chaque compte.

Le paiement sécurisé

Inclure un kit de paiement sécurisé des banques sur votre site est une option proposée par les hébergeurs. Généralement, il vous sera facturé une fois à l'installation. Il vous faut ensuite ajouter les frais de mise en service et le coût de fonctionnement du service de votre banque.

CHAPITRE 11

Avant de vous lancer...

TRANSFÉRER... VOTRE SITE AVEC LE LOGICIEL FILEZILLA

Pour télécharger l'ensemble des fichiers de votre boutique en ligne sur les disques durs de l'hébergeur, l'utilisation d'un logiciel de transfert de données est recommandée. Il servira aussi à mettre le site à jour.

Vous avez peaufiné votre boutique en ligne sur votre ordinateur, mais elle n'est pas encore accessible depuis le Net. Le nom de domaine est acquis et l'hébergement choisi. Si vous n'avez pas opté pour une boutique louée clés en main, reste une dernière étape : la mise en ligne de votre site. Pour ce faire, il va vous falloir transférer les fichiers constituant votre magasin de votre ordinateur vers les serveurs de l'hébergeur. On parle de télécharger ou d'uploader un site. Ce téléchargement s'effectue grâce à un logiciel FTP (*File Transfer Protocole*), un protocole de communication dédié à la copie de fichiers entre ordinateurs via un réseau. L'un des logiciels les plus utilisés est FileZilla, performant, doté d'une interface graphique claire et gratuit.

1 INSTALLER FILEZILLA Rendez-vous sur le site **www.filezilla.fr** et téléchargez la dernière version du logiciel en français (ici, la 3.5). Lancez le fichier rapatrié et suivez les instructions d'installation. La procédure ne prend que quelques instants et le logiciel occupe moins de 20 Mo sur votre disque dur. À la fin de l'installation, FileZilla se lance. L'interface comporte cinq zones : en haut, les barres de menus et d'outils ; juste en dessous les rapports des communications avec le serveur FTP ; au milieu à gauche, l'accès au contenu de votre ordinateur ; au milieu à droite, l'espace qui vous est réservé sur le serveur distant ; et enfin, en bas, l'état d'avancement des transferts de fichiers.

2 CONNEXION UNIQUE Pour réaliser le transfert, vous devez indiquer à FileZilla les informations de connexion à votre espace dédié sur le serveur FTP de l'hébergeur. La méthode consiste à saisir les informations relatives à cet espace distant dans la barre de connexion du logiciel. Elles vous ont été communiquées par votre hébergeur. Il s'agit d'une adresse FTP du type ftp.votreboutique.com, un nom d'utilisateur et un mot de passe. Pour le port (appelons cela une porte de votre accès Internet), sans mention particulière de votre hébergeur, indiquez 21, c'est le port le plus courant pour le protocole FTP. Cliquez ensuite sur Connexion rapide. Une liste d'instructions défile dans le haut de la fenêtre. Si la connexion s'est bien déroulée, une arborescence apparaît alors dans la fenêtre au milieu à droite.

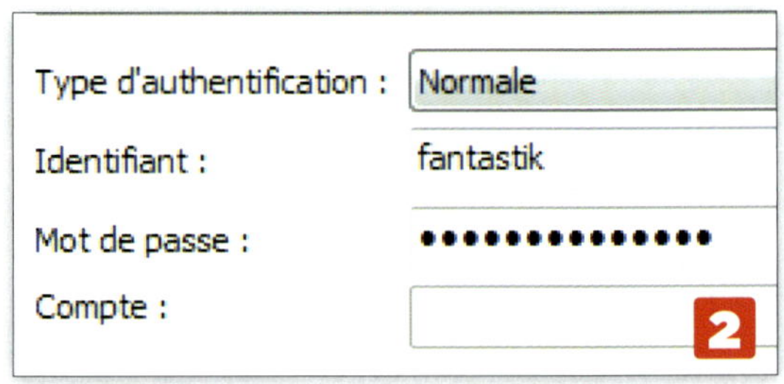

Sauvegarder vos infos

Si vous installez une mise à jour de FileZilla (elles sont proposées régulièrement), mieux vaut sauvegarder par prudence les informations de connexion à votre site. Pour cela, utilisez le Gestionnaire de sites pour enregistrer ces données puis, via le menu Fichier, exportez-les. Une fois la nouvelle version installée, vous devez importer le fichier.

3 COMME SUR VOTRE DISQUE

Lorsque vous aurez établi la connexion entre votre ordinateur et le serveur de votre hébergeur, l'opération consistera à faire glisser à l'aide de la souris (ou bien par un copier-coller) le dossier qui contient tous les fichiers constituant votre site vers un dossier ad hoc sur le serveur. Grâce à FileZilla, vous agirez avec l'espace disque de l'hébergeur comme si c'était une partie de votre disque dur. À noter qu'en cas de déconnexion inopinée, FileZilla permet la reprise du transfert du fichier là où il s'est interrompu. C'est une fonction intéressante si vous mettez en ligne des fichiers très volumineux, comme des séquences vidéo. Une déconnexion n'implique plus de transférer à nouveau le fichier dans sa totalité.

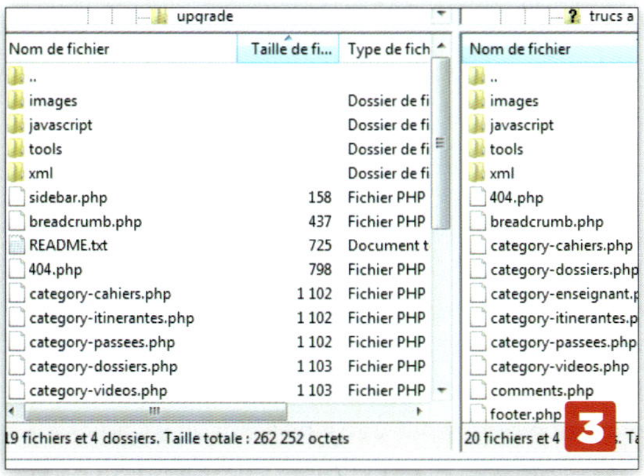

4 ENREGISTRER LES PARAMÈTRES DE CONNEXION

À l'avenir, vous aurez sans doute à accéder de nouveau au répertoire de votre site sur le serveur. Pour ne pas avoir à ressaisir à chaque fois vos paramètres de connexion, enregistrez-les une fois pour toutes. Cliquez sur Fichier dans la barre de menus et sélectionnez Gestionnaire de sites. Cliquez sur le bouton Nouveau Site. Donnez un nom à cette connexion puis saisissez les informations de connexion dans le cadre de droite en sélectionnant Normale dans Type d'authentification. Enregistrez le paramétrage en cliquant sur OK ou bien sur Connexion.

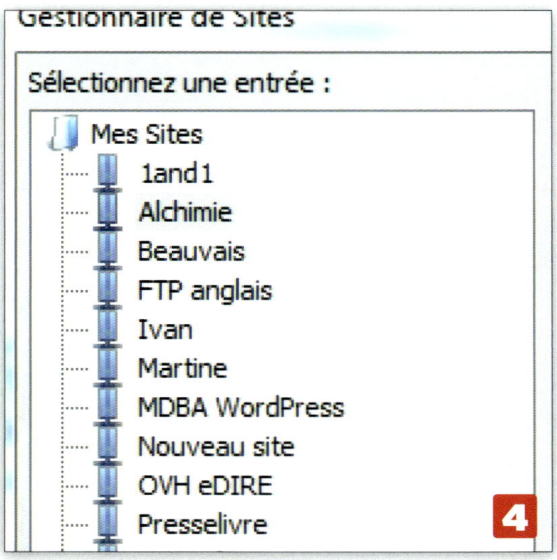

5 TRANSFÉRER VOTRE SITE

La connexion établie, glissez et déposez le répertoire de votre site sur le répertoire indiqué sur le site de l'hébergeur. En bas, les opérations de transfert sont décrites précisément. La durée du transfert écoulée est indiquée et le pourcentage du fichier transféré s'affiche. Il ne vous reste plus qu'à attendre la fin du transfert. Avec une connexion ADSL de bon niveau, une boutique de 20 Mo prendra entre 30 secondes et 1 minute. C'est rapide.

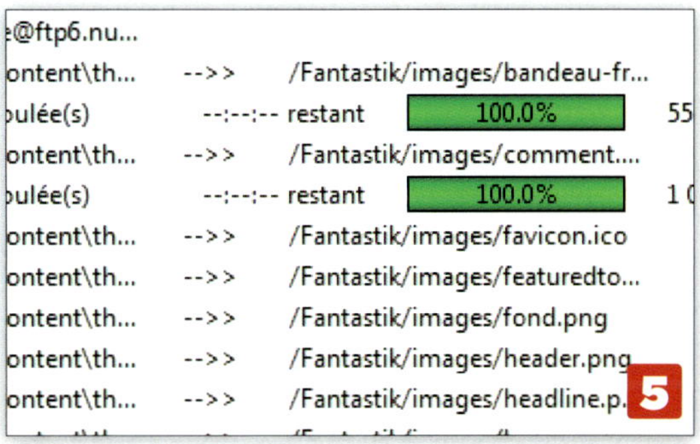

6 INSTALLER LA BOUTIQUE

Votre hébergeur, qui doit déjà accueillir de nombreuses boutiques, vous conseillera sur la meilleure manière d'installer votre site marchand. Il vous faudra notamment créer la base de données dans un logiciel du type phpMyAdmin tel que nous le décrivons en page 16, renommer peut-être le dossier principal (par exemple Prestashop en html) et sans doute modifier quelques paramètres dans les fichiers de configuration de la boutique. L'installation proprement dite s'effectue dans votre navigateur Web, de manière identique à celle décrite au chapitre 1. Si tout se passe bien, il y en a pour 10 minutes à peine !

D'autres outils FTP

Outre FileZilla, il existe d'autres logiciels gratuits de transferts : FTP Commander, Cyberduck, etc. Certains outils pour communiquer avec des serveurs distants sont même intégrés aux logiciels de création de sites Web. C'est le cas de Dreamweaver et de Web Acapella.

LE RÉGIME DE L'AUTO-ENTREPRENEUR VOUS PERMET DE CRÉER VOTRE ENTREPRISE ET DE DEVENIR COMMERÇANT FACILEMENT.

Devenir auto-entrepreneur

Créé en janvier 2009, ce régime d'entreprise est ultra-simplifié. D'ailleurs aujourd'hui, un créateur d'entreprise sur deux l'a adopté. Ce n'est pas la panacée des statuts d'entreprise, mais pour pratiquer une activité de commerce en ligne, cela peut être une solution judicieuse, sinon pratique.

LES AVANTAGES Ils sont nombreux. En premier lieu, ce régime d'entreprise est cumulable avec de nombreux statuts. En dehors de quelques exceptions, la plupart des salariés du privé, fonctionnaires, retraités, étudiants et demandeurs d'emploi peuvent devenir commerçants sous le régime de l'auto-entrepreneur. Les formalités de création, elles, sont gratuites et réduites au minimum. Vous pouvez les réaliser dans un Centre de formalités des entreprises ou bien le faire en ligne. Le calcul et le paiement des charges sociales et, à certaines conditions, fiscales s'effectuent au prorata du chiffre d'affaires encaissé. Ainsi, pas de recettes, pas de charges sociales à payer. Pour un commerçant, le taux de charges sociales est de 12 % et, si vous remplissez les conditions, celui de l'impôt sur le revenu est de 1 %, soit un total de 13 % du chiffre d'affaires encaissé.

COMPTABILITÉ SIMPLIFIÉE En matière de gestion, la comptabilité est très simple. Les commerçants n'ont que deux registres à tenir (sauf dans certains cas, comme les brocanteurs antiquaires qui doivent tenir un registre de police) : un livre des recettes et un registre des achats. Le commerçant sous le régime de l'auto-entrepreneur fait l'économie de l'immatriculation au Registre du commerce et des sociétés. Il peut néanmoins s'immatriculer à titre gracieux s'il le souhaite. Enfin, il est soumis à la franchise en base de TVA. Il n'a pas à collecter cette taxe, donc pas à l'ajouter à ses prix de vente.

LES LIMITATIONS Elles encadrent le régime de l'auto-entrepreneur. À commencer par des plafonds de chiffre d'affaires. Celui des activités commerçantes ne peut excéder 81 500 euros sur une année complète. Le second point principal porte sur le calcul des charges au prorata du chiffre d'affaires encaissé. Aucun frais, ni aucun achat de marchandises n'étant déductible de l'assiette de calcul, il convient de bien valider ses marges. La franchise en base de TVA ne vous permet pas de la récupérer sur vos achats de marchandises. Vous déboursez en TTC. À prendre en compte pour le calcul de vos marges.

À RETENIR Sous le régime de l'auto-entrepreneur, vous créez une entreprise. Vous devez respecter les mêmes obligations de réglementation, de formation et d'assurances liées à votre activité commerçante que sous n'importe quel autre statut.

Une facilité relative

Créer votre entreprise de commerce en ligne est très facile sous le régime auto-entrepreneur. Toutefois, cela n'est qu'un cadre juridique, social et fiscal. Le plus difficile consiste à développer votre boutique et votre clientèle pour parvenir à dégager un revenu.

Pour tout savoir du régime de l'auto-entrepreneur, nous vous recommandons la lecture du « Guide pratique de l'auto-entrepreneur » de Gilles Daïd et Pascal Nguyên, chez Eyrolles/Éditions d'Organisation (228 pages, 14 €). Vous pouvez aussi consulter l'ouvrage synthétique « L'auto-entrepreneur » de Pascal Nguyên, Eyrolles/Éditions d'Organisation (48 pages, 4,90 €).

COMMENT... DÉCLARER SON AUTO-ENTREPRISE EN LIGNE

1 LE SITE Réaliser votre déclaration de début d'activité en ligne, donc créer votre entreprise, est gratuit sur le site officiel **www.lautoentrepreneur.fr.** Cliquez sur Adhérez au régime, à gauche, puis sur Déclarez votre activité. Les autorités vous informent qu'il est nécessaire d'avoir un justificatif d'identité au format numérique pour que votre dossier soit traité entièrement en ligne. Numérisez le recto de votre carte d'identité avec la mention manuscrite « *J'atteste sur l'honneur que la copie de cette pièce d'identité est conforme à l'orignal. Fait à* (votre ville)*, le* (la date) » et votre signature en dessous. Sinon, vous devrez envoyer par courrier le document papier à la fin de la procédure.

2 LES FORMALITÉS Cochez ensuite la case Activités Commerciales pour ouvrir le formulaire. Les champs du cadre 2 concernent votre identité et votre adresse postale. Si vous avez déjà été entrepreneur, indiquez-le cadre 1. Vous devrez fournir des précisions quant à cette précédente activité.

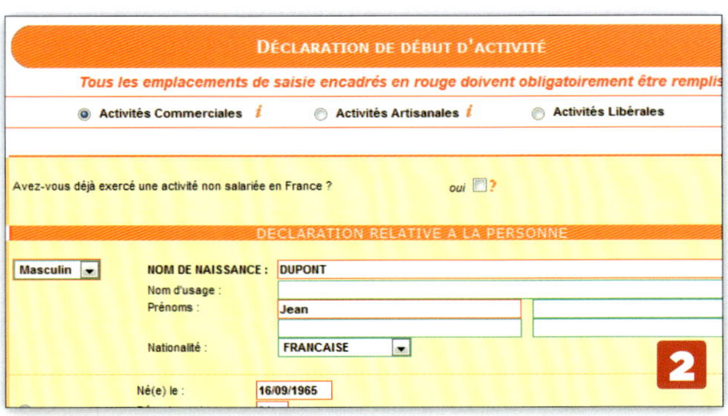

3 L'ACTIVITÉ Dans le cadre 3, indiquez l'adresse de l'entreprise. Le cadre suivant est dévolu aux précisions concernant l'activité. La date de début d'activité ne peut excéder 30 jours à la date du jour. Indiquez dans le champ activité principale « Vente à distance sur catalogue général » ou « Vente à distance sur catalogue spécialisé ». Précisez s'il s'agit de commerce en gros ou de détail. Et enfin, le lieu d'exercice. Si votre conjoint ne travaille pas avec vous, passez le cadre 5. Si vous êtes demandeur d'emploi, vous pouvez faire une demande d'ACCRE, une exonération partielle de charges sociales. Cochez alors la case et remplissez le formulaire. Passez au cadre 7 pour les informations liées à votre couverture sociale et à celle de vos proches. Indiquez si vous souhaitez déclarer votre chiffre d'affaires (et payer les charges inhérentes) au mois ou au trimestre. Pour l'organisme d'assurance maladie, choisissez le plus proche de votre domicile.

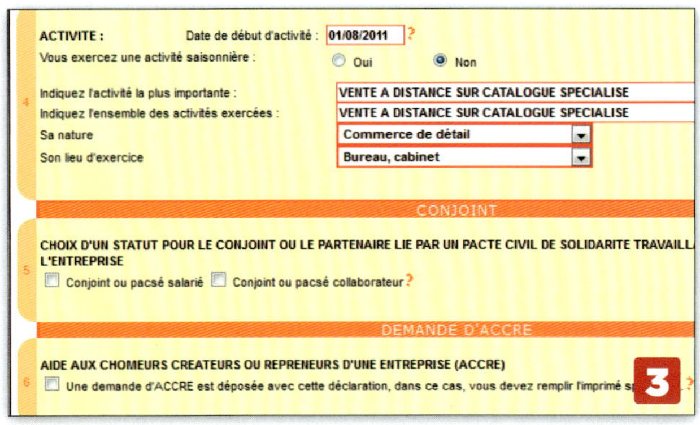

4 L'IMPÔT Si vous payez des impôts sur le revenu mais que les revenus du foyer fiscal de l'avant-dernière année ne dépassent pas 26 030 euros par part de quotient familial, vous avez droit au régime dit microfiscal. L'impôt sur le revenu de votre activité en ligne est calculé au prorata du chiffre d'affaires encaissé au taux de 1%. Indiquez vos coordonnées de contact. Enfin, saisissez le code de sécurité et validez. La procédure d'envoi de votre pièce d'identité au format numérique clôt la déclaration. Sous 10 à 20 jours, l'INSEE vous informera par courrier postal de la création de votre entreprise.

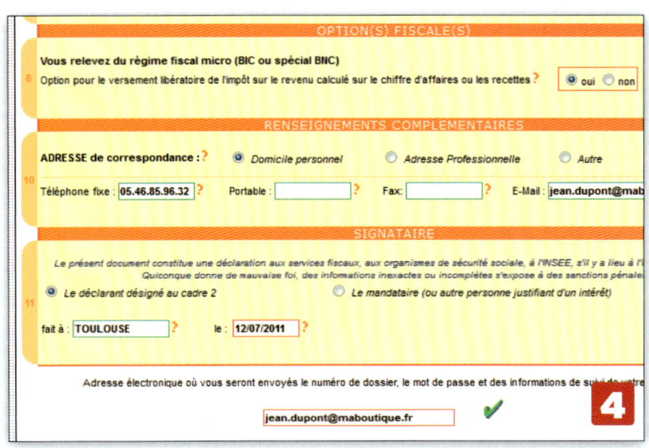

S'IL EST FACILE DE CRÉER UNE AUTO-ENTREPRISE, SA GESTION NÉCESSITE QUELQUES PRÉCAUTIONS. HEUREUSEMENT, DES OUTILS FACILITENT LA VIE.

Les règles à respecter pour gérer votre auto-entreprise

TENIR LES REGISTRES OBLIGATOIRES

Comme nous l'évoquions précédemment, la comptabilité de l'auto-entrepreneur est réduite au minimum. Pour une activité d'achat et revente de marchandises et la distribution de denrées alimentaires, vous avez l'obligation de tenir deux documents : le livre des recettes et le registre des achats. Dans le livre des recettes, vous consignez dans l'ordre chronologique toutes les ventes encaissées. Les informations qui doivent y figurer sont : la date, le n° de facture, le nom du client, la description de l'opération, le montant encaissé et le mode de règlement. Prévu par le Code général des impôts, le registre des achats est un document qui ne comporte, lui, que les opérations ayant trait aux marchandises que vous vendez, nullement vos frais et autres charges.

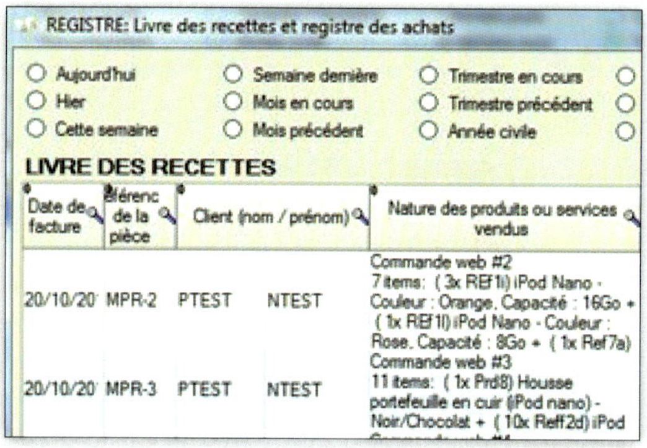

Vous y notez la date de l'achat, le n° de facture, le nom du fournisseur, la description de l'opération, le montant réglé et le mode de règlement. Sur le site officiel (**www.lautoentrepreneur.fr**), vous trouverez des modèles à télécharger. Vous pourrez les reproduire avec un tableur et les remplir manuellement. Toutefois, cela sera fastidieux si vos ventes se multiplient, mieux vaut envisager d'intégrer un module comptable à votre site qui réalisera au moins le livre des recettes automatiquement. Sur Prestashop, par exemple, le module payant s'appelle AutoPresta.

NE PAS MENTIONNER DE TVA

Les logiciels d'e-commerce éditent des factures automatiquement. Elles ne sont pas toujours adaptées à l'auto-entrepreneur. En effet, vous ne collectez pas la TVA. Il vous faut donc facturer des montants HT. De plus, vos factures doivent porter la mention « TVA non applicable, art. 293B du CGI ». Toutefois, les sites marchands permettent de désactiver la TVA (appelée taxe) et disposent souvent de modules de personnalisation de facture (pour Prestashop : Custom Invoice, gratuit) qui permet d'ajouter la mention légale. Des outils indépendants existent aussi, comme l'outil de facturation de MyAE (**www.myae.fr**), destiné aux auto-entrepreneurs.

GONFLER LES FRAIS DE PORT

En tant qu'auto-entrepreneur, vous payez vos charges au prorata du chiffre d'affaires encaissé. Or, les frais de livraison que vous facturez à vos clients font partie de l'assiette de calcul. De ce fait, vous paierez 12 %, voire 13 % si vous bénéficiez du statut microfiscal, de charges sur le prix des livraisons. Il est donc indispensable de majorer ces frais de façon à ce qu'ils ne vous coûtent pas d'argent. Un exemple : les frais de port s'élèvent à 10 euros. Si vous les facturez au même prix, il vous en coûtera 1,30 euro de charges supplémentaires. Il vous faut donc majorer vos frais de livraison de 15 %. En facturant les frais à 11,50 euros, 1,49 euro couvrira les charges générées et les 10 euros le coût de la prestation de livraison.

COUVREZ-VOUS À de rares exceptions près, une activité professionnelle requiert des assurances. Le commerce électronique ne déroge pas à la règle. Quid de votre stock s'il est volé ou abîmé par des intempéries, par exemple ? Il est donc indispensable d'évaluer les risques et de souscrire à des contrats d'assurance idoines. De nombreuses sociétés et mutuelles d'assurances proposent des offres calibrées et accessibles en ligne pour les auto-entrepreneurs.

Vos clients professionnels

Vous travaillez avec des entreprises ? Renseignez-vous pour savoir si elles ne sont pas en difficulté pour payer, avant d'accepter des commandes. Pour cela, une source d'informations est le site du registre national du commerce et des sociétés : **www.infogreffe.fr**.

COMMENT... S'ACQUITTER DES CHARGES EN LIGNE

1 CHAQUE MOIS OU CHAQUE TRIMESTRE Selon l'échéance choisie mensuelle ou trimestrielle, vous avez à déclarer votre chiffre d'affaires encaissé sur la précédente période et à payer les charges afférentes. Vous pouvez le faire via un formulaire imprimé auprès du centre de paiement du RSI dont vous dépendez ou, plus pratique, le faire en ligne. Pour cela, il faut vous inscrire au service Net-entreprises. Munissez-vous éventuellement d'un RIB et des informations délivrées par l'INSEE concernant votre entreprise. Rendez-vous sur le site officiel www.lautoentrepreneur.fr et cliquez sur « Déclarez et payez en ligne ». Cliquez sur le cadre bleu (en haut à droite) « S'inscrire pour déclarer et payer ». Saisissez votre n° SIRET communiqué par l'INSEE, vos nom, prénom, n° de téléphone et adresse e-mail. Validez.

2 DÉCLARER ET PAYER Cliquez sur Étape suivante. Créez votre mot de passe. Sur la page suivante, cochez la case face à « pour votre entreprise ». Dans le tableau qui s'affiche à l'étape suivante, cochez les cases de la colonne Déclarer et Payer à la ligne Auto-entreprise. Notez que la seconde case est facultative. Vous pouvez déclarer en ligne et payez par courrier mais c'est moins pratique que le télérèglement.

3 CHOISIR LES ORGANISMES SOCIAUX Ceux qui percevront vos cotisations sont à indiquer dans les fenêtres suivantes. À commencer par le Centre national de paiement pour le télérèglement. Ensuite, le centre de paiement du RSI de votre département. Enfin, saisissez les informations relatives au(x) compte(s) bancaire(s) avec le(s)quel(s) vous souhaitez effectuer le télérèglement. La procédure touche à sa fin. Il ne reste plus qu'à imprimer le formulaire d'adhésion au télérèglement et à l'envoyer au centre de paiement du RSI de votre département (l'adresse est indiquée).

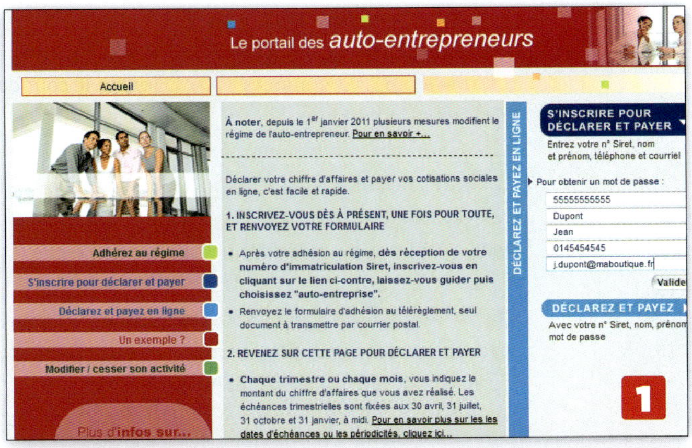

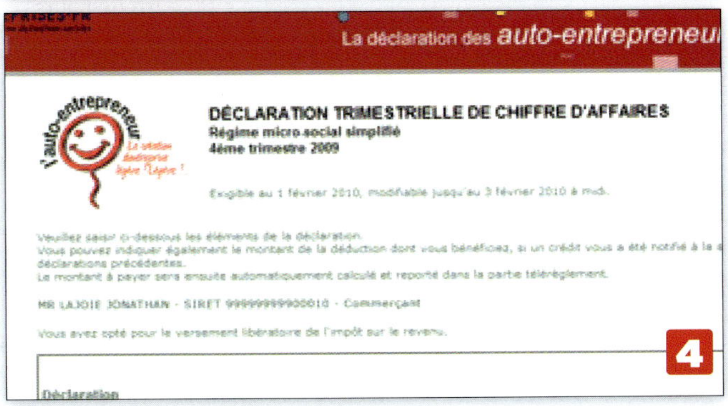

4 QUAND TÉLÉDÉCLARER La télédéclaration et le paiement sont à effectuer entre le premier et le dernier jour du mois qui succède soit au mois précédent, soit au dernier trimestre civil. Les déclarations trimestrielles sont donc à effectuer en avril, juillet, octobre et janvier. L'exception à cette règle concerne la première déclaration qui n'est à réaliser qu'après un délai de 90 jours à compter de la date du début de l'activité. Pour télédéclarer, connectez-vous au service Net-entreprises via le portail officiel. Cliquez sur « Accéder à la déclaration ». Indiquez le chiffre d'affaires encaissé dans la précédente période. Si vous en avez indiqué plusieurs, précisez les montants à prélever sur chacun d'eux.

Un compte « pro »

Mieux vaut utiliser un compte dédié à votre activité d'auto-entrepreneur. Cela peut être un compte professionnel qui a un coût (à partir de 20 euros/mois) ou bien un compte personnel (certains sont gratuits). Dans ce dernier cas, veillez auprès de votre banque à pouvoir encaisser des chèques libellés au nom de votre boutique ou celui de votre marque.

BESOIN D'UN PETIT COUP DE POUCE ? L'ÉTAT ET DE NOMBREUSES ASSOCIATIONS VOUS ACCOMPAGNERONT POUR MONTER VOTRE ENTREPRISE.

Matérialiser votre projet et obtenir un financement

En France, plusieurs organismes d'État et réseaux associatifs vous aideront à constituer un plan de financement – ou business plan – et à financer le démarrage de l'activité, sous forme de prêts ou même de subventions. Ces aides concernent principalement la création et la reprise d'une entreprise, mais peuvent aussi parfois soulager une entreprise en difficulté.

DONNER VIE À VOTRE PROJET Si votre business n'en est encore qu'à l'état de simple projet, rendez-vous sur le site de l'Agence pour la création d'entreprises (**www.apce.com**) afin de mieux comprendre les différentes étapes de la constitution d'une entreprise, pour un auto-entrepreneur comme pour une PME. Vous vous familiariserez aussi avec des notions aussi importantes que le plan de trésorerie ou le fameux besoin en fonds de roulement. La chambre de commerce de votre région est également incontournable, prenez rendez-vous avec ses conseillers et profitez de ses stages très abordables – environ 150 euros pour la formation « Cinq jours pour entreprendre » qui s'adresse essentiellement aux futurs commerçants (statuts juridiques, fiscaux, etc.).

ÉTABLIR UN BUSINESS PLAN Même si vous pensez être en mesure d'autofinancer votre projet, un business plan est plus que souhaitable pour chiffrer vos besoins et définir une feuille de route pour 3 à 5 ans. Quelques logiciels gratuits et payants vous guideront pour rédiger ce business plan, mais encore faut-il avoir des notions comptables. Le mieux est de vous faire accompagner, par exemple par le réseau associatif France Initiative, dont les 243 plateformes émaillent le territoire français. Il vous encadrera ou vous aiguillera vers des interlocuteurs de votre région.

TROUVER DES FINANCEMENTS Vous pouvez également prétendre à un Prêt à la création d'entreprise (PCE). L'organisme public OSEO accorde de tels prêts pour cofinancer votre trésorerie, et il peut garantir vos prêts bancaires à hauteur de 70 %. Ses subventions vont jusqu'à 30 000 euros. En 2010, l'association France Initiative, elle, a engagé plus de 160 millions d'euros dans des prêts d'honneur à taux zéro, d'un montant moyen de 8 000 euros. Ces prêts ont souvent un « effet de levier » auprès des banques, qui prêtent jusqu'à sept fois la somme obtenue avec un PCE.

DEMANDEUR D'EMPLOI Des dispositifs sont aussi prévus par l'État pour les demandeurs d'emploi : le Nacre couvre le montage du dossier autant que le financement. Attention, comme souvent avec les aides publiques, il faut respecter un calendrier très précis. L'association ADIE propose, elle, du microcrédit, tandis que France Active garantit les emprunts des chômeurs. Retrouvez les coordonnées des organismes cités ici dans le Carnet d'adresses page 156.

Super Nana

Dans une étude parue en janvier 2010, Oxatis, le leader européen des plates-formes d'e-commerce, notait que près de 40 % des nouveaux commerçants du Web étaient des femmes. Pour accompagner les futures chefs d'entreprise, la Fédération Pionnières a ouvert le site **www.federationpionnieres.org**.

COMMENT... FAIRE UN BUSINESS PLAN AVEC UN LOGICIEL GRATUIT

1 **RESSOURCES GRATUITES** De la feuille Excel pour établir un plan de trésorerie (voir la Boîte à outils, Documents types, sur **www.apce.com**) au véritable logiciel d'aide à la rédaction d'un business plan, vous n'aurez aucun mal à dénicher des ressources gratuites sur le Web. L'Agence pour la création d'entreprises finance une édition « Spéciale APCE » du logiciel Ciel Business Plan (par ailleurs vendu 49 euros HT) sur **tinyurl.com/CielBPAPCE**. Autre logiciel Windows gratuit, Montpellier Business Plan Classic, à télécharger sur **tinyurl.com/MBPClassic**; il nous semble très accessible aussi. C'est le programme de Ciel que nous avons choisi ici. Vous devrez vous enregistrer gratuitement afin de pouvoir le lancer plus de 30 fois.

2 **CRÉER UN PROJET** Au lancement du logiciel, cliquez sur l'onglet Liste des dossiers. Là, vous pourrez soit consulter l'exemple fourni, le projet Test, soit en initier un en cliquant en bas sur l'icône Créer. Vous aurez le choix entre deux modèles: Entreprise individuelle et Société. Comme tous les logiciels de Business Plan, celui de Ciel comporte une partie « rédaction », avec un traitement de texte sommaire pour rédiger votre argumentaire, et une partie financière dans laquelle vous indiquez les chiffres clés de l'entreprise dont découleront les tableaux prévisionnels.

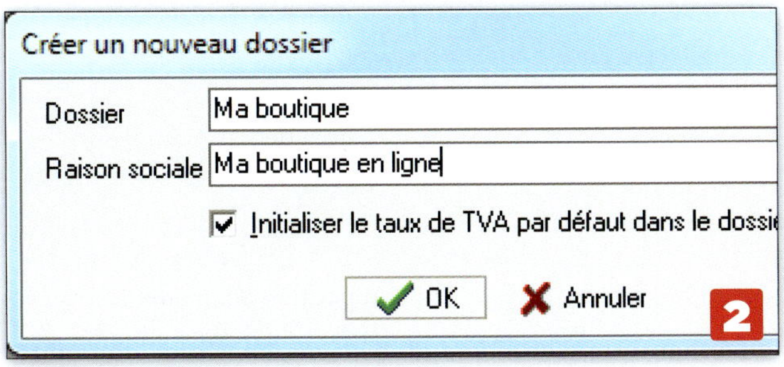

3 **IMPRIMER LE QUESTIONNAIRE** Le panneau de gauche liste les étapes et groupes de données à saisir (Présentation du projet, Investissements, Financement, etc.). Cliquez sur la dernière option, Impression du questionnaire, afin d'obtenir une feuille de route et des explications. Un fichier d'aide au format PDF vous guidera également. Remarquez les grosses icônes en haut à gauche, qui vous permettent de passer du questionnaire aux tableaux et graphiques synthétiques.

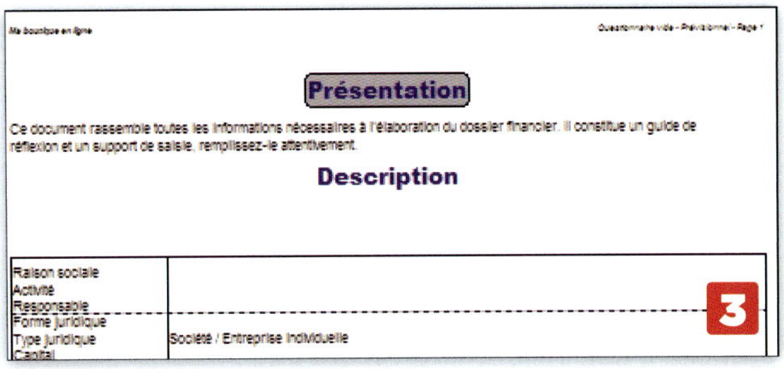

Ma boutique en ligne — Questionnaire vide - Prévisionnel - Page 1

Présentation

Ce document rassemble toutes les informations nécessaires à l'élaboration du dossier financier. Il constitue un guide de réflexion et un support de saisie, remplissez-le attentivement.

Description

Raison sociale Activité Responsable	
Forme juridique Type juridique Capital	Société / Entreprise individuelle

3

4 **CALCULS INTERMÉDIAIRES** Les logiciels de business plan ne tiennent pas compte des spécificités des sites marchands. Dans un tableur comme Excel ou Open Office, vous devrez donc estimer le nombre de visiteurs par jour, le taux de conversion (pourcentage de ceux qui achètent), ainsi que la valeur du panier moyen. Sans ces données, vous ne pourrez pas calculer vos chiffres d'affaires mensuel et annuel. Dans le business plan d'une e-boutique, il est de bon ton de présenter des hypothèses hautes et basses... et de ne pas faire preuve d'un optimisme d'acier en promettant l'équilibre dès la première année. Notez que votre premier exercice fiscal ne court pas nécessairement sur 12 mois, il peut couvrir par exemple une période de 18 mois.

2	PANIER	
3	Panier moyen	50 €
4	Taux de marge moyen	40%
5	Marge moyenne	20 €
6		
7	Commission bancaire fixe	0,15 €
8	Commission bancaire variable	1%
9	Emballage & Frais de port	6 €
10	VISITEURS	
11	Visiteurs par jour	300
12	Taux de conversion	1,00%
13	Paniers par jour	3
14	CHIFFRE D'AFFAIRES & MARGES	
15	CA par jour	150 €
16	CA par mois	4 500 €
17	**CA par an**	**54 000 €**
18	Marge par jour	60 €
19	Marge par mois	1 800 €
20	**Marge par an**	**21 600 €**

4

Avant de vous lancer...

CETTE FEUILLE DE ROUTE DÉROULE LES PRINCIPALES ÉTAPES DE LANCEMENT D'UNE E-BOUTIQUE. À VOUS DE JOUER, MAINTENANT...

La check-list du e-commerçant pour ne rien oublier !

- [x] **Avoir la bonne idée et être motivé(e) !**
- [ ] **Date de lancement prévue : ....**
- [ ] **Étude de marché**
  - [ ] Concurrence
  - [ ] Clients potentiels
  - [ ] Choix du catalogue
  - [ ] ....
- [ ] **Business Plan**
  - [ ] ....
- [ ] **Comparaison des solutions clés en main**
  - [ ] Choix et estimation du coût mensuel
  - [ ] Frais complémentaires d'installation
  - [ ] Choix d'un prestataire
  - [ ] ....
- [ ] **Comparaison des solutions open source**
  - [ ] Choix du logiciel (Prestashop, Magento...)
  - [ ] Frais complémentaires d'installation
  - [ ] Choix d'un prestataire
  - [ ] ....
- [ ] **Design du site**
  - [ ] Cahier des charges et structure du site
  - [ ] Prévision des opérations événementielles
  - [ ] Nom du site
  - [ ] Réservation du nom de domaine
  - [ ] Fourniture de textes et images au Web designer
  - [ ] Logo et charte graphique
  - [ ] Design de la page d'accueil
  - [ ] Design de la fiche produit
  - [ ] Design des pages d'atterrissage
  - [ ] Design de la newsletter
  - [ ] Achat de modules complémentaires
  - [ ] ....
- [ ] **Partenaires financiers et logistique**
  - [ ] Compte bancaire professionnel
  - [ ] Choix d'un contrat VAD
  - [ ] Compte PayPal ou autre
  - [ ] Compte Colissimo ou autre
  - [ ] Compte livraison relais (Kiala...)
  - [ ] ....
- [ ] **Informatique**
  - [ ] Achat d'ordinateurs et d'imprimantes
  - [ ] Logiciels de bureautique
  - [ ] Logiciel de retouche photo
  - [ ] Logiciel de comptabilité
  - [ ] Logiciel d'e-mailing
  - [ ] ....

Plus

Notre check-list ne comporte pas de phase de conception du site, un long processus qui démarre de l'étape de design et qui court jusqu'à l'ouverture de la boutique. Si vous passez par un prestataire, cette phase lui incombera, mais ne lui déléguez pas la phase de test. Surfez comme n'importe quel internaute et notez chaque erreur. Votre prestataire mettra parfois à votre disposition un outil de *bug reporting* pour lui signaler chaque problème.

- [ ] **Contenu du site**
  - [ ] Création des catégories
  - [ ] Création d'au moins 50 % des fiches produit
  - [ ] Pages de contenu (Paiement sécurisé...)
  - [ ] Rédaction des Conditions générales de vente
  - [ ] ....
- [ ] **Test de la boutique**
  - [ ] Mise en place des systèmes de paiement
  - [ ] Installation des modules transport/logistique
  - [ ] Création de comptes clients
  - [ ] Test de chaque page du site
  - [ ] Commandes avec chaque système de paiement
  - [ ] Commande (partiellement) retournée par le client
  - [ ] Mails et factures PDF reçus par le client
  - [ ] Soldes, promotions et baisses de prix
  - [ ] Test dans différents navigateurs Web Mac et PC
  - [ ] ....
- [ ] **Hébergement du site**
  - [ ] Choix d'un hébergeur
  - [ ] Adresses e-mail de la boutique
  - [ ] Installation du site
  - [ ] Choix d'un système de sauvegarde
  - [ ] ....
- [ ] **Constitution de la société**
  - [ ] Choix du statut juridique
  - [ ] Rédaction des statuts
  - [ ] Création de la société
  - [ ] ....
- [ ] **Achats**
  - [ ] Achat du stock initial
  - [ ] Espace de stockage des marchandises
  - [ ] Achat étiqueteuse et autres
  - [ ] Achats matériel de livraison
  - [ ] Fournitures de bureau
  - [ ] ....
- [ ] **Pré-lancement**
  - [ ] Ligne téléphonique dédiée au site
  - [ ] Page d'accueil informant l'ouverture prochaine
  - [ ] Pré-référencement dans moteurs de recherche
  - [ ] Rédaction d'un communiqué de presse
  - [ ] E-mail aux amis et aux clients potentiels
  - [ ] ....
- [ ] **Marketing & partenariats**
  - [ ] Contrats Google AdWords et autres
  - [ ] Contrats places de marché (eBay, etc.)
  - [ ] Contrats comparateurs de prix
  - [ ] Contrats d'affiliation
  - [ ] Réalisation de bannières
  - [ ] Compte Facebook
  - [ ] Boutique Facebook
  - [ ] Compte Twitter
  - [ ] Mise en place d'un blog
  - [ ] Offre promotionnelle pour l'ouverture
  - [ ] ....
  - [ ] ....
- [ ] **Ouverture de la boutique !**

Plus

Problème classique que rencontrent tous les petits commerçants : même si vous vendez des produits a priori pas très encombrants, il est impératif de prévoir un espace de stockage capable d'engranger un maximum de cartons en période de rush, par exemple juste avant les fêtes de Noël. Sans quoi, vous perdrez à coup sûr des ventes. Durant ces périodes d'intense activité, les commerçants font par ailleurs souvent appel à des contrats de qualification pour les aider.

D'UN COUP D'ŒIL, RETROUVEZ LES PRINCIPAUX LOGICIELS, PRESTATAIRES DE SERVICES ET ORGANISMES DE FINANCEMENT CITÉS DANS CE GUIDE.

Logiciel, prestataire, financement… notre carnet d'adresses

LES SOLUTIONS D'E-COMMERCE CLÉS EN MAIN AVEC HÉBERGEMENT INCLUS

Les tarifs indiqués (au 15 juillet 2011) ne tiennent pas compte d'éventuelles promotions ni de frais supplémentaires facturés au mois ou à l'année, par exemple la réservation du nom de domaine du site.

✓ **42Stores**
Blogs Boutiques à 2 ou 3 % du chiffre d'affaires ; packs boutiques à 39 et 89 euros HT par mois.
Site : **www.42stores.com**

✓ **Amen**
Packs à 9,99 ; 19,99 ; 39,99 et 59,99 euros HT par mois.
Site : **www.amen.fr**

✓ **La Poste**
Offre Boutique à 19,95 euros HT par mois la première année (puis 39,90 euros HT).
Site : **https://boxecommerce.laposte.fr**

✓ **Orange**
Packs à 20 ; 30 et 50 euros HT par mois.
Site : **http://hebergementweb.orange-business.com**

✓ **Oxatis**
Packs à 20 ; 35 et 50 euros HT par mois.
Site : **http://ecommerce.oxatis.fr**

✓ **PowerBoutique**
Pack à 1 200 euros par an.
Site : **www.powerboutique.com**

✓ **Prestabox** (voir aussi Prestashop, logiciel gratuit)
Gratuit les six premiers mois, 2 % du chiffre d'affaires mensuel ensuite, avec un minimum de 15 euros par mois.
Site : **www.prestabox.fr**

✓ **Rentashop**
Packs à 45 ; 59 et 99 euros HT par mois.
Site : **www.rentashop.fr**

✓ **Store Factory**
Pack unique à 50 euros HT par mois.
Site : **www.store-factory.com**

✓ **WiziShop**
3 % du chiffre d'affaires jusqu'à 5 000 euros HT par mois, avec un minimum de 39 euros HT ; 2 % du CA entre 5 000 et 15 000 euros ; 1 % jusqu'à 80 000 euros.
Site : **www.wizishop.com**

QUELQUES LOGICIELS D'E-COMMERCE EN OPEN SOURCE

✓ **CyberShop** (sur technologies Microsoft ; payant)
Site : **www.cybershop.fr**

✓ **Magento** (version gratuite : Community Edition)
Site : **magentocommerce.com/fr**

✓ **osCommerce** (logiciel gratuit ; plusieurs déclinaisons)
Site : **oscommerce-fr.info/forum/**

✓ **PEEL Shopping** (version gratuite : PEEL Shopping)
Site : **www.peel.fr**

Plus

Si vous souhaitez approfondir un thème particulier, de nombreux ouvrages, notamment techniques, sont consacrés à la réalisation de sites d'e-commerce. Rendez-vous par exemple sur le site de la librairie Eyrolles, **www.eyrolles.com**. Si vous envisagez l'adoption d'une boutique clés en main Oxatis, nous vous conseillons également la lecture de l'ouvrage « Réussir sa boutique en ligne » (20 euros, uniquement vendu sur Internet), écrit par Marc Schillaci, Pdg et fondateur d'Oxatis.

✓ **Prestashop** (logiciel gratuit ; voir aussi Prestabox)
Site : **www.prestashop.fr**

✓ **Thelia** (logiciel gratuit)
Site : **thelia.net**

RESSOURCES WEB ET PRESTATIONS TECHNIQUES

✓ **01net.com et Telecharger.com**
Sites d'actualité high-tech et de téléchargement de logiciels gratuits et en version d'essai.
Site : **www.telecharger.com**

✓ **Clubic**
Site d'actualité high-tech et de téléchargement de logiciels gratuits et en version d'essai.
Site : **www.clubic.com**

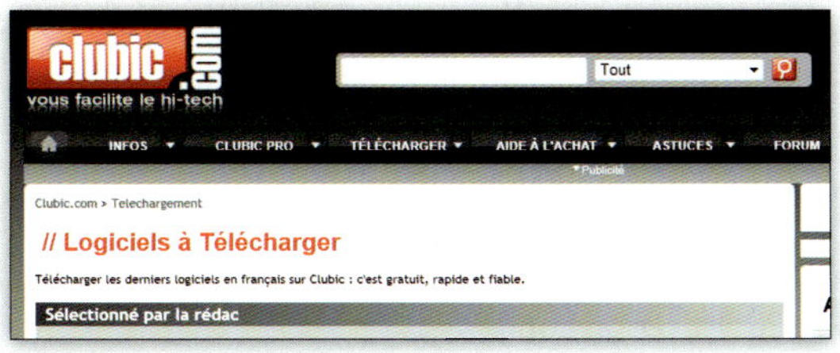

✓ **Alsacréations**
Communauté française d'apprentissage des standards du Web. Nombreux tutoriels.
Site : **www.alsacreations.com**

✓ **Codeur.com**
Place de marché des informaticiens indépendants sur laquelle vous décrivez votre projet pour obtenir des devis chiffrés.
Site : **www.codeur.com**

✓ **Fotolia**
Vente de photos et d'illustrations libres de droit.
Site : **www.fotolia.com**

✓ **iStockPhoto**
Vente de photos et d'illustrations libres de droit.
Site : **www.istockphoto.fr**

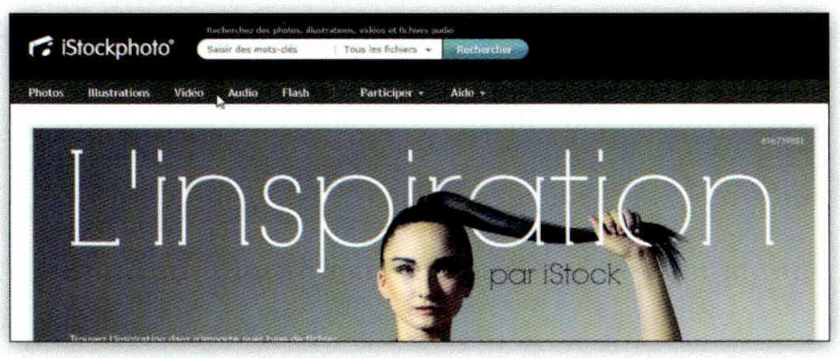

✓ **Color Hunter**
Trouver un code couleur HTML pour votre site par association de nuances.
Site : **http://colorhunter.com/**

ACCOMPAGNEMENT ET FINANCEMENT

Chambres de commerce et d'industrie
Établissements publics consacrés à l'information, la formation, l'accompagnement et les formalités pour la création d'entreprise.
Site : **www.cci.fr**

✓ **OSÉO**
Établissement public d'État, OSÉO finance et accompagne les PME françaises dans leur projet de création, développement et reprise d'entreprise.
Site : **www.oseo.fr**

✓ **France Initiative**
France Initiative est le premier réseau associatif pour l'accompagnement et le financement de la création et de la reprise d'entreprises en France.
Site : **http://france-initiative.fr**

✓ **Agence pour la création d'entreprises**
Association créée à l'initiative des pouvoirs publics. Intervient dans le processus d'aide à la création, à la transmission et au développement des entreprises.
Site : **www.apce.com**

✓ **Association pour le droit à l'initiative économique**
Association qui aide les personnes exclues du marché du travail à créer leur entreprise grâce au microcrédit.
Site : **www.adie.org**

✓ **France Active**
Réseau de proximité qui aide les personnes en difficulté à créer leur entreprise.
Site : **www.franceactive.org**

Plus

Développeurs Web en herbe, le Site du Zéro (**www.siteduzero.com**) vous livre le b.a.-ba pour apprendre à créer un site (entre autres) et notamment à utiliser JQuery, une bibliothèque de fonctions JavaScript, libre, particulièrement riche et pratique.

NOTES